黑龙江省低碳经济发展对策研究

柴方营　于洪贤　著

中国农业出版社

图书在版编目（CIP）数据

黑龙江省低碳经济发展对策研究 / 柴方营，于洪贤著．—北京：中国农业出版社，2011.6
ISBN 978-7-109-15662-3

Ⅰ.①黑… Ⅱ.①柴…②于… Ⅲ.①区域经济发展-研究-黑龙江省 Ⅳ.①F127.35

中国版本图书馆 CIP 数据核字（2011）第 085845 号

中国农业出版社出版
（北京市朝阳区农展馆北路 2 号）
（邮政编码 100125）
责任编辑 姚 红

中国农业出版社印刷厂印刷 新华书店北京发行所发行
2011 年 7 月第 1 版 2011 年 7 月北京第 1 次印刷

开本：850mm×1168mm 1/32 印张：8.5
字数：215 千字 印数：1～1 000 册
定价：35.00 元
（凡本版图书出现印刷、装订错误，请向出版社发行部调换）

前　言

低碳经济是以低能耗、低污染、低排放为基础的经济模式，是人类社会继农业文明、工业文明之后的又一次重大进步。低碳经济实质是能源高效利用、清洁能源开发、追求绿色 GDP 的问题，核心是能源技术和减排技术创新、产业结构和制度创新以及人类生存发展观念的根本性转变。

低碳经济是一种基于全球气候变化导致人类生存危机而产生的一种新的经济形态。低碳经济要求世界各国在经济发展中必须排放最少的温室气体，同时取得整个社会产出最大化，这种新的经济形态必须通过低碳化的发展模式来实现。

黑龙江省作为国家老工业基地，为新中国成立和建设做出了重大贡献。2008 年黑龙江 GDP 总量为 8 310.0 亿元，居全国第 15 位；2009 年，黑龙江 GDP 总量 8 288.0 亿元，居全国第 16 位；2010 年黑龙江 GDP 总量突破万亿元，但排名下降为第 17 位。历史原因导致的经济结构尤其是产业结构存在的许多矛盾已经成为严重制约经济快速发展的因素。黑龙江省产业构成比例不合理，多年来产业结构基本没有改变：第一产业占 GDP 比重 11.8%；第二产业占 GDP 比重 54.6%；第三产业占 GDP 比重 33.9%。产业结构问题也十分突出：三大产业之间关联程度很低；第二产业发展长期徘徊不前；第三产业比重远低于全国平均水平等。

低碳经济为黑龙江省经济结构调整和发展提供了难得的战略机遇，应充分利用黑龙江省的资源和地缘优势，抓住国际低碳经济发展大趋势，在发展中调整经济结构，在结构调整中保持较快发展。

黑龙江省具有全国独一无二的低碳经济优势，在全国乃至全球生态环境保护和调节气候变化方面发挥了举足轻重的作用，应积极研究黑龙江省特色的低碳经济发展模式，以及把全省低碳经济上升为国家区域经济发展战略的对策。

作为东北农业大学农林经济管理的博士后，在中国博士后基金和黑龙江省博士后基金资助下，笔者分析研究了黑龙江省农业、林业、旅游、交通、建筑和能源等几大领域现状，提出了这些领域发展低碳经济的对策。根据黑龙江省高寒地区特色和低碳经济资源优势，重点对农业、旅游、能源和水生态领域如何发展低碳经济进行了实证分析。

在此衷心感谢恩师东北农业大学博士生导师、著名农业经济学家李友华教授，东北农业大学经济管理学院韦恒副教授，黑龙江省博士后管理办公室栾生德、刘磊等领导和同志，以及文中引用的资料数据的论文作者和提供了相关资料数据的有关部门。

由于低碳经济是新兴的研究领域，加之笔者水平有限，时间仓促，书中难免有不妥之处，希望对低碳经济发展起到抛砖引玉之作用，诚请读者不吝指正。

作　者

2010 年 12 月

目录

第一章 绪 论

一、研究目的和意义

低碳经济是以低能耗、低污染、低排放为基础的经济模式，是人类社会继农业文明、工业文明之后的又一次重大进步。低碳经济实质是能源高效利用、清洁能源开发、追求绿色GDP的问题，核心是能源技术和减排技术创新、产业结构和制度创新以及人类生存发展观念的根本性转变。

从1992年通过《联合国气候变化框架公约》（UNFCCC），1997年初步建立全球应对气候变化体系规则《京都议定书》，到2009年末结束的丹麦哥本哈根会议，低碳经济概念从无到有，从少数专家学者讨论到国际社会高度关注，发展低碳经济的绿色之路已经成为全球的共识。

低碳经济是一种基于全球气候变化导致人类生存危机而产生的一种新的经济形态。低碳经济要求世界各国在经济发展中必须排放最少的温室气体，同时取得全部社会产出的最大化，这种新的经济形态必须通过低碳化的发展模式来实现。

低碳经济发展模式具备特有的经济学和社会学特征。第一，低碳经济的目标是实现低碳排放前提下的经济发展高速增长，低碳经济模式也是消除人类社会贫穷的一种经济发展模式；第二，低碳经济并不是高成本低效益的经济发展模式，仅仅是对目前生产要素的重新组合或进行政策调整，就可以实现低碳模式发展，并且进一步降低成本；第三，低碳经济模式会促进高耗能产业的技术革新和进步，推动这些产业向更高层次发展；第四，低碳经济模式主要是减缓全球温室效应，发展低碳经济模式的责任关系到每个国家、每个地区和每个人的利益，尤其是先期工业化过程中进行大量温室气体排放的发达国家应承担更多的责任。

低碳经济模式目标的双重性。第一，低碳经济模式的根本性目标是保持大气温室气体水平的相对稳定性，防止全球温度上升引起人类或部分国家和地区的生存危机，或影响经济社会的正常发展；第二，低碳经济模式的发展不能以降低人们生活条件和福利水平为代价，应维持或进一步提高目前的生活水平；第三，低碳经济模式应该促进整个社会经济产业的技术进步和人类生活方式的转变，提高能源利用效率、开发利用清洁新能源、转变落后生产和生活方式。

低碳经济模式涉及的产业和领域十分广泛，主要包括低碳产品、低碳技术和低碳能源的开发利用。在技术上，低碳经济则涉及电力、交通、建筑、冶金、化工、石化等多个行业，以及可再生能源及新能源、煤的清洁高效利用、油气资源和煤层气的勘探开发、二氧化碳捕获与埋存等领域开发的有效控制温室气体排放的新技术。

以欧美为代表的发达国家早已完成工业化进程，碳排放量呈下降趋势，在资金和节能减排技术上拥有绝对领先的优势。哥本哈根会议进一步促进了全球碳交易市场和碳金融市场的形成和发展，为发达国家提供了建立世界新秩序的新平台，也必然会强化发达国家在世界经济秩序中的主导地位。

首先，从宏观上看，低碳经济为将来世界经济秩序发展确立了新规则。《气候变化框架公约》已经成为第三个规范全球经济发展的总则，必将引领整个世界的经济发展导向。1945 年 6 月签署的《联合国宪章》是以土地为主要资源的农业文明的游戏规则，其宗旨是“维护国际和平与安全”、“制止侵略行为”、“发展国际间以尊重各国人民平等权利自决原则为基础的友好关系”和“促成国际合作”等。1947 年 10 月签订的《关贸总协定》及后来的世界贸易组织是突破以土地为主要资源而利用市场规则的工业文明的游戏规则，其基本原则是“最惠国待遇原则”、“国民待遇原则”、“透明度原则”、“自由贸易原则”和“公平竞争原则”。1992 年在巴西里约热内卢达成的《联合国气候变化框架公约》成为全球以低碳经济为主的生态文明游戏规则，2009 年 12 月哥本哈根会议举行时缔约方增加到 192 个。其基本原则有五项：第一，“共同而有区别的原则”，要求发达国家率先采取措施，应对气候变化；第二，要考虑发展中国家的具体要求和国情；第三，各缔约方应采取必要措施，预测、防止和减少引起气候变化的因素；第四，尊重各缔约方的可持续发展权；第五，加强国际合作，应对气候变化的措施不能成为国际贸易的壁垒。

其次，低碳经济模式必将产生新的非关税贸易壁垒。随着低碳经济的发展，必将导致以低碳经济为核心的新技术、新标准和相关专利权体系的出现，最先开发并掌握低碳相关技术的国家将成为世界经济新的领导者、主导者和垄断者，其他国家尤其是发展中国家将面临新的技术贸易壁垒。因此在经济全球一体化的大背景下，低碳经济模式将进一步拉大发达国家和发展中国家的差距。

我国作为发展中国家，经济增长点也在不断升级转换，从 20 世纪 80 年代的轻纺工业，到 90 年代的基础产业、基础设施，再到 21 世纪的汽车、石化、电子为代表的产业群体。但总体上仍处于快速工业化、城市化的进程中，工业比重远高于发达国家，对能源高消费的依赖程度居高不下。中国能源主要是以煤炭为主，是世界煤炭生产和消费第一大国，目前二氧化碳排放总量与美国相当，而且很快会超过美国。面对低碳经济的挑战，中国任务十分艰巨。

中国发展低碳经济必须和我国国情相结合。首先，不能再模仿发达国家以往那种依赖于高碳经济的发展模式，必须探索适合本国国情的经济发展道路。经济高速发展离不开能源消耗，对于正处于工业化、城市化进程中的中国而言，对能源的需求肯定居高不下。必须处理好低碳经济发展模式、能源需求和经济发展水平的辩证关系。其次，发展低碳经济不能盲目追求高新技术，必须考虑本国收入水平和消费能力。一切高新低碳技术的研究、开发和推广必须以社会平均消费能力为前提，脱离实际消费水平的低碳技术是行不通的。第三，目前我国发展低碳经济的重点应该是对现有高耗能、高污染产业的技术改造和结构升级，而不是脱离国情去发展新能源或盲目发展替代产业。

综上所述，我国发展低碳经济模式具有十分重大的意义。

第一，树立中国负责任的发展中大国的国际形象，提高中国在国际社会中的重要地位。发展低碳经济模式是全球的必然趋势，是对全球人类负责任的表现。我国作为发展中国家积极提倡和发展低碳经济，是对国际社会负责任的最好表现。

第二，发展低碳经济可以促使我国产业升级换代和提高我国产品国际竞争力。低碳经济时代的贸易壁垒会以新的面目出现，如果跟不上时代的步伐，在经济贸易日益自由化的背景下，必然会严重削弱我国经济整体上的国际竞争力，无力开拓国际市场，也无法保住国内市场份额，使国民经济遭受沉重打击。

第三，发展低碳经济是我国经济发展模式转型的重大机遇。我国能源结构先天不足，经济发展的高能耗依赖模式短期内难以改变，发展低碳经济的挑战更加严峻。抓住低碳经济模式发展机遇可以促进经济发展模式的转型和产业结构调整，加快新型工业化道路的步伐，完善经济领域的政策和激励机制，顺应全球经济改革的潮流。

第四，掌握世界政治经济的话语权。低碳经济革命将使世界政治经济产生新秩序，为我国的崛起提供了难得的战略机遇。只有掌握了关键领域领先的低碳新技术，才能使经济发展水平在世界领先，才能引领世界经济的未来。

二、研究背景分析

（一）全球面临的共同危机

1. 温室效应灾害日趋严重

石油短缺、粮食安全、水资源缺乏一直是困扰人类可持续发展的三大问题。但是，进入 21 世纪后，人类不得不面对更为严峻的挑战。温室效应引起的气候变化正使人类遭受越来越严重的损失，这是人类有史以来共同面对的最严重的危机，关系到人类的生存和发展。联合国政府间气候变化专门委员会（IPCC）2007 年 4 月 6 日在布鲁塞尔发布的第四次评估报告警告说，人类活动导致的气候变化将给未来几十年带来水资源短缺、农作物减产、海平面上升、大量物种灭绝等灾难性后果。

据统计，1980—2005 年的 25 年间，全世界发生自然灾害 7 500次，剥夺了 200 万人的生命，造成经济损失 1.2 万亿美元。最近的统计表明，大约 90%的自然灾害，72.5%的伤亡人数和 75%的经济损失，都是与气候变化有关的干旱、洪水、热带气旋、高温热浪、低温冷害、泥石流和森林火灾引起的，或者是由与气象条件直接相关的流行病和病虫害引起的。

温室效应产生的灾害正在席卷全球，真正变成了人类共同面临的危机。世界各国均应及时采取措施应对和减缓气候变化带来的严峻挑战。

2008 年以来，美国频繁遭遇灾害性天气，尤其是中西部遭受了历史上最为严重的洪涝灾害。美国联邦紧急措施署公布的数据显示，2008 年 6 月以来，暴风雨和洪水已迫使中西部 6 个州数万人疏散。洪水已导致 22 人死亡，85 人受伤。在中西部，大约 1 100 万人受到洪水和近期极端天气影响。受灾最重的艾奥瓦州几个主要城市被淹，99 个县中 83 个县沦为灾区，2 万多名居民被疏散，初步估计损失超过 7 亿美元。作为美国玉米生产第一大州，艾奥瓦州农业损失严重。迄今为止，艾奥瓦州 53 万公顷玉米田和 81 万公顷大豆田受灾。不少人担心，这将进一步抬高国际粮价。洪水还袭击了爱荷华州，爱荷华州锡达拉皮兹市的锡达河水位已创 500 年的最高位，近 4 000 户人家被迫疏散。

气候变化使包括中国在内的发展中国家遭受了重大灾害。2008 年以来，我国极端天气气候事件频繁发生，南方局部地区降雪、降雨均达到百年一遇。

根据中国气象局预测减灾司提供的数据，2008 年 1 月 10—28 日，已有湖北等 9 个省份降水量超过 20 年一遇，其中四川超过 50 年一遇，陕西超过 70 年一遇，而甘肃、青海则超过了百年一遇。从降雪持续时间来看，1 月 10—28 日，已有江西、湖南等 11 个省份降雪日数超过 20 年一遇，其中河南、陕西、甘肃、青海、山西等 5 省超过了百年一遇，安徽省降雪则是有气象观测资料以来持续时间最长的。南方发生的低温雨雪冰冻灾害，造成 129 人死亡、4 人失踪，紧急转移安置 166 万人；农作物受灾面积 119 万公顷；倒塌房屋 48.5 万间；因灾直接经济损失1 516.5 亿元。以目前汇率计算，雪灾造成的经济损失，已超过 5 年前“非典”带来人民币 1 278.6 亿元的损害（图 1－1）。

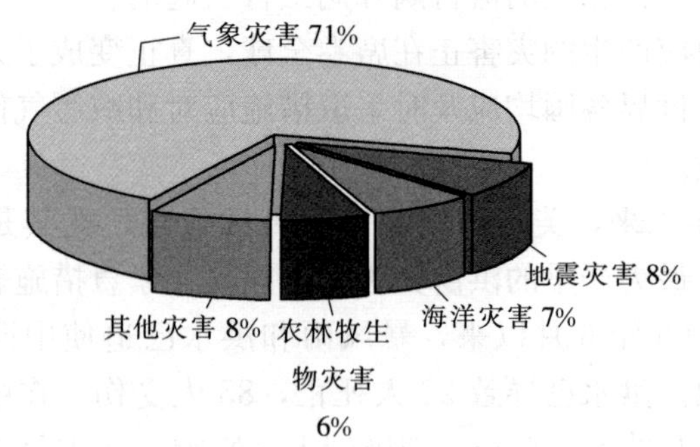

图 1－1　主要自然灾害经济损失比例

资料来源：李泽椿，《我国的气象灾害及科学防灾减灾》。

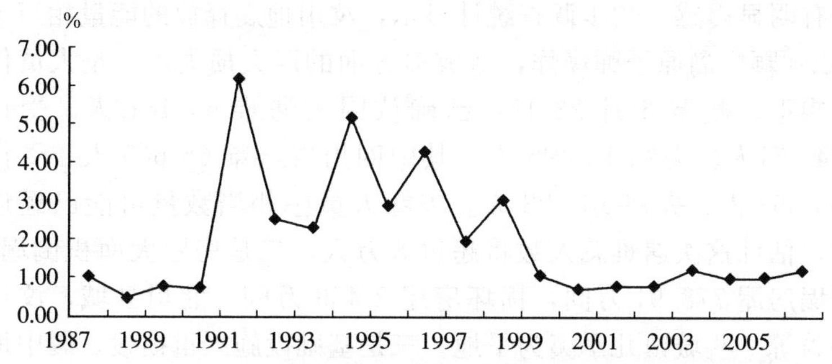

图 1-2 气象灾害造成的直接经济损失占国内生产总值比例

资料来源：李泽椿，《我国的气象灾害及科学防灾减灾》。

强烈地震与全球气候密切相关。在 1946—1977 年拉马德雷“冷位相”时期 8.5 级以上强震发生 11 次，2000 年全球气候因素已进入类似 1947—1976 年的拉马德雷“冷位相”。20 世纪中国死亡人数最多的 10 次地震有 8 个发生在拉马德雷“冷位相”时段（杨学祥，杨东红，2008）。至于，气候变化引发地震的原因，目前科学家们至少找到了两个方面的理由：2008 年 5 月 10 日，长春科技大学杨学祥教授发表了一篇题为《2004—2018 年：全球进入特大地震频发期》的文章。文章证实，从 1955 年以后，用近代仪器观测到地球自转加速度约每 4 年就有一次突然的变化。平缓的变化可能是由地幔与地核的角动量交换，但突然变化主要是由于风和潮汐引起的。这种突然的变化不仅与最强和较强潮汐相对应，而且与 1952 年、1957 年、1960 年、1964 年 4 场特大地震相对应。一些地质学家也开始发现：全球气候变暖引起的冰河融化会释放地壳里被压抑的能量，从而引发剧烈的地质变化，导致地震、海啸和火山爆发等地质灾难发生（北方网，2008-02-05）。

2008 年 5 月 12 日四川汶川大地震又一次显示了自然灾害的巨大威力，除黑龙江、吉林和新疆等局部地区外，整个中国大地均有明显震感。初步调查统计显示，汶川地震释放的能量相当于5 600颗广岛原子弹爆炸，造成多方面的巨大损失。一是人员伤亡惨重。截至6月23日，已确认因灾遇难69 181人、受伤374 171人、失踪18 498人，其中四川省遇难68 669人、受伤360 352人、失踪18 498人。失踪人员中相当数量可能已经遇难，估计这次遇难总人数将超过8万人。二是房屋大面积倒塌。倒塌房屋778.91万间，损坏房屋2 459万间。北川县城、汶川映秀等一些城镇几乎夷为平地。三是基础设施严重损毁。震中地区周围的16条国道省道干线公路和宝成线等6条铁路受损中断，电力、通信、供水等系统大面积瘫痪。四是次生灾害多发。山体崩塌、滑坡、泥石流频发，阻塞江河形成较大堰塞湖35处，2 473座水库一度出现不同程度险情。五是正常生产生活秩序受到严重影响。6 443个规模以上工业企业一度停产，其中四川5 610个。机关、学校、医院等严重受损。部分农田和农业设施被毁，因灾损失畜禽达4 462万头（只）。初步统计造成的直接经济损失为，陕西242亿元，甘肃300亿元，四川1 500亿元（中国新闻网，2008-06-20）。

2008年5月26日以来，南方多个省份连续遭遇持续性、大范围、高强度降雨天气过程，江南、华南等地暴雨洪涝灾害严重；特别是6月7日以来，广西、广东、湖南、江西等12个省（自治区、直辖市）遭遇强降雨袭击，局部地区降雨达到百年一遇。我国珠江发生流域性洪水，西江干流发生大洪水，一些支流发生超历史纪录的大洪水。截至6月16日，此次灾害过程已经造成浙江、安徽、江西、湖北、湖南、广东、广西、贵州、云南等9个省（自治区）不同程度受到灾害影响，因灾死亡63人，失踪13人，紧急转移安置166万人；农作物受灾面积1 017千公顷；倒塌房屋6.7万间；因灾直接经济损失144.5亿元。其中广西、广东、湖南、江西等4省（自治区）受灾较为严重（民政部，2008）（图1-2）。

2008 年 5 月 2 日，热带风暴“纳尔吉斯”在缅甸的海基岛附近登陆，最高时速超过 190 公里，导致缅甸近 50％的人口受灾，死亡近 10 万人，伊洛瓦底三角洲 95％的房屋倒塌，首都仰光郊区也遭受洪灾。

总之，温室效应带来的影响及其深远，包括气温升高、冰山消融、海平面上升、海岸线后退、降雨改变导致森林生态变化，洪水、海啸、地震、飓风和热浪等天灾频率增加，已经严重威胁到全球人类的生存。

2. 温室效应成因

大气中温室气体（GHG）和气溶胶浓度、地表覆盖率和太阳辐射的变化都会改变气候系统的能量平衡（IPCC，2007）。

IPCC1990 年完成的第一次评估报告表明，气候变化可能是自然波动或人类活动，或二者共同影响造成；1996 年完成的第二次评估报告中指出，越来越多的事实表明，人类活动对气候的影响已被觉察出来；2001 年公布的第三次报告认为，更新、更强的证据表明，过去 50 年观测到的大部分增暖归因于人类活动，有 66％以上的可能性；2007 年发布的第四次评估报告表明，人类活动是气候变暖的主要原因，可能性已提高到 90％以上。

自 1750 年英国开始第一次工业革命以来，由于人类活动，全球大气二氧化碳（CO_2）、甲烷（CH_4）和氧化亚氮（N_2O）浓度已明显增加，目前已经远远超出了根据冰芯记录测定的工业化前几千年中的浓度值（IPCC，2007）（图 1－3）。

在工业革命前的 65 万年中，大气中二氧化碳的浓度最高时期只有 280×10^{-6}，但 2005 年已达到 379×10^{-6}。工业革命以来技术进步带来的人口剧增和生活水平显著提高，可能对全球温室气体含量增加和气候变暖负有主要责任。但是对不同国家、不同人群而言，这种责任又是有区别的。这种区别至少有以下几方面的体现：煤炭、石油等化石燃料燃烧和工业排放产生的二氧化碳排放占目前二氧化碳排放总量的 80％～85％，主要源于北半球

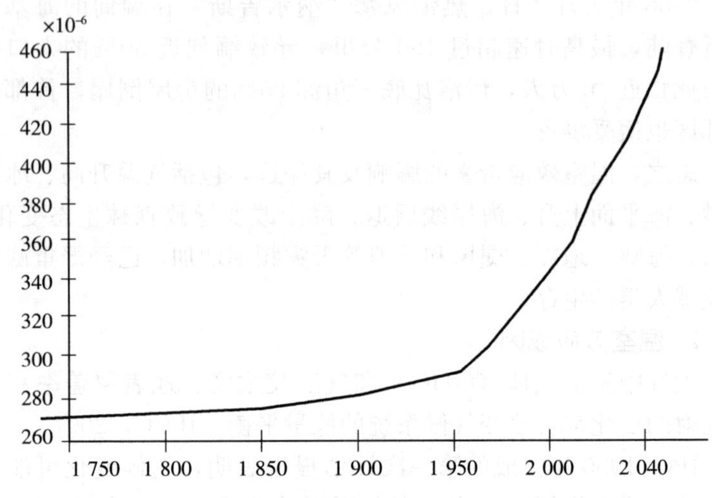

图 1-3　英国工业革命以来大气二氧化碳浓度变化

资料来源：www. documentary-video. com/items. cfmpid=1213.

的发达国家，目的是为了满足更舒适的生活。而另外的15%～20%的排放则可归于人类砍伐森林、农业开垦、城市扩展等土地利用方式的变化，主要来源于南半球的发展中国家，目的是为了满足基本生存的需要。

目前，较高的大气温室气体浓度是工业革命以来，排放到大气中的温室气体在大气中长期累积的结果。从历史累计排放看，自1850年化石燃料开始规模化使用以来，主要发达国家（即美、加、日、英、德、法、意、俄组成的G8集团）的排放约占全球累计的60%，仅美国就占30%。相比之下，1950年我国化石燃料燃烧二氧化碳排放量仅占当时世界总排放量的1.31%，1950—2002年间累计排放量仅占世界同期的9.33%，而人均累计二氧化碳排放量不过居世界第92位。因此工业化历史悠久的西方发达国家对目前较高的大气温室气体浓度负有更多的责任。

过去 100 年中全球温度上升了 0.5～0.8℃，这主要是工业革命以来大气中的二氧化碳、甲烷等温室气体浓度显著增加造成的。

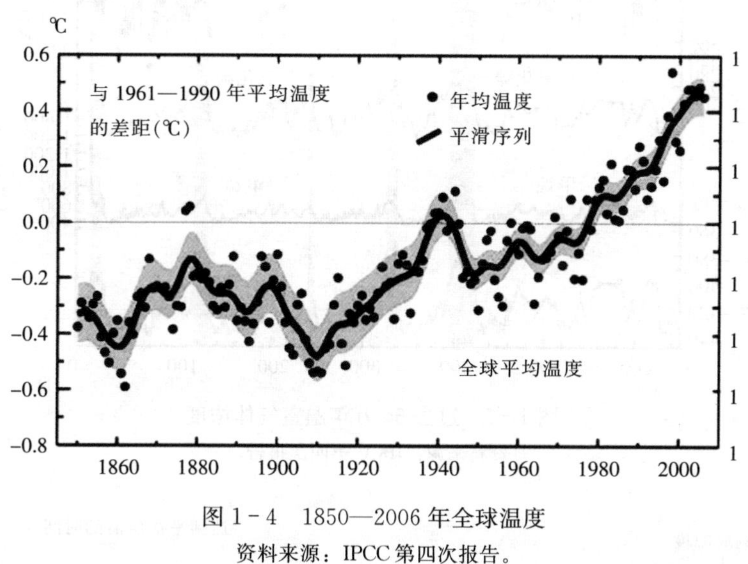

图 1-4　1850—2006 年全球温度

资料来源：IPCC 第四次报告。

如果继续增加温室气体排放，不对温室气体的排放采取严格的限制措施，未来 100 年内全球平均气温可能上升 1.4～5.8℃，全球海平面将比目前上升 9～88 厘米，会给许多国家带来灾难性后果。全球变暖还会继续导致极端气候现象频繁发生，如干旱、寒潮、热浪、暴雨、洪灾和龙卷风等，对人类社会构成极大威胁，甚至给整个人类社会带来毁灭性灾难。人类只有共同努力减少温室气体的排放，阻止全球气候变暖，才能避免这种灾难的发生。即使温室气体排放维持 1990 年的水平，未来全球气候也将继续变暖。二氧化碳是有反馈作用的，一旦它进入这个系统，即使二氧化碳维持目前的浓度水平，在较长时间内温度也还要继续上升，因为温室效应已经开始起作用了，温室气体减排只能减少温度上升的幅度（图 1-4、图 1-5、图 1-6）。

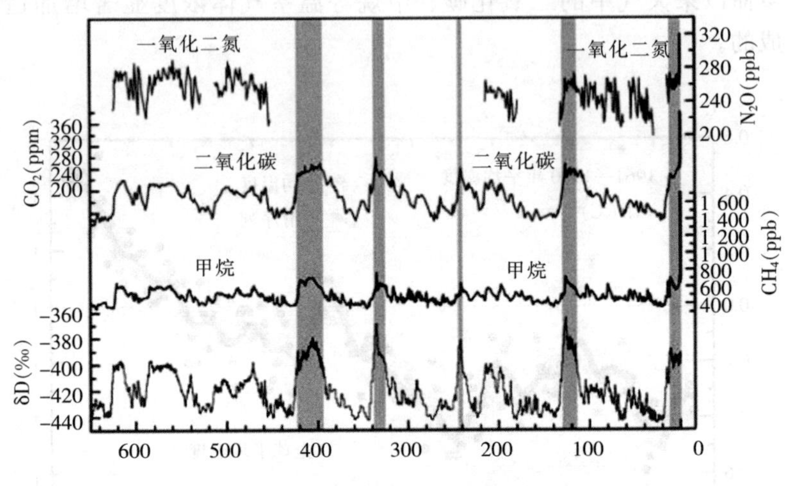

图 1-5　过去 65 万年温室气体浓度

资料来源：IPCC 第四次报告。

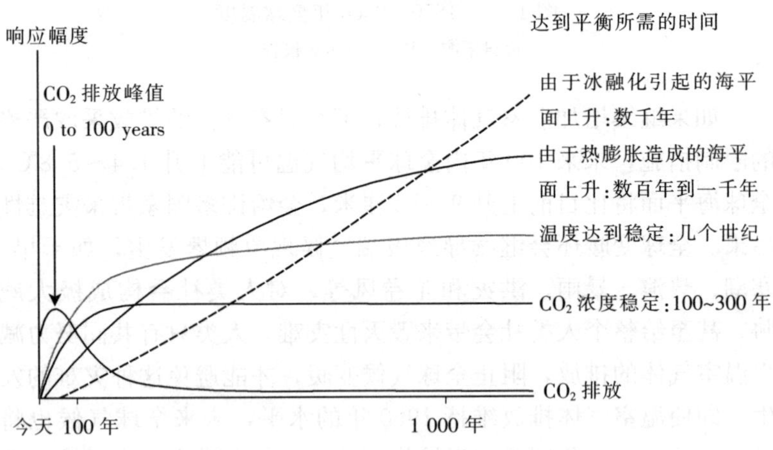

图 1-6　CO_2 减排后温度和海平面继续上升

资料来源：IPCC 第四次报告。

3. 温室效应对黑龙江省的影响

（1）温室效应使黑龙江省平均气温明显升高。对气象观测资料的分析表明，最近 120 年来，黑龙江省平均气温上升 1.4℃，近 50 年来气温上升了 1.0℃，从 20 世纪 80 年代以来气候变暖更是明显。从 1988 年开始，黑龙江省暖冬的出现频率逐渐增多，除 2000—2001 年为冷冬外，在其余的 15 年中共发生了 13 个暖冬，最暖年为 2001—2002 年冬季，其次是 2006—2007 年冬季。在 2006—2007 年的冬季，全省平均气温偏高，成为自 1954 年以来排名第二位的最暖冬天，尤其是 2006 年 12 月—2007 年 2 月，各地异常偏暖，为 1954 年以来的第一位。2007 年的 1 月上旬，全省平均气温比历年高出 5～6℃，有 47 个县市的平均气温突破 56 年来的平均气温最高值。在黑龙江省北部的黑河市，整个 1 月份平均气温为零下 17.6℃，比历年同期高 6.3℃，整个 1 月份，全市没有出现过零下 30℃以下的严寒天气，是有气象记录以来的 1 月高温极值（表 1－1）。

（2）温室效应导致黑龙江省自然灾害日趋严重。洪涝和干旱灾害频繁。黑龙江省洪水灾害频发，暴雨洪水灾害最为严重。从 1949—1990 年统计，累计洪水灾害的受灾面积为 1 010 多万公顷，其中成灾面积 764 万公顷以上，发生时间主要集中在夏秋两季。另一方面由于黑龙江省幅员辽阔，降水分配不均，几乎年年均发生不同程度的农业旱灾。“四五”时期（1971—1975 年），受旱灾面积达 109 万公顷；“五五”期间（1976—1980 年）受旱灾面积达 266 万公顷；“六五”期间（1981—1985 年），受旱灾面积达 523 万公顷。据初步统计，从 1949—1990 年的 42 年中，有 16 个洪水年，5 个干旱年，42 年累计水旱灾害减产粮食达 540 亿千克。随着社会经济的发展，人口的增加，多种灾害造成的损失有越来越大的趋势。如 1998 年松花江、嫩江大水，造成全省近 230 多亿元的经济损失。2007 年初春时节，黑龙江省东部地区又发生了严重的雪灾。3 月，整个东部降水量比历年同期

表 1-1　黑龙江省各站点相对于 1951—1980 年的年平均温度变化与≥10℃积温变化

站　点		呼玛	嫩江	齐齐哈尔	海伦	富锦	佳木斯	鸡西	哈尔滨	牡丹江
纬度		51.7°N	49.2°N	47.4°N	47.4°N	47.2°N	46.8°N	45.3°N	45.7°N	44.6°N
经度		126.7°E	126.7°E	123.9°E	127°E	132°E	130.3°E	131°E	126.6°E	129.6°E
1951—1980 年平均		−2.0	−0.4	3.1	1.3	2.5	2.9	3.1	3.6	3.5
1980—1989 年平均	△T	0.9	0.6	0.6	0.5	0.6	0.6	1.0	0.3	0.7
	△ΣT≥10℃	135～180	90～120	90～120	75～100	90～120	90～120	150～120	45～60	105～140
1990—1998 年平均	△T	1.7	1.5	1.5	1.8	1.4	1.4	1.4	1.4	1.5
	△ΣT≥10℃	255～340	225～300	225～300	270～360	210～280	210～280	210～280	210～280	225～300

资料来源：方修琦、盛静芬，《从黑龙江省水稻种植面积的时空变化看人类对气候变化影响的适应》。

偏多2.5倍，又一次出现了1954年以来的历史极值。其中3月4—6日，牡丹江、鸡西、佳木斯、双鸭山、东宁、绥芬河、密山等东部市县发生大暴雪天气，平均积雪深度在40厘米，最大积雪深度达1米，牡丹江、鸡西市出现了56年来最严重的特大暴雪。

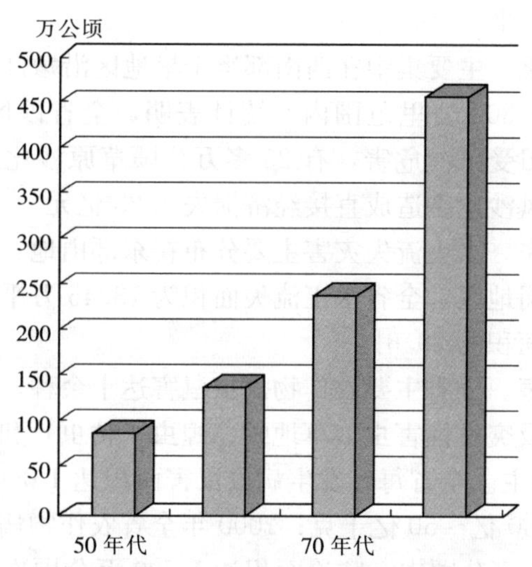

图1-7 黑龙江省20世纪下半叶农业受灾面积

资料来源：谢永刚，2003。

风灾、沙尘暴、低温冻害等灾害损失也相当严重。大风灾害主要发生在春季，能将表土吹走，使种子裸露或将幼苗带走；夏末秋初作物接近成熟，大风可导致作物倒伏、籽粒脱落，严重影响收割而造成减产；同时，春季大风还是森林防火的天敌。沙尘暴灾害近年有明显加重的趋势，主要分布在齐齐哈尔、大庆等西部地区。4月和5月份是沙尘暴多发月，典型的沙尘暴年是1953年、1956年、1960年、1971年、2001年。低温冻害也是黑龙江省的重要灾害，大兴安岭地区在8月下旬就可以出现霜冻，1949年以来典型的早霜有1964、1969、1976、1995、1997、1999年，不同程度地造成粮食减产（图1-7）。

地质灾害不容忽视。1900年以来，共发生5～6级浅源地震11次。1940年以来，因地震死亡近200人，倒塌房屋1 000多间。地震主要发生在绥化、五大连池市、牡丹江市等地。全省滑坡、泥石流灾害近年有多发的趋势，特别是在东部和小兴安岭等山区及丘陵地带。

土地沙化。主要集中在西南部半干旱地区沿嫩江干流两侧宽165公里、长300公里范围内。统计表明，全省沙区每年有30多万公顷农田受风沙危害，有25多万公顷草原沙化造成草质退化，每年因风沙危害造成直接经济损失1.23亿元。

水土流失。水土流失灾害主要分布在东部山地、北部林区和中部漫川漫岗地区。全省水土流失面积为13.45万平方公里，占全省总土地面积的29.6%。

生物灾害。全省主要农作物病虫鼠害达十余种，主要以“五虫一病”以及突发性害虫（草地螟、蝗虫、粘虫）和流行性病害（稻瘟病）为主。全省每年发生病虫鼠害面积达1 000万公顷次，损失粮食约30亿～50亿千克；2000年全省农作物病虫鼠害发生面积达1 730万公顷次，防治面积达1 700万公顷次，是历史上防治面积最大的一年。

森林火灾。全省森林火灾易发地点主要是大小兴安岭、完达山等东部林区。据1950—1999年的资料统计，全省总计发生16 665起森林火灾，受害森林面积837多万公顷。平均每年发生森林火灾333次，年均受灾面积近16.7万公顷，平均森林受害率0.88%（谢永刚，2003）。

近年来，温室效应导致黑龙江省自然灾害的损失日益严重，截至2007年6月6日8时统计，仅2007年1—6月初全省因各类自然灾害就造成3.17万人受灾，农作物受灾面积1.38万公顷，绝收面积1 592公顷，损坏房屋766间，倒塌房屋33间，直接经济损失1 240万元（http：//www.hlj.gov.cn/zwgk/

ljdt/tjdt/200707/t20070709_52022. htm. [2007-06-06].)。

（二）温室效应的应对历程

早在19世纪，就有科学家提出工业化的进程将在20世纪使全球气温升高，但气候变化问题真正引起国际社会的关注还是在20世纪70年代末。随着科学技术的不断进步，人类逐渐认识到气候变化是人类在环境方面所要面临的最大挑战，而且极有可能成为经济和政治方面的最大挑战。面对全球性的生存危机，任何一个国家或民族无论其经济实力有多雄厚，科技水平有多发达，都无力单独解决这一问题。人类要适应与减缓气候变化，就需要全球达成合作战略共识，这是一个艰难的挑战。但全球科学界明确指出，如果不立即采取紧急行动，温室效应将会对全球经济与安全带来危害。目前，越来越多的国家认识到，实现人类文明可持续发展的根本前提是加强国际气候合作。1979年第一届世界气候会议开始高度重视以地球大气层迅速变暖为特征的气候变化问题。此后，气候变化问题成为诸多重要的国际会议的讨论主题。迄今为止，国际气候从双边、多边到地区性合作，已经走过30余年的历程，取得了令人瞩目的成就（表1-2）。

表1-2　国际社会应对气候变化历程

时间	主体/活动名称	活动地点	议定内容
1972年6月	联合国科学会议	斯德哥尔摩	警示各国可能导致气候变化的活动
1977年3月	评价整个臭氧层国际会议	华盛顿	关于臭氧层行动的世界计划
1979年2月	第一届世界气候大会（WCC）	日内瓦	人类活动影响气候
1979年6月	第八届世界气象组织大会		建立世界气候计划（WCP）
1979年11月	东西欧国家	索菲亚	签署《远距离越境空气污染公约》
1980年	联合国环境规划署		限制氯氟碳化合物生产和应用
1982年5月	《内罗毕宣言》	内罗毕	大气变化严重威胁人类的环境
1985年3月	保护臭氧层外交大会	维也纳	《保护臭氧层维也纳公约》

（续）

时间	主体/活动名称	活动地点	议定内容
1985年10月	《菲拉赫声明》	菲拉赫	提出应对气候变化四条战略
1987年9月	保护臭氧层公约关于含氯氟烃议定书全权代表大会	蒙特利尔	《关于消耗臭氧层物质的蒙特利尔议定书》
1988年3月	43届联合国大会决议		防止温室效应对策评估
1988年6月	大气影响全球安全世界大会	多伦多	共同行动应对气候变化
1988年11月	IPCC成立大会	日内瓦	政府间气候变化专门委员会（IPCC）
1988年12月	联合国第43/53号决议		气候变化是人类共同关切之事项
1989年3月	《海牙宣言》	海牙	强力推进应对温室效应对策
1989年3月	联合国环境规划署	伦敦	强调保护臭氧层紧迫性
1989年5月	《保护臭氧层赫尔辛基宣言》	赫尔辛基	敦促参加《公约》、《议定书》
1989年11月	国际大气污染和气候变化部长级会议	诺德韦克	《关于防止大气污染与气候变化的诺德韦克宣言》
1989年12月	联合国第44/207号决议		尽快进行UNFCCC谈判
1990年11月	第二届世界气候大会	日内瓦	IPCC《第一次评估报告》
1990年12月	联合国第45/212号决议		发起《联合国气候变化框架公约》（UNFCCC）谈判；成立“政府间谈判委员会（INC）”
1991年2月	INC谈判	华盛顿	《联合国气候变化框架公约》内容
1991年6月	发展中国家部长级会议	北京	《北京宣言》
1991年12月	联合国46/169号决议		为当代人和子孙后代保护全球气候
1992年6月	联合国环境与发展大会	里约热内卢	153个国家签署UNFCCC
1993年10月	美国克林顿政府	美国	宣布《气候变化行动计划》
1994年3月	收到第五十个国家批准书	联合国	《联合国气候变化框架公约》生效
1995年2月	气候变化亚太首脑会议	马尼拉	《马尼拉宣言》
1995年3月	UNFCCC第一次大会（COP1）	柏林	《柏林授权》
1995年12月	IPCC第11次会议	日内瓦	IPCC《第二次评估报告》

（续）

时间	主体/活动名称	活动地点	议定内容
1996 年 7 月	COP2	日内瓦	《日内瓦部长宣言》
1997 年 12 月	COP3	京都	《京都议定书》
1998 年 11 月	COP4	阿根廷	《布宜诺斯艾利斯行动计划》
1999 年 10 月	COP5	波恩	磋商议定书生效具体细则
2000 年 11 月	COP6	海牙	发达国家之间及与发展中国谈判破裂
2001 年 3 月	美国布什政府	华盛顿	宣布退出《京都议定书》
2001 年 7 月	COP6 复会	波恩	《波恩协议》
2001 年 10 月	COP7	摩洛哥	《马拉喀什协定》
2001 年	IPCC	日内瓦	IPCC《第三次评估报告》
2002 年 10 月	COP8	新德里	《德里宣言》
2003 年 12 月	COP9	米兰	重大议题全部陷入僵局
2004 年 11 月	俄罗斯政府	莫斯科	宣布批准《京都议定书》
2004 年 12 月	COP10	阿根廷	气候变化仍是人类面临的严峻挑战
2005 年 2 月	140 个国家批准	京都	《京都议定书》生效
2005 年 11 月	COP11	蒙特利尔	最重要成果——启动《后京都谈判》
2005 年 12 月	欧盟委员会	布鲁塞尔	宣布提前两年完成减排任务
2006 年 11 月	COP12	内罗毕	《内罗毕工作计划》等
2007 年 4 月	IPCC	巴黎	IPCC《第四次评估报告》
2007 年 12 月	COP13	巴厘岛	《巴厘岛路线图》
2008 年 6 月	第四次经济体气候变化会议	首尔	进一步探讨减少温室气体排放
2008 年 12 月	COP14	波兰波兹南	启动“适应基金”和 2009 年计划
2009 年 12 月	COP15	哥本哈根	研究后京都时代协议框架

可见，从 1972 年 6 月到 2009 年 12 月，人类开始应对气候变化的历史已经整整 37 年。在这 37 年中，全球范围内总共进行了 51 次较大规模应对变化的活动，平均每年达到 1.4 次，最多

的 1989 年进行了 5 次较大规模的活动。在这漫长的历程中，人类对由自身引起气候变化的不确定性，到逐渐明晰、确认，经历了比较曲折的过程。

由于各个国家、地区出于自身利益的考虑，在面对全球性的危机时，每次谈判都充满艰辛，每次协议的达成都历尽曲折。这其中比较有代表性的是 2001 年 3 月，美国布什政府突然宣布退出《京都议定书》。当时美国提出的理由，一是二氧化碳等温室气体排放和全球气候变化的关系“还不清楚”；二是《京都议定书》没有要求一些发展中国家承担减排义务，发达国家单方面限制温室气体排放“没有效果”。其实这只是借口而已，美国提出的这两方面原因自身就是相互矛盾的。7 年过去了，尽管越来越多的证据足以表明温室气体排放是引起全球变暖的“罪魁祸首”，原先对《京都议定书》持怀疑和犹豫态度的俄罗斯也最终转变立场，于 2004 年 11 月批准《京都议定书》，但美国的态度没有任何变化。真正的缘由是，如果占全球温室气体排放近 1/4 的美国按《京都议定书》要求履行减排义务，美国发达的石油和汽车工业将付出代价。近年来，美国政府“单边主义”思潮占上风，不愿意接受国际组织或协议的“约束”，也是它拒绝《京都议定书》的原因之一。美国政府的做法不断遭到国际社会的谴责。联合国组织、欧盟和日本等一方面批评美国拒绝《京都议定书》的立场，另一方面也通过各种渠道施加影响，希望美国在最后关头“回心转意”。但是这些努力基本没有成效（澄湜，2005）。在 2007 年第十三次缔约方大会上，为了遏制气候变化，欧盟和一些发展中国家曾要求提出较强的削减目标。然而在磋商的过程中，美国不断施加压力，破坏想要达成较强协议的任何机会。美国在巴厘岛减排谈判过程中的态度一直十分消极，而这不仅引起国际社会的指责，在美国国内也招致了反对的呼声。12 月 12 日，美国 52 位国会议员联名给布什写信，向其施压，要求布什政府停止阻挠在巴厘岛气候变化会议上取得进展的行为。美国众议院能源和全球变暖委员会负责人、麻省民主党议员艾德·马凯（Ed Markey）谴责说，“布什总统派了 57 名代表到巴厘岛，以便于可以有 57 种方式对国际社会解决全球变暖问题的方案说‘不’……代之以采取真正的解决全球变暖问题的行动，布什采取了持续的否定和拖延战略，这等于是对已经重病缠身的地球说，‘来吃两片阿司匹林吧，在我离开办公室时给我打电话。’”（http//：www.sciencenet.cn/blog/Print.aspx? id＝22484 9K.[2008-04-23].）

2003 年 12 月在意大利米兰召开的联合国气候变化框架公约第九次缔约方大会（COP9）的结局也是令人十分遗憾的，大会所有重大议题都陷入僵局，无果而终。

令人欣慰的是，在人类应对气候变化 37 年的历程中，有几次重大事件是具有划时代意义的，它们直接奠定了全球应对温室效应的合作基础，推动了全球越来越多的国家参与到遏制气候变化的队伍中来。

1979 年 2 月在日内瓦召开的第一届世界气候大会，开始高度重视以地球大气层迅速变暖为特征的气候变化问题。此后，气候变化问题成为诸多重要的国际会议的讨论主题。

1992 年 6 月在巴西里约热内卢举行的联合国环境与发展大会上，153 个国家签定了《联合国气候变化框架公约》（United Nations Framework Convention on Climate Change，UNFCCC)。公约的最终目标是将大气中温室气体浓度稳定在不对气候系统造成危害的水平。公约是世界上第一个为全面控制二氧化碳等温室气体排放，以应对全球气候变暖给人类经济和社会带来不利影响的国际公约，也是国际社会在应对全球气候变化问题上进行国际合作的一个基本框架。据统计，目前已有 191 个国家和地区批准了公约。

1997 年 12 月，《联合国气候变化框架公约》第三次缔约方大会在日本京都召开。149 个国家和地区的代表通过了旨在限制发达国家温室气体排放量以抑制全球变暖的《京都议定书》。《京都议定书》规定，到2010年，所有发达国家二氧化碳等6种温室气体的排放量，要比1990年减少5.2%。具体说，各发达国家从2008年到2012年必须完成的削减目标是：与1990年相比，欧盟削减8%、美国削减7%、日本削减6%、加拿大削减6%、东欧各国削减5%～8%。新西兰、俄罗斯和乌克兰可将排放量稳定在1990年水平上。议定书同时允许爱尔兰、澳大利亚和挪威的排放量比1990年分别增加10%、8%和1%。《京都议定书》需要占1990年全球温室气体排放量55%以上的至少55个国家和地区批准之后，才能成为具有法律约束力的国际公约。中国于1998年5月签署并于2002年8月核准了该议定书。欧盟及其成员国于2002年5月31日正式批准了《京都议定书》。目前已有170多个国家和地区签订了该协定。2007年12月，澳大利亚签署《京都议定书》，至此世界主要工业发达国家中只有美国没有签署《京都议定书》。

（三）低碳经济与结构调整

低碳经济是在全球减少碳排放，应对气候变化的大背景下提出的经济结构调整战略。中国能源消费一直处于“高碳消耗”状态，能源、汽车、钢铁、交通、化工、建材等六大高耗能产业的加速发展，使中国成为“高碳经济”的典型代表。

2005年美国产业结构为：第一产业占GDP的1%，产值1 200亿美元，其中玉米、大豆居全球之首；第二产业占GDP的20.4%，产值25 479.6亿美元，其中宇航、信息、生物制药和汽车制造居全球之首；第三产业占GDP的比例78.6%，产值98 171.4美元，其中金融、教育、科研、电信、零售、娱乐、法律、医疗和民航等服务业居全球之首。

2008年中国产业结构为：第一产业占GDP比重11.3%，产值 34 000 亿元；第二产业占 GDP 比重 48.6%，产值 146 183.4 亿元；第三产业占 GDP 比重 40.1%，产值 120 486.6 亿元。

显而易见，美国的产业结构早已转向以低碳发展和高技术为特征的第三产业——服务业，而中国仍然处于高碳排放、高能消耗、劳动力密集的第二产业——制造业。中国经济的主体是第二产业，这决定了能源消费的主要部门是工业。而工业生产技术水平落后，又强化了中国经济的高碳特征。

2007 年，中国发布了《中国应对气候变化国家方案》，并成立了以温家宝总理为组长的国家应对气候变化方案领导小组，发展低碳经济，减少碳排放已经上升为国家行为。为了承担全球在应对气候变化上中国负责任大国的形象，根据《京都议定书》规则，中国开始引入清洁发展机制，利用巨大的碳减排市场潜力引进发达国家的资金和技术，加大新能源开发力度，抓紧进行产业升级换代。

中国正处于工业化、城市化和现代化的进程中，需要进行大规模的基础设施建设，对能源的消耗也必将快速增长，要达到经济可持续发展的目标，必须扭转高碳排放的现状。但是中国现代化的进程又不能重复西方发达国家以牺牲环境为代价发展道路，必须根据本国国情探索适合自己的低碳经济发展之路，实现产业结构调整，改变产业结构比例。

黑龙江省作为国家的老工业基地，经济结构尤其是产业结构存在的许多矛盾已经成为严重制约经济发展的因素。黑龙江省产业结构构成比例一直不合理，2001—2006 年 6 年的产业结构比重基本没有改变：第一产业占 GDP 比重 11.8%；第二产业占 GDP 比重 54.6%；第三产业占 GDP 比重 33.9%。黑龙江省产业结构问题也十分突出：三大产业之间关联程度很低；第三产业比重远低于全国平均水平；第二产业发展长期徘徊不前等等。

2009 年，全国共有 14 个省份 GDP 总量超过 1 万亿。其中，广东、江苏和山东规模均超过 3 万亿，稳居全国前三位，广东规模更是逼近4万亿。

2009年，26个省份GDP增速超过10%，增速居全国前五位的省份除天津外，其他均位于西部地区。其中，内蒙古GDP增长16.9%，连续八年保持全国第一位。黑龙江GDP增速由2008年的第18位下降为2009年的第21位。2008年黑龙江GDP为8 310.0亿元，居全国第15位，内蒙古7 761.8亿元，居全国第16位；2009年，黑龙江8 288.0亿元，内蒙古9 725.8亿元，接近万亿，总量居全国第15位，排名首次超过黑龙江，总量超过黑龙江1 437.8亿元。2010年黑龙江GDP总量突破万亿元，但排名下降为第17位。

低碳经济为黑龙江省经济结构调整和发展提供了难得的战略机遇，应充分利用黑龙江省的资源和地缘优势，抓住国际低碳经济发展大趋势，在发展中调整经济结构，在结构调整中保持较快发展。

三、国内外研究动态

（一）国外研究状况

1. 低碳经济概念的提出

低碳经济的萌芽起源于1992年153个国家制定的《联合国气候变化框架公约》。这是世界上第一个为全面控制二氧化碳等温室气体排放，应对全球气候变暖给人类经济和社会带来不利影响的国际公约。

低碳经济的理论体系，则是美国著名学者莱斯特·R·布朗首先提出来的。1999年他在《生态经济革命——拯救地球和经济的五大步骤》中指出：面对“地球温室化”的威胁，应当尽快从以化石燃料为核心的经济，转变成为以太阳、氢能源为核心的经济。2001年在《生态经济——有利于地球的经济构想》中，他论证了从化石燃料或以碳为基础的经济，向高效的、以氢为基础的经济转变的必要性和紧迫性，重新建构了经济发展零污染排放、无碳能源经济体系。2003年在《B模式——拯救地球延续文明》中，他又明确提出地球气温的加快上升，要求将“碳排放减少一半”，加速向可再生能源和氢能经济的转变。这些思想奠定了低碳经济的基本理论。

“低碳经济”最早见诸于政府文件，则是在2003年的英国能源白皮书——《我们能源的未来：创建低碳经济》，宣布了到2050年英国能源发展的总体目标：从根本上把英国变成一个低碳经济的国家；着力于发展、应用和输出先进技术，创造新的商机和就业机会；同时在支持世界各国经济朝着有益环境、可持续的、可靠的和有竞争性的能源市场发展方面英国将成为欧洲，乃至世界的先导。

2006年，前世界银行首席经济学家尼古拉斯·斯特恩牵头指出的，全球以每年GDP1%的投入，可以避免将来每年GDP5%～20%的损失，呼吁全球向低碳经济转型。

2007年7月，美国参议院提出了《低碳经济法案》；2007年12月联合国气候变化大会制订了世人关注的应对气候变化的《巴厘岛路线图》。

2008年7月G8峰会上八国表示将寻求与《联合国气候变化框架公约》的其他签约方一道，共同达成到2050年把全球温室气体排放减少50%的长期目标（曾纪发，2009）。

2. 低碳经济现状及发展目标

低碳经济涉及电力、交通、建筑、冶金、化工、石化、汽车等部门。低碳技术主要是有效控制温室气体排放的新技术，应用领域主要在节能、煤的清洁高效利用、油气资源和煤层气的勘探开发、可再生能源及新能源、二氧化碳捕获与埋存等。

面对世界低碳发展大趋势，发达国家纷纷研究本国低碳经济发展模式，根据本国实际情况制定了经济发展战略。

英国新低碳技术的研究、开发和示范主要集中在能源节约和清洁能源两方面，前者包括企业节能、家居节能、节能交通、公共行业节能等；后者包括供暖与能源分布、大规模更洁净发电、可再生电力、化石燃料发电、碳捕获与存储、核电、低碳交通和可再生能源等。英国在全面研究低碳经济的基础上提出了本国低碳经济发展目标：到 2020 年和 2050 年，温室气体在 1990 年的基础上，分别减排 26%～32%和 60%，到 2050 年建成“低碳经济社会”。

日本是《京都议定书》的倡导国，是世界低碳经济发展的重要推动力量。日本低碳技术研究领域主要是开发利用太阳能、风能、光能、氢能、燃料电池等替代能源和可再生能源，并积极开展潮汐能、水能和地热能等研究。日本在清洁能源低碳技术方面率先推出了“光伏发电计划”，提出到 2030 年，将太阳能发电量提高 20 倍。

欧盟低碳技术研究重点集中在风能、太阳能、电网以及 CO_2 捕集、运送和贮存方面，2007 年就提出了低碳技术战略能源计划。到 2020 年将可再生能源占能源消耗总量的比例提高到 20%，将煤炭、石油、天然气等一次能源的消耗量减少 20%，将生物燃料在交通能耗中所占的比例提高到 10%。根据低碳经济研究现状，欧盟制定的低碳经济发展目标是：到 2020 年和 2050 年，将温室气体排放量分别减少 20%和 60%～80%。

哥本哈根会议促使美国积极参与和推动全球低碳经济发展，美国确定的初步目标是：2012 年减少 3%、2020 年减少 20%、2050 年减少 83%的二氧化碳排放。奥巴马已公布的能源政策还包括：未来 10 年，政府将投入 1 500 亿美元资助替代能源研究，风能、太阳能和其他替代能源公司将有可能获得更多的政府资助；到 2012 年，美国发电量的 10%将来自可再生能源（这个指标到 2025 年将达到 25%）；汽车方面，将加大对混合动力汽车、电动车等新能源技术的投资力度，减少石油消费量；在新能源技术方面，政府将大量投资绿色能源——风能、新型沙漠太阳能阵列和绝缘材料等；在建筑方面，将大规模改造联邦政府办公楼，推行绿色建筑，对全国公共建筑进行节能改造（曹风中，2009）。美国低碳经济的发展将对全球经济的发展方向和发展模式格局产生重要影响，将促进全球尽快形成统一的低碳经济发展目标，形成一整套低碳经济的标准，如配额、排放权交易、排放抵扣、清洁能源、建筑节能标准等。

（二）国内研究状况

1. 低碳经济的提出

国内低碳经济概念从提出到普及仅仅 3～4 年时间，相关文献也从 2003 年最初的 1 篇增长到 2009 年的 1 157 篇。截至 2010 年初，有关黑龙江省低碳经济的文献只有 3 篇。

国内文献增长情况为：2003 年 1 篇，2004 年 2 篇，2005 年 4 篇，2006 年 3 篇，2007 年 29 篇，2008 年 220 篇，2009 年 1 157篇，2010 年 3 182 篇。

国内最早提出“低碳经济”提法的是靳志勇 2003 年在《全球科技经济瞭望》发表的论文《英国实行低碳经济能源政策》。论文指出：2003 年 2 月 24 日英国首相布莱尔发表了题为《英国政府未来的能源—创建一个低碳经济体》的白皮书。宣布了到 2050 年英国能源发展的总体目标：从根本上把英国变成一个低碳经济的国家；着力于发展、应用和输出先进技术，创造新的商机和就业机会；同时在支持世界各国经济朝着有益环境、可持续的、可靠的和有竞争性的能源市场发展方面英国将成为欧洲，乃至世界的先导。

此后“低碳经济”一词开始逐渐出现在国内的杂志和报刊上。

2004 年 4 月 29 日，《中国改革报》发表的文章《英国瞄准“低碳”经济》；2004 年 11 月 13 日《科技日报》发表文章《确保经济沿低碳和可持续方向发展》。

2005 年 7 月 7 日，《上海证券报》发表奥克斯伯格的文章《向低碳经济转型》，文章认为：我们必须停止浪费能源。我们必须要求厂家提供更高效率的家用电器、交通工具和电厂。我们对低碳能源资源的选择相当有限，风、波浪和太阳这类能源固然能解决一些问题，但由于它们是间歇性的，它们未必能满足需求。植物当然是自然界储存太阳能的方式，近年已实现利用秸秆等作物残余（而非专门培育的农作物）制造具有成本效益的液体燃料。这为食物和燃料的联合生产开辟了远大前景。新一代核电站效率更高、更安全、产生的废料更少。数十年之内，所有国家都要依赖化石燃料。怎样处理排放问题呢？有三类对策：提高燃烧效率；调整能源结构，更多利用含碳最低的化石燃料（天然气）；对于含碳最高的煤，可从废气中去除二氧化碳并将其封存于地下。

2005 年 7 月 21 日，庄贵阳在《中国气象报》发表《中国经济低碳发展的可能途径与潜力》一文。文章认为，当前中国正处于快速工业化和城市化进程之中，以重化工产业为主导的中国工业化进程不可避免地要大量消耗能源和资源，能源需求和温室气体排放量都在不断增长，国际社会要求中国承诺温室气体减排义务的压力与日俱增。从另一方面来看，能源供给和能源安全已成为制约中国工业化的主要因素，因此，减少温室气体排放也有助于经济发展目标的实现。面对后京都时代的挑战，中国的选择只能是化压力为动力，走低碳经济发展道路。他提出了中国发展低碳经济的六种途径：调整能源结构；提高能源效率；调整产业结构；遏制奢侈浪费；发挥碳汇潜力；国际经济技术合作。

2005 年 8 月赵娜、何瑞和王伟编译了《英国能源的未来——创建一个低碳经济体》发表在《现代电力》第 4 期上。文章主要介绍了英国 2003 年 2 月 24 日《白皮书》的内容，以及实现低碳经济应采取的措施。《白皮书》目前面临的三个挑战：环境、本土能源供应量下降以及现有能源基础设施更新；并在此基础上提出了四个目标：①在2050年之前将英国CO_2排放量减少60%左右，并在2020年取得切实进展；②保证可靠的能源供应；③在英国和更广泛的范围内促进有竞争力的市场；④保证每个英国家庭在经济能力可承受范围内，获得最充分的供热（赵娜，何瑞，王伟，2005）。

2006年6月1日龚向前在《中国石油报》发表文章《能源法的变革与低碳经济时代》。文章指出：须知，历史和现实的原因导致中国的生态环境更为脆弱，更易受气候变化等不利因素的影响。科学研究初步表明，气候变化将继续对中国自然生态系统和社会经济系统产生负面影响。因此，要在实现GDP翻两番目标的同时，建设环境友好和资源节约型社会，惟一的出路在于以科学发展观指导能源法律与政策的创新。简言之，中国低碳经济时代的到来，要求能源法的变革。我国的能源法应确立以下内容：①以有利于环境、社会上接受和具有成本效益的方式促进能源开发利用，重点促进化石燃料向液化或气化的更清洁利用方式转变；②加大财政及技术支持力度，因地制宜地实现农村电气化，在新农村建设中优先发展新能源与可再生能源，改善能源利用模式，包括更有效地促进生物质能的可持续利用；③在能源开发利用的全过程中建立环境影响评估体系，并将气候影响纳入其中，确立公众参与能源决策的程序；④我国应大力借鉴有关国家的经验，将需求管理（DSM）作为能源法变革的核心，采取有效的法律措施促进能效提高，减少浪费和污染。

2006年12月4日刘波在《21世纪经济报道》发表文章《斯特恩建议中国发展低碳型经济》。斯特恩建议的主要措施包括：提高能效、对电力等能源部门“去碳”，同时建立强有力的价格机制，如对碳排放征税和进行碳排放交易，以及全球联合对高新去碳技术进行研发和部署等。

2008年李友华在《学术交流》发表《关于发展中国碳汇经济的几个问题》的学术论文。认为发展低碳经济是中国的明智选择，应建立低碳经济产业体系。应加强农业碳汇研究，运用和推广科学的耕作制度，改变农田的水分类型，改善施肥方式，推广作物优良品种，特别要加强玉米、水稻和草原、湿地上的作物及相关领域的碳汇研究工作。

2008 年柴方营在《经济研究导刊》发表论文《低碳经济与黑龙江省经济发展机遇》，认为温室效应引起的气候变化正使人类遭受越来越严重的损失，这是人类有史以来共同面对的最严重的危机。低碳经济正逐渐成为世界引导型经济发展模式，其实质是高能源效率和清洁能源结构问题，核心是能源技术创新和制度创新。围绕低碳经济的能源和产业新技术开发应用，无疑为黑龙江省改变高消耗、高排放、低效益的社会经济发展模式提供了难得的机遇。

2. 低碳经济发展目标

2006 年 12 月，中国发布《气候变化国家评估报告》。

2007 年 6 月，中国发布《中国应对气候变化国家方案》。

2007 年 12 月 26 日，中国发表《中国的能源状况与政策》白皮书，着重提出能源多元化发展，并将可再生能源发展正式列为国家能源发展战略的重要组成部分，不再提以煤炭为主。

2008 年 1 月，清华大学在国内率先正式成立低碳经济研究院，重点围绕低碳经济政策及战略开展系统和深入的研究，为中国及全球经济和社会可持续发展出谋划策。

2008 年在全国“两会”上，全国政协委员吴晓青明确将“低碳经济”提到议题上来。他认为，中国能否在未来几十年里走到世界发展的前列，很大程度上取决于中国应对低碳经济发展调整的能力，中国必须尽快采取行动积极应对这种严峻的挑战。他建议应尽快发展低碳经济，并着手开展技术攻关和试点研究。

2009 年 3 月，中国发布《2009 中国可持续发展战略报告》，提出了发展低碳经济的战略目标：到 2020 年，我国单位 GDP 能耗比 2005 年降低 40％～60％，单位 GDP 的二氧化碳排放降低 50％左右（年均降低 3.33 个百分点）。可再生能源在能源消费中的比重由目前的8%提高到2020年的20%左右。

四、研究思路和方法

（一）研究思路

气候变化已经成为21世纪全球面临的最严重的挑战之一，不仅对全球自然生态系统产生了明显的负面影响，也对人类社会的生存和发展带来了严重威胁。气候变化不仅仅是环境问题，更是发展问题。对于气候变化问题的关注，促使人类对气候变化、能源安全与经济社会发展之间的关系进行进一步的研究。在这种背景下，英国率先提出“低碳经济”这一概念，将推行低碳经济作为缓解气候变暖、打破资源约束、实现可持续发展的一种战略选择。

哥本哈根会议以后，低碳经济、低碳生活方式引起全世界的广泛关注。低碳经济是以低能耗、低污染、低排放为基础的经济模式，是人类社会继农业文明、工业文明之后的又一次重大进步。其实质是提高能源利用率和优化能源结构。核心是能源技术创新、制度创新和人类生存发展观念的根本转变。

发展低碳经济已经成为未来全球社会经济发展的主流模式，成为世界各国节能减排和应对全球气候变化的重要战略选择。

黑龙江省低碳经济发展的主要研究思路是：充分发挥本省资源优势和地缘优势，根据低碳经济模式发展要求，结合“八大经济区”发展战略，重点研究农业、林业、旅游、交通、建筑和能源领域的低碳经济发展模式，调整经济结构，提高国内外竞争力，实现黑龙江省地方经济的又好又快发展。

（二）研究方法

本研究主要采用比较分析方法、实证分析方法和系统研究方法对黑龙江省主要产业的低碳经济发展对策进行研究。

第二章 低碳经济的理论基础

温室效应致使全球气候变暖，对全球经济、社会、生态环境、人类生存产生严重威胁，是低碳经济提出的社会经济背景。低碳经济是运用科学的理论和方法，研究不同区域及不同领域碳源碳汇的发展变化、空间组织及其相互关系，并通过市场交易，实现区域碳汇价值和创造良好自然生态环境，促进全球经济可持续发展的一种经济形式。把低碳经济作为一项经济产业来发展，其坚实的理论基础是循环经济理论和可持续发展理论。

一、循环经济理论

所谓循环经济，本质上是一种生态经济，它要求运用生态学规律而不是机械论规律来指导人类社会的经济活动。与传统经济相比，循环经济的不同之处在于：传统经济是一种由"资源—产品—污染排放"单向流动的线性经济，其特征是高开采、低利用、高排放。在这种经济中，人们高强度地把地球上的物质和能源提取出来，然后又把污染和废物大量地排放到水系、空气和土壤中，对资源的利用是粗放的和一次性的，通过把资源持续不断地变成为废物来实现经济的数量型增长。与此不同，循环经济倡导的是一种与环境和谐的经济发展模式。它要求把经济活动组织成一个"资源—产品—再生资源"的反馈式流程，其特征是低开采、高利用、低排放。所有的物质和能源要能在这个不断进行的经济循环中得到合理和持久的利用，以把经济活动对自然环境的影响降低到尽可能小的程度。

（一）循环经济的概念

循环经济是指人们在封闭的经济活动体系中，纳入环境因素，建立起充分利用自然资源的循环机制，把经济活动纳入自然循环，维护自然生态平衡，按照自然生态物质循环方式运行的经济模式。循环经济要求人类社会用生态学规律来指导自己的经济活动，基本特征是低开采、高利用、低排放，基本目标是所有的物质和能源要在经济循环中做到合理和持久的利用，从而将经济活动对自然环境的影响降到最低。循环经济是一种促进人与自然协调发展的经济发展模式。人类社会的发展要走出困境，就要坚定不移地走可持续发展道路，就要发展循环经济，这也是中国经济走出困境的唯一选择。

循环经济与传统经济的一个最大区别，就是把经济系统看作是生态系统的一个子系统。循环经济的系统，是由人、自然资源和科学技术等要素构成的大系统。循环经济以低消耗、低排放、高效率为基本特征，是对“高生产、高消费、高废弃”的传统增长模式的根本变革。循环经济是针对持续的经济增长对资源和环境压力而提出来的一种新的经济发展模式，也是一种新的技术经济模式。循环经济以“减量化（reduce）、再使用（reuse）、资源化（resources）”为基本行为原则，称为“3R”原则。

循环经济改变了传统经济“资源—产品—废弃物”所构成的物质单向线性流动模式，倡导的是建立在物质不断循环利用基础上的新型经济发展模式，即以“资源—产品—再生资源”的闭路循环型物质流动模式，使经济系统和自然生态系统的物质和谐循环，维持自然生态平衡。

循环经济的概念，最初是由英国环境经济学家 D. Pearce 和 R. K. Turner 提出的，但在其诞生后并未立即引起人们的重视。20 世纪 60 年代美国经济学家波尔丁倡导发展循环经济，他将人类生活的地球比作太空中的宇宙飞船，认为如果不合理地开发自然资源，当超过地球承载能力时就会走向毁灭，只有循环利用资源，才能持续发展下去。

循环经济最早的实践者是德国和日本。20 世纪末期，他们主要是从如何减少最终处理废弃物的量这个角度提出来的。日本政府为推动循环经济的形成提出：2010年达到三个方面的目标，包括资源投入产出率比2000年提高40%，资源循环利用率提高40%，废弃物最终处置量减少50%。为了实现这些目标，日本政府制定和实施了一系列政策措施。

按循环经济的理念，产品生产应该本着如下原则进行：产品设计时要考虑节约材料，尽可能利用可再生资源；在工艺流程设计中要注意尽可能节电、节水和节约原材料，降低废品率，有利于废弃原材料的再利用；在产品出厂时要尽可能使用简易包装；使用过程中使用寿命要尽可能长，应用范围要尽可能广，要尽可能节电、节水；废弃后要尽可能回收利用或生态降解，尽可能少污染环境。这一循环经济的理念可以用图2-1来表示。

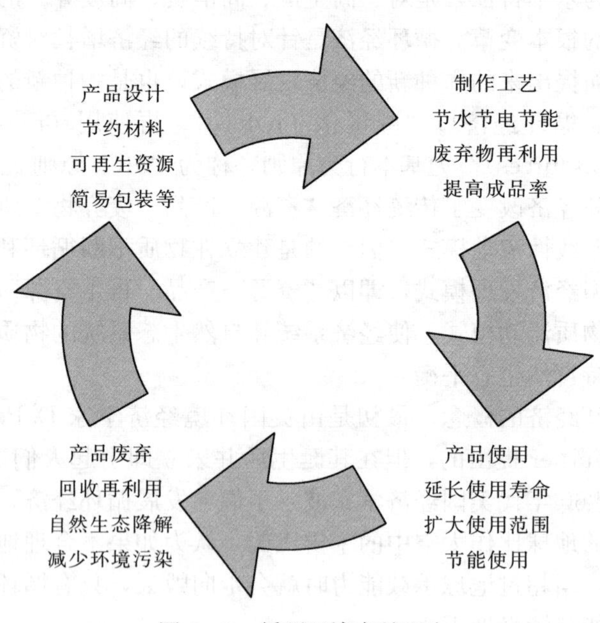

图2-1　循环经济产品理念

（二）循环经济的产业特征

循环产业根植于循环经济，是循环经济产业化的具体实现形式。它不是一种新型的产业形态，而是对传统经济产业的目标导向、技术管理、制度文化、标准衡量等方面的改造、变革和升级，同时，它又区别于传统经济产业形态。

循环产业与传统产业在产业性上并没有本质区别，都具有对资源进行加工制造、获得产品、变现价值的生产性质。其主要区别反映在：①在生产、消费、废弃等社会层面上的差异。②在产业观念、产业特征、产业结构、产业构成、产业效益等产业层面上的差异。③在企业微观层面上的差异。传统产业下的企业过于注重经济效益，忽视社会效益和环境效益，这反映在生产过程中就表现为重生产、轻治理和重产品、轻环保。而循环产业下的企业则强调环保效益至上，经济效益与社会效益并重，在生产过程中推行清洁生产、零污染化（表2-1）。

表2-1　循环产业与传统产业的区别

类　别	传统产业	循环产业
产业观念	以利润最大化为目标的规模最大化	以利润最大化为目标的资源价值最大化
产业特征	大量生产、大量消费、大量废弃	最优生产、最优消费、最少废弃
产业结构	“资源—产品—废物”的线性单向流动结构	“资源—产品—废物—资源”的循环多向网状结构
产业构成	加工制造业	加工制造业、服务业等
产业效益	以“高投入、高消耗、低产出”为特征、粗放式经营方式的单极效益	以“低投入、低消耗、高产出”为特征、集约精细化经营方式的多级复合效益

资料来源：郭东辉，邓润平。

在传统产业经济发展下，不足以构成产业形态的循环企业在结构上分散地依附于各自的传统生产型企业，没有形成产业结构化体系，然而伴随着循环产业规模的日趋扩大，循环产业结构渐趋成型，并在市场机制和政府宏观调控下向合理化发展。

（三）循环经济的系统特征

循环经济将经济、社会和资源环境纳入同一个系统中考虑，从大系统演化的角度去考察经济的发展问题，力争将经济、社会和资源环境之间的矛盾在同一个系统内得到合理解决（图 2-2）。

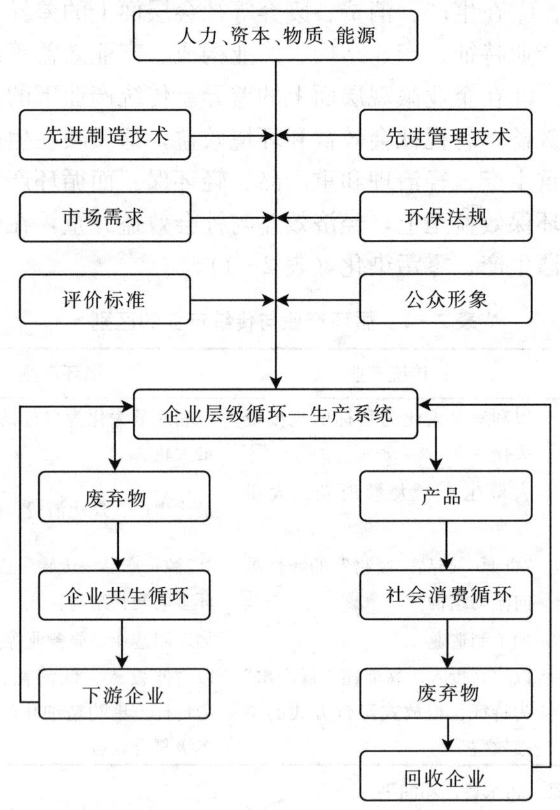

图 2-2　循环经济产业结构模式

循环经济系统就是根据大系统理论，将经济、社会和资源环境三个要素纳入同一个体系中，体系中的各要素之间联系紧密、相互制约、耦合互动的开放性、循环性的综合大系统。它按照自然生态系统物质循环和能量流动规律重构人类的经济社会系统，使经济社会系统和谐地纳入到自然生态系统的物质循环过程中，建立起一种新形态的经济模式（张杰，赵峰，2007）。其主要系统性特征如下。

1. 开放性

开放性是实现系统和谐有序的前提。系统只有开放，才有可能从外界环境不断地引入负熵流，把自身的熵排入到外界中，从而实现系统的有序，推动系统发展。系统的孤立或封闭只能导致系统的死亡或使系统处于紊乱无序状态。

循环经济是由环境和经济系统构成的开放、动态的系统，正是因为系统的开放，从而使得循环经济系统异常活跃，并能对相关环境做出积极反应。传统经济所形成的则是一个孤立的、封闭的系统。在传统经济系统中的物质和能量转化是以资源的使用为开端，经过能量的转化，除了被系统吸收的能量之外，其余的能量则被排出系统之外，不再参与物质的循环，整个过程是一次性的。这意味着传统经济的整个经济活动只能朝一个直线向上的平衡方向发展，一旦平衡达到，过程结束了，整个系统也就瓦解了。在此过程中，能量的输入和输出互不相干，输出对输入没有形成反馈。因此，传统经济往往会因为资源的短缺而危及到物质基础，使经济活动难以为继。而循环经济则不同，循环经济系统不断从外界输入能量补充内部消耗，经过能量的转化，其中一部分能量在系统内部被吸收，还有的能量和物质被损耗，另外一些能量和物质则被反馈到输入过程，与外界的物质和能量相结合，形成一个物质和能量不断转化的循环回路。因此，循环经济的内部物质和能量的转化可以持续不断地进行，这个过程是不可逆的，也是系统走上有序的基本途径。社会经济运行具有生产者、消费者和分解者的三大功能，实施循环经济战略从本质上要求恢复和重建“自然—经济—社会”的合理规则和运行路线，它以绿色技术为支撑，在企业内部、企业之间和企业与环境之间通过建立稳定、健康的物质流、能量流和信息流，实现了经济效益、生态效益和社会效益的“三赢”。循环经济的运行方式通过完整的物流分析，不仅延长了线性经济，而且实现了闭合循环，在“资源利用—绿色工业—资源再生”各个环节实施了“减量化”、“再利用”和“资源化”原则，真正体现了可持续发展的经济含义。循环经济系统所表现出的结构与功能以及相应的生态、反馈、抗逆、共建共享，形成了一个有序的、具有自组织功效、有较强抗干扰能力和取得物质、能量损耗最小而系统内部寻求优化的整体运行模式。

2. 动态性

复杂性系统总是在不断变化的，动态演化性是产生系统复杂性的主要原因之一。复杂系统总是从一种状态变化到另一种状态，其中稳定与平衡是运动的一种趋势，而波动、不平衡、矛盾等才是运动的常态，系统在矛盾运动中表现出十分复杂的现象。复杂系统运行的有序化取决于系统内部相关因素的相互作用能否形成动态演化态势。动态演化态势的形成和发展与复杂系统运行有着内在的必然联系。复杂系统是动态的，处于不断的演化过程中，总趋向于进化。随着时间发展，其结构、功能、行为不断变化，总的趋向是通过自适应、自组织作用向更高级的有序化演化，具有自适应和进化能力。循环经济系统同样也要遵循这一系统动态演化规律。

循环经济系统是由多种元素构成的复杂系统，它以生态学、经济学、管理学等学科为基础，以绿色技术为技术载体，目的是实现人、生态和经济的协调发展。因此，循环经济系统的正常运转不仅要受到系统内部各种因素的影响，同时也会受到外部条件的制约。随着科学探索的不断深入和技术的向前发展，循环经济也必然不断丰富自身的内容，它的发展也会更科学，更符合社会发展的要求。事实上，循环经济本身就是在可持续发展思想的提出和绿色技术日臻完善的条件下产生和发展起来的，它的形成就是经济活动与科学技术、社会发展战略相互作用的结果。目前，循环经济正处在一个市场需求多样化，技术快速发展的动态环境中，它与环境的交流越来越频繁。循环经济只有不断从外部环境中吸收新的能量，接受新的信息，才能增强它的生命力，更好地实现它的目标。发展循环经济就必须遵循动态性的原则，关注前沿科学，引进生态技术。资源利用率的提高，资源综合利用的实现，都需要以科学和技术的进步为依托，不吸收先进的科技成果，循环经济的发展就无法适应社会的要求和时代的潮流。

鉴于世界各国历史、文化和发展水平的差异，可持续发展的具体目标、政策和实施步骤不可能是唯一的，但是可持续发展作为全球发展的总目标，所体现的公平性和持续性原则，则是共同的（晓晨，2002）。并且为实现这一总目标必须采取全球共同的联合行动。从根本上说，贯彻可持续发展就是要促进人类之间及人类与自然之间的和谐。如果每个人都能真诚地按“共同性原则”办事，那么人类内部及人与自然之间就能保持互惠共生的关系，从而实现可持续发展。

3. **多层次性**

系统是由相互联系的部分组成，系统的整体性的维持和发展，有赖于一个连续的等级结构，即层次性。系统的层次性主要是指任何复杂系统都可以从纵向上分为若干等级，其中低一级系统就是高一级系统的若干组成部分，不同的层次之间存在隶属关系。系统层次性是系统在进化过程中形成的，系统的层次与层次之间具有不可分割的相互联系和作用，系统的层次性突出了部分与整体之间的质的差异，强调高层次向低层次的不可还原性。

循环经济有着不同的等级及层次结构，何京玲（2007）在《循环经济的系统特征》一文中对循环经济特性进行了系统的研究和总结。

首先，循环经济中物质循环的场所具有层次性。这可以从三个层面来说明：①企业层面。即物质资源在企业内部的循环，也叫基础循环。企业推行清洁生产，选择清洁生产工艺，建立生产全过程的环境管理系统，减少产品和服务中物料和能源的消耗量，实现最终排放废物减量化、资源化、无害化。企业生产过程产生的废弃物、污染物经本企业自身的物理化学处理，使之成为再生资源，实现低排放或零排放，建立生产者责任延伸制度，促进产品生态设计。②区域层面。即物质资源在产业部门之间的循环，也叫中观循环。这个层次的资源流动既可以在同产业部门间实现，也可以跨产业进行。若干互相关联的企业建立共生的工业园区，甲企业的废弃物、污染物由乙企业处理利用，乙企业的废弃物、污染物由丙企业处理利用，从而形成较大的链式循环。区域内企业或行业间建立生态产业群落，上游企业的副产品或废弃物用做下游企业的原料，形成企业间的工业代谢和共生关系，在生态工业、生态农业、生态化的服务业内实现废弃物资源化。③社会层面。即在全社会的生产、流通、消费之间建立的循环，也称宏观循环。以生产链为纽带，统筹规划工业与农业、生产与消费、城市与农村的发展，大力发展资源循环利用产业，实行可持续生产和消费，逐步建成资源节约型和环境友好型社会。在社会层面上就要建立相关的政策体系，倡导绿色消费，建立绿色政府、绿色办公、绿色采购，建立节约型的社会，包括节水、节能等。

其次，循环经济中物质循环的反馈过程具有多层次性。在物质和能量的转化过程中，输入和输出相互作用，形成多层次、多步骤的循环过程。其中，在每一次输出进入新的循环成为输入部分时，又会形成新的步骤和层次。如农场为酒厂提供酿酒的原材料——稻谷，稻壳作为酒厂的废弃物输出，又成为生态农药厂发酵提取菌种的原材料，每次的输出对输入都是一个质能的反馈。

输入和输出的循环就构成循环经济复杂的网络和层次，这也是循环经济多层性的一个显著特征。

4. 非线性

非线性是指变量与变量之间没有正比例那样的直线关系，在非线性系统中，凡是非线性都可以找到一条直线和它至少有两个以上的交点，这就引起多值性，叠加原理失效，不具有加和性和可分性。在非线性系统中，系统一个变量的微小变化，可能导致系统其他变量产生不成比例的甚至灾难性的变化，从而导致“蝴蝶效应”。

循环经济是国际社会推进可持续发展战略的优选模式之一。它是以物质流动为特征的一种生态经济，它与传统的资源消费、产品生产、废物排放这一个单向线性流动经济不同，它是一种再生的资源、一种流动的资源，是物质和能量在整个经济活动中得到合理的利用，最大限度地提高资源配置的效益，实现经济生态化转向。它强调以循环生产模式替代线性生产模式，表现为“资源—产品—再生资源”这一最有效利用资源和保护环境的路线，体现在循环经济的构成是多层次的技术、知识、管理的长期积累，显示出与外界环境相联系的多层次、多目标的开放性和彼此间的耦合特征。循环经济将传统的线性、开放式的经济系统转变为非线性的经济系统，逐步实现很小的排放性和环境友好性，使市场生产的产品能够持久的使用，并延长使用的寿命。

根据非线性系统的特征，循环经济系统涉及无数的因素（或变量），这些因素（或变量）又构成错综复杂的相互联系。在这些因素、关系之间很难区分谁主谁次、谁重谁轻，它们之间的机制不是简单的直接的因果规定，而是复杂的交互作用、双向甚至多向的构建方式。一旦其中的某个要素受到干扰，都会反馈到系统的整体功能上，影响到系统的稳定性。因此，不能从循环经济局部的个别目标去判断它的发展方向，也不能仅仅通过子系统的功能来确定它的整体功能。如在循环经济系统中，采用清洁技术可以减少或者避免污染的产生。资源的再利用环节则形成了物质的循环，如果在生产中运用了清洁技术，但产生的废弃物却没有进行再利用，而是直接排出系统外，这样就不能称这次经济活动为循环经济，因为它没有履行其中一个环节的功能，从而无法实现循环经济的整体功能。因此，在发展循环经济时，要把握系统的整体性，从系统的各个方面进行合理规划，让每个环节都充分实现各自功能，保证循环经济系统各要素的相互衔接，实现整体功能的最优化，达成系统的目标。

5. 自组织性

自组织是开放系统在大量子系统合作下出现的宏观的新结构。系统随着时间而变化，经过系统内部和系统与环境的相互作用，不断适应、调节，通过自组织作用，经过不同阶段和不同的过程，向更高级的有序化发展，涌现出独特的整体行为与特征，具有自适应、自组织的趋向有序化功能。维纳提出的控制论，阐述了以正反馈和负反馈为基础的“自组织”科学概念。

正反馈是一种破坏原有稳定状态，使系统趋于不稳定状态的反馈。传统的线性经济模式，它的作用是能自动地加剧系统离开原有目标运动，朝着新的状态加速度地变化，其速度是令人难以意料的。在这种经济模式中，人们以越来越高的强度开发自然资源，最大限度地创造社会财富和获取利润。在生产和消费过程中又把污染和废弃物大量地投放到环境中去，对资源的利用常常是一次性的。也就是说通过把资源持续变成废物来实现经济上的增长，结果却导致了环境的恶化和经济的不可持续发展。

负反馈是一个自稳定的环路，它的作用是使系统不断消除干扰和噪声，系统表现为自调节、自适应行为，使系统力图恢复原来稳定状态的反馈。在经济生产中，循环经济自然建构起一种负反馈的自调节机制。当企业生产过剩，导致资源存量下降时，资源的价格上涨，它自主促使节约资源或废弃物的资源化，使得生产能循环往复下去。同样，当废弃物的处置成本过高，它就会开发清洁生产工艺进行无废生产或少废生产。因此，循环经济的生产观念是要充分考虑自然生态系统的承载能力，尽可能地节约自然资源，不断提高自然资源的利用效率，循环使用资源，创造良性的社会财富，这也是循环经济最本质的特征（何京玲，2007）。

（四）循环经济发展模式

1. 国外循环经济发展模式

（1）杜邦模式。杜邦模式也就是企业内部的循环经济模式（图2-3）。通过组织厂内各工艺之间的物料循环，延长生产链条，减少生产过程中物料和能源的使用量，尽量减少废弃物和有毒物质的排放，最大限度地利用可再生资源，提高产品的耐用性等。杜邦模式是循环经济在微观层次的基本表现。

杜邦化学公司成立于1802年，至今已有200年历史，是世界上第一家以“将废物和排放物降低为零”作为奋斗目标的大公司，把“安全、健康、环保”的理念纳入整个企业活动之中。20世纪80年代末杜邦公司的研究人员把工厂当作实验新的循环经济原理的实验室，创造性地把3R原则发展成为与化学工业实际相结合的“3R制造法”，以达到少排放甚至零排放的环境保护目标。他们通过放弃使用某些环境有害型化学物质、减少某些化学物质的使用量以及发明回收本公司产品的新工艺，到1994年已经使生产造成的塑料废弃物减少了25%，空气污染物排放量减少了70%。到2000年已经使该公司的总废物减少1/4，有害废弃物减少40%，温室气体排放量减少70%。同时，他们在废塑料，如废弃的牛奶盒和一次性塑料容器中回收化学物质，开发出了耐用的乙烯材料维克等新产品。杜邦公司副总裁特博说：“制定这个目标（指零排放）可以促使人们不断提高工作的创造性。人们越着眼于这个目标，就会进一步认识到消灭垃圾实际上意味着发掘对人们通常扔掉东西的全新利用方法”（赵恩超，2003）。

一般来说，厂内废物再生循环包括下列几种情况：①将流失的物料回收后作为原料返回原来的工序之中，如从造纸废水中回收纸浆等；②将生产过程中生成的废料经适当处理后作为原料或原料替代物返回原生产流程中，如铜电解精炼中的废电解液，经处理后提出其中的铜再返回到电解精炼流程中；③将生产过程中生成的废料经过处理后作为原料返回于厂内其他生产过程中（安小会，2004）。

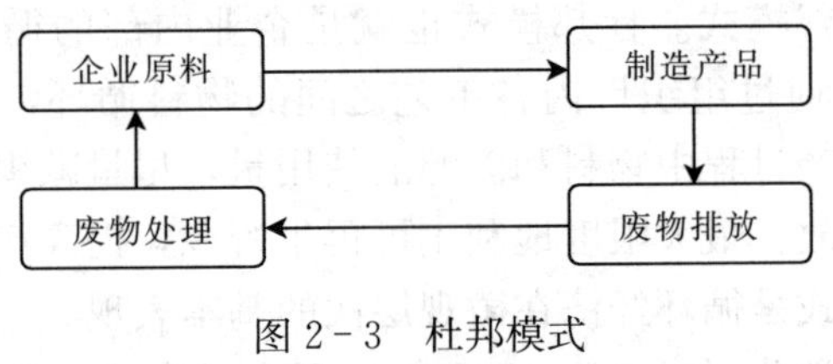

图 2-3　杜邦模式

(2) 卡伦堡模式。在哥本哈根市西部 100 余公里的海滨城市卡伦堡市，一个名为工业互利协作的企业网络已经建立并保持了约 30 年，以能源节约和资源在企业间的交换和有效使用为特点，创造了卡伦堡经验，也成为代表循环经济思想的“丹麦模式”（图 2-4）。当时在卡伦堡市镇的若干个企业协商后决定，有必要建立一个协作网络，使本企业的生产剩余或副产品成为其他企业从事生产的资源或半成品，从而使企业群体在整体上降低成本、提高效益、节约资源和能源。卡伦堡市政府因其在管理公共水资源、建设社区供热和供水系统，以及造就社区良好环境等方面的职能，也成为该网络的参与和推动者。

①节省能源和水资源。阿萨斯电厂以热电联产方式向卡伦堡市居民提供电力和供热，取代了以往分散使用的 3 500 个小型锅炉，在燃料油总消耗量方面节省了 30%。同时，该厂向石油提炼厂、制药公司和酶制剂公司提供生产用蒸气，又间接地减少了一部分企业自行制取蒸气的能耗。此外，电厂冷却水（温水）被输送到养鱼场，支持了那里每年生产 200 吨鳟鱼和三文鱼。

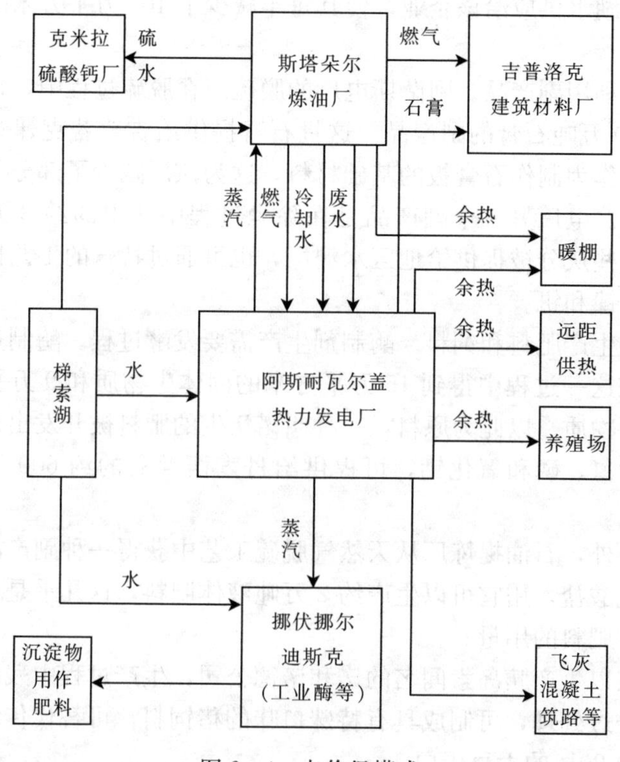

图 2-4　卡伦堡模式

丹麦是个缺乏淡水资源的国家，人们的主要饮用水来自地下水源。因此，保持地下水资源是国家资源政策的重点之一。在卡伦堡市，阿萨斯电厂一直使用地下水来维持其正常生产。为减少地下水消耗，市政府通过协作网络做出努力，促使电厂用水从完全依靠地下水改变为部分使用梯索湖水、部分使用石油提炼厂处理过的生产废水。这些努力使电厂的地下水消耗减少到原来用量的 10%。

酶制剂厂也是用水大户，而且需要使用达到饮用水质量标准的水源。为此，卡伦堡市政府通过水处理项目，用符合饮用标准的梯索湖水供应给该企业，使其每年减少了 100 万平方米的地下水用量。

②利用副产品。阿萨斯电厂的脱硫厂在脱硫过程中，每年可获得 20 万吨石膏的副产品。这批石膏提供给吉普若克建筑材料公司，作为制作石膏板的基础材料，这为该厂减少了部分天然石膏进口。电厂另一个副产品是在除尘过程中获得的约 3 万吨灰分。这些灰分被提供给地区水泥厂，也可通过特殊的工艺提取稀有金属镍和钒。

③生产肥料和饲料。酶制剂生产需要发酵过程。酶制剂厂每年可从这一过程中得到 15 万平方米的固体生物质和 9 万平方米液体生物质。以此为原料，一种叫诺沃生的肥料被开发出来，其成分为氮、磷和氧化钙，可提供给丹麦西兰岛的约 600 个农场使用。

另外，石油提炼厂从天然气脱硫工艺中获得一种副产品氨基硫代硫酸盐，用它可以生产约 2 万吨液体肥料，这几乎是丹麦全年液体肥料的用量。

在以生产胰岛素闻名的诺和诺德公司，生产过程中残留的酵母浆经过处理，可制成具有特殊口味的猪饲料，可替代传统混合饲料中 20％的大豆蛋白。

④获得环境效益。诺和诺德制药厂、酶制剂厂和电厂的废水都被转送到卡伦堡市废水处理厂，经处理并达到标准后排放，有效地确保这些企业有一个良好的生产环境和工艺过程。

卡伦堡水处理厂处理废水后残留的淤泥又被提供给索瑞姆土壤净化公司，作为其生物修复工艺的营养物质。

诺维仁垃圾处理公司从协作网络伙伴公司回收固体废物，一方面确保了卡伦堡市有一个良好的生活和生产环境，另一方面创造了环境效益。运用自己的垃圾处理技术，该公司可通过垃圾填埋气体发电，再回售给电力公司；该公司每年清理的约 56 000 吨可燃废物被回收利用，大约相当于 6 500 个家庭电力和供暖的电力消耗。

这些项目按性质分主要包括：水循环利用、能源转换和工业废物再利用三类。截至 2000 年，合作单位之间的协作项目已达 18 个，投资总额约 7 500 万美元，而这些项目节约的价值每年超过 1 500 万美元（章一宁，2005）。

(3) 德国模式。德国是世界上最早实施循环经济的国家之一，它的特色是循环经济法制建设走在世界的前列。1991 年，德国首次按照从资源到产品再到资源的循环经济思路制定了《包装废弃物处理法》，要求生产商和零售商对于商品的包装物要尽可能减少并回收利用，以减轻填埋和焚烧的压力。1994 年，德国公布了发展循环经济的《循环经济和废物处置法》，把资源闭路循环的循环经济思想从商品包装拓展到社会相关领域，规定对废物管理的手段首先是尽量避免产生，同时要求对已经产生的废物进行循环使用和最终资源化的处置。

德国模式的特点是社会层面废弃物的回收再利用体系。建立废旧物资的回收和再生利用体系，实现消费过程中和消费过程后物质与能量的循环。德国的废弃物双元回收体系（DSD）是其典型代表。1995 年 DSD 由 95 家产品生产厂家、包装物生产厂家、商业企业以及垃圾回收部门联合组成。这些企业组织成网络，在需要回收的包装物上打上绿点标记，然后由 DSD 委托回收企业进行处理（杨华峰，冯俊文，2006）。

德国的循环经济立法体系共三个层次：法律、条例和指南。除法律、条例外，还有农业和自然保护法、污水污泥管理条例、废旧汽车处理条例、废电池处理条例、有机物处理条例、电子废物和电力设备处理条例、废木材处理条例、废物管理技术指南、城市固体废弃物管理技术指南等。德国关于循环经济的立法及其实践，对世界各国产生了巨大影响，自 20 世纪 90 年代以来，包括日本、欧盟各国等经济发达国家，都不同程度依据循环经济的思想制定或修订了本国的废物管理的法律规范（张晖，2008）。

(4) 日本模式。日本主要采用循环型社会模式，即环境保护技术和产业经济发展进入了新的发展阶段，其社会结构开始从过去“大量生产、大量消费、大量废弃”的传统经济社会，向降低环境负荷、实现经济社会可持续发展的循环经济社会转变。二战后，日本实行“追赶型”和“赶超型”的经济，国民经济多年持续、快速增长，到1968年，国民生产总值已位居世界第二位。但是，经济快速增长是以牺牲环境为代价的。环境污染、生态破坏事件频频发生，严重影响了自然界正常的生态循环，终于演变成严峻的社会问题和政治问题（张晖，2008）。

究其原因，日本政府认为，在于发展经济指导方针的偏差。经济、产业的运行如同人体内的血液循环，由动脉与静脉两个部分组成。以往，日本发展产业经济，只关注物质资料从生产、流通到消费的动脉系统，而对生产、流通和消费后所产生的废物和其他相关物品（所谓“废物”）的收集、处理、再资源化、再商品化等静脉系统，却等闲视之。其结果，在经济生活动脉系统中产生的大量废物直接以大自然作为最方便的处置场所，最终导致环境负荷超过了环境容量。大量生产、大量销售、大量消费、大量废弃的经济和产业运行方式，成为造成日本社会环境恶化的根源（夏昌武，2008）。

为了谋求环境问题的彻底解决，日本政府认为，应当抛弃传统的经济运行方式，代之以抑制废物的产生、促进废物的再利用为目的，形成废物处理与资源循环再利用一体化的物质循环链条，构筑起抑制自然资源消费、减轻环境负荷的“循环型社会”。循环型社会是指限制自然资源消耗、环境负担最小化的社会。2000年，日本制定《促进循环社会形成基本法》，提出了要把整个社会建成循环型社会的发展目标，到2010年要达到资源投放产出率提高40%，资源循环利用率提高40%，废弃物最终处置量减少50%（张晖，2008）。

2. 国外发展模式启示

(1) 循环经济发展层次。国外发展循环经济的四种模式中，有两种模式比较受关注，即德国模式和日本模式。德国从环境保护入手，主要通过建立废弃物资源化的双元系统来发展循环经济。日本则从资源减量化入手，以建设循环型社会为主旨。发展循环经济不仅得到发达国家政府的推动，也得到了企业界和广大国民的积极响应。其循环经济产业体系已经实现了物质闭环流动的三个层面：

第一，企业层面，或称为单个企业的循环经济，最具代表性的是美国杜邦化学公司模式。其主要特点是组织企业内部各工艺之间的物料循环。杜邦公司通过放弃或减少使用对环境有害的化学物质以及发明回收废弃物的新工艺来减少环境污染。到 20 世纪 90 年代中期已经使企业生产造成的塑料废弃物减少 25%，空气污染物排放量减少 70%。

第二，区域层面，或称为面向共生企业的循环经济，如丹麦卡伦堡生态工业园区模式。这种模式被称为企业之间的循环经济，其主要特点是把不同的企业连接起来，形成共享资源和互换副产品的产业共生组合，使得一家工厂的废弃物（废气、废热、废水和废渣等），成为另一家工厂的原料和能源。卡伦堡生态工业园区的主体企业是发电厂、炼油厂、制药厂和石膏板生产厂，它们分别以其他企业生产过程中产生的废弃物为自己的生产原料，不仅减少了废弃物的处理费用，还取得了良好的经济效益，形成了经济发展和环境保护的良性循环。

第三，社会层面，即德国双轨制模式，也被称为生产与消费之间的循环经济。

(2) 国外循环经济发展启示。

第一，循环经济法律体系。日本政府适时提出建立“循环型经济体系”，也是世界上循环经济立法最为完善的国家之一。为了建立循环型社会，日本还将 2000 年确立为循环型社会建设元年，同年日本国会通过了有关促进形成循环型社会的6项法案，形成包含3个层面的法律法规体系：①基本法，即《促进循环型社会形成基本法》，以可持续发展为宗旨，将环境保护与资源节约融合到经济活动的各个层面，从而最终将立法提高到建立循环型社会的高度；②综合性法律，包括《废弃物管理法》、《资源有效利用促进法》；③专项法规，包括《容器与包装再生法》、《家用电器再生法》、《建筑材料再生法》、《食品再生法》、《车辆再生法》等。这是迄今为止世界上最成系统的循环经济法规体系。

德国在循环经济发展初期就以立法形式明确政府、企业、个人的义务和责任，并系统出台了有关专项法律规章，形成了完整的循环经济法律法规体系（表2-2），逐步将循环经济思想从生产领域拓展到社会相关领域，对循环经济的发展和建设循环型社会发挥了至关重要的作用。

表2-2　德国循环经济相关法规体系概况

立法时间	法规名称
1972年	《废弃物管理法》
1986年	《废弃物限制处理法》
1990年	《包装废弃物处理法》
1991年	《包装条例》
1992年	《废旧车辆限制条例》
1994年	《循环经济和垃圾处理法》
1996年	《物质闭路循环与废物管理法》，2000年修订
1999年	《联邦水土保持与旧废物法令》
2000年	《社区垃圾合乎环保放置及垃圾处理法令》
2003年	《可再生能源法》（修订）

资料来源：韩玉堂。

第二，激励和约束政策。政策的激励和约束是循环经济发展的重要措施。从总体上看，世界各国促进循环经济发展与环境协调的政策措施是不断完善的。

奖励或补偿政策。主要包括政府奖励、资源回收奖励、政府优先购买等措施。例如，美国设立"总统绿色化学挑战奖"，用以支持化工界降低资源消耗和防治污染的有实用价值的新工艺、新方法的研发。此外，美国几乎所有的州均有对使用再生材料的产品实行政府优先购买的相关政策或法规，联邦审计人员有权对各联邦代理机构未按规定购买的行为处以罚金。日本则建立了针对居民的资源回收奖励制度，还针对生态城镇（eco-town）项目建立补偿金制度，由环境省和经产省执行。环境省主要资助生态工业园区的软、硬件设施建设和科学研究与技术开发，经产省主要资助硬件设施建设、与3R相关技术的研发及生态产品的研发等。国家对入园企业的补助经费占企业初步建设经费总额的1/3～1/2，地方政府也有一定补贴。以北九州生态工业园区为例，该园区现已投资502亿日元，其中国家投入100亿日元，市政府投入58亿日元，其余为民间投资。

税收优惠政策。主要针对使用再生资源和利用处理类设备的企业制定税收优惠政策。例如，美国亚利桑那州对分期付款购买回用再生资源及污染控制型设备的企业可减免10%的销售税；康涅狄格州对再生资源加工利用企业给予优惠贷款，并减免州企业所得税、设备销售税及财产税。日本则对废塑料制品类再生处理设备在使用年度内，除普通退税外，还按价格的14%进行特别退税；对废纸脱墨、玻璃碎片夹杂物去除、空瓶洗净、铝再生制造等设备实行3年的固定资产税退还。荷兰对采用革新性的清洁生产或污染控制技术的企业，其投资可按1年折旧（其他投资的折旧期通常为10年）。

收费政策。①废旧物资商品化收费。日本规定，废弃者应该支付与废旧家电收集、再商品化等有关的费用。②垃圾收费。美国200多个城市实行倾倒垃圾收费政策；欧美国家对饮料瓶罐采取垃圾处理预交费制，预交金部分用于回收处理，部分用于新技术研发。美国的研究表明，如对每袋32加仑（1加仑约为3.8×10^{-3}平方米）的垃圾收费1.5美元，城市垃圾数量可减少18%；瓶罐收费可使废弃物重量减少10%～20%，体积减少40%～60%。③污水治理费。如德国居民水费中含污水治理费；市镇政府必须向州政府交纳污水治理费；污水治理未达到要求的企业要承担巨额罚款（国家发改委经济体制与管理研究所，2005）。

建立生产者责任延伸和消费者责任延伸制度。①生产者责任延伸（extended producer responsibility，EPR）是指将生产者对于产品的责任，扩展到产品生命周期的最后阶段，即产品的使用结束之后。生产者既要对产品的性能负责，又要承担产品从生产到废弃对环境影响的一定责任（费用负担）。这样，生产者必须考虑包括原材料的选择、生产过程的确定、产品使用过程以及废弃等各个环节对环境的影响。其结果是促使生产者自觉设计对环境负荷压力较小的产品，在生产阶段努力提高资源循环利用效率，积极配合政府实施循环经济，实现经济效益、社会效益和环境效益的有机统一。②消费者责任延伸（extended consumer responsibility，ECR）要求某些商品的消费者，即使在不造成直接环境污染的情况下也应该承担一定的责任和义务，它体现环境保护人人皆有责的公平原则。消费者责任延伸可以直接包含在商品价格中，也可以通过废旧物品和生活垃圾倾倒费或收集费的方式体现。

第三，科技进步。技术进步是促进循环经济发展的主要动力之一。为加速循环经济发展，各国采取的主要技术措施有：①重新设计产品，使之容易拆卸和再循环利用；②重新设计工艺流程，使其不产生或少产生废物；③开发和使用需要较少材料的新技术等。德国的经验是，既加强循环经济关键尖端技术的研发利用，又非常重视普通适用技术的有机组合，相得益彰，成效显著。

第四，公众广泛参与。公众和企业都是实施循环经济的主体。发展循环经济，政府必须以主导地位在全社会大力倡导并加强宣传教育，提高公众的循环经济意识，积极提倡绿色消费和节约文明，营造良好的社会氛围。欧、美、日等发达国家政府十分重视公众参与的力量。一方面，利用大众传播媒体广泛宣传循环经济，采取各种手段加强公众对实现零排放或低排放社会的意识；另一方面，在中小学校加设环保课程教育，在高等学校积极培养生态环境保护和生态产业领域的专业人才（韩玉堂，2009）。

3. 中国循环经济发展模式

经过近几年不断探索，我国已形成了独具特色的循环经济发展模式，专家归纳成“3＋1”模式，即小循环、中循环、大循环，废物处置和再生产业。

（1）小循环。在企业层面，选择典型企业和大型企业，根据生态效率理念，通过产品生态设计、清洁生产等措施，进行单个企业的生态工业试点，减少产品和服务中物料和能源的使用量，实现污染物排放的最小化。

（2）中循环。在区域层面，按照工业生态学原理，通过企业间的物质集成、能量集成和信息集成，在企业间形成共生关系，建立工业生态园区。

（3）大循环。在社会层面，重点进行循环型城市和省区的建立。目前，国家环保总局在辽宁省进行了以改造老工业基地为核心的循环经济示范区建设试点工作，在贵阳进行了以发挥当地资源优势，构建新的产业格局为核心的循环经济城市建设试点工作。

（4）废物处置和再生产业。建立废物和废旧资源的处理、处置和再生产业，以从根本上解决废物和废旧资源在全社会的循环利用问题（黄国亮，2009）。

（五）循环经济发展的必然性

1. 循环经济是社会经济发展的必然选择

当人类社会跨入 21 世纪，全球正在全方位迈向知识经济时代，这是一个不可抗拒的历史性转变。知识经济本质上是人才经济、头脑经济、智慧经济。人的价值因这一转变而得到升华，人拥有的知识因这一转变而主宰未来，人类历史也因这一转变而更加辉煌。

人类文明经历了以土地和人力为基础的农业文明时代，以机器和资本为基础的工业文明时代，目前正迈向以知识和信息为基础的知识经济时代。农业文明是人工种植植物和养殖动物的人工生物时代，工业文明是采掘和利用天然化学物质的天然化学时代，知识经济文明的走向是人工创造和利用化学物质的时代。在知识济时代，纳米技术、新能源技术、生物技术、信息技术和太空技术的应用，将引起经济社会各领域的深刻变革。以基本粒子和原子为原料，人工生产各种原子、小分子、大分子的化学物质乃至生命物质，形成以智能化微制造技术为关键科技支撑的新技术体系，以及深层次循环式生产为主导的新兴产业体系。

目前兴起的世界范围新技术革命和新产业革命，面临着产业结构转型与升级的双重任务。最佳的选择应当是通过信息化带动工业化，以工业化促进信息化，走出一条科技含量高、经济效益好、资源消耗低、环境污染少、人力资源得到充分利用的新型工业化道路。从社会生产力发展规律看，人类对工具的发明，从而制造了推进社会发展的生产力，生产力的提高又促进了人脑的进化，人脑进化再进一步的创造发明，一步一步地提高了人类的文明。人类社会生产力从大约1万年前的农业、200年前的机械工业、100年前的电力工业，到现代的信息产业和未来的基因产业过程。

人类文明发展的轨迹表明，人类文明经历了从自然开始再重新回归自然的历程。人类经历了受自然支配的采集狩猎时代、有限利用自然的农业时代和企图控制自然的工业时代，正大步进入人与自然和谐相处的信息时代（也称知识经济时代）。人们形象地把这几个时代的文明称为黄色文明、灰色文明和绿色文明。21

世纪是一个绿色文明的世纪。绿色文明，不是原始绿色文明的简单重复，而是人类在汲取文明演变史的惨痛教训后，运用智慧对未来所作出的理性选择，是人类既往文明的升华和质的飞跃达到高远境界的文明形态，是一个“与天地合其德，与日月合其明，与四时合其序”的人与自然和谐相处的境界。

2. 循环经济是物质能量循环转换的必然结果

循环是指在一定系统内的运动过程。“阴阳有往复，四时有代谢”；“千变万化，未始有极”，往而复来，循环不息。日月星辰在天体中环绕运行，水分在海陆空不断循环，能量在运动中循环和转换，动物植物在地球上生生不息。各种运动形式都有自己特殊的规律性，在每一种基本的运动形式中，又包含着许多具体的运动形式。各种运动形式互相交错着，高级的运动形式包含低级的运动形式。

哲学上所指的物质，是不依赖于意识而可以为意识所反映的客观实在。世界是由物质组成的，世界无限复杂多样性都是物质特定的具体形态。在一定条件下，物质一般具有固态、液态、气态三种形态，在形态的变化中，其原子量是恒定的。物质不灭定律认为，物质既不能被创造，也不能被消灭，但具体的物质形态则处于永恒的产生和消灭之中，任何物质形态都依一定条件由另一种物质形态转化而来，又依一定条件向他种物质形态转化而去。

按照物质不灭定律和能量转换定律，任何物质，不管是固态、液态、气态，不管是无机物、有机物，还是化分或化合成为新的物质，物质的特征都是客观存在的。物质是不灭的，能量是能够转换的。自然界各种物质形态，都具有质量、动量和能量，都服从于质量守恒、动量守恒、能量守恒等定律。物质循环与能量转换是相互依存、相互制约而不可分割的。科学技术的进步和社会生产力的发展，其实质就是探索并实现物尽其用的方法和途径。

3. 循环经济是我国可持续发展的唯一出路

现代化以工业化、城市化、市场化、全球经济一体化等集中化方式，开辟了人类迈向整体性社会发展的道路。随着科学技术的发展和工业革命的兴起，人类加速了认识自然与改造自然的进程，20世纪所取得的科技成就和创造的物质财富远远超过了以往时代的总和。过去的100年，特别是近50多年，人类在发展社会生产力方面取得空前伟大成就的同时，对自然环境和资源的破坏，也达到了十分严重的程度。人口的增长，给自然和社会造成了日益沉重的负担。文明的巨大进步与生存危机并存的"二律背反"现象日益显露出来，地球资源的有限性与人类繁衍和需求的无限性，这对最大的人类生存矛盾构成了所谓"人类自我中心主义的困境"。生态失衡、环境污染、水土流失、地力下降、森林缩小、气候异常、资源枯竭、物种灭绝，已连连向人类发出了警告的信号（郭辉东，2005）。

20多年赶超型的发展模式，使中国付出了沉重的代价：治理环境污染给经济社会发展带来了沉重的包袱，不可再生资源的短缺已成为经济可持续发展的最主要制约因素。改革开放以来，我国经济得到了快速发展。与此同时，资源瓶颈制约和环境压力不断加大，可持续发展问题日益突出，高投入、高消耗、高污染、低效率的粗放型增长方式难以为继。据统计，我国人均耕地占有量只占世界平均水平的40%左右。我国矿产资源综合利用率不到20%，矿产资源总回收率只有30%，单位产值能耗是发达国家的3～4倍。在环境方面，2003年，我国工业和生活废水排放总量为680亿吨，二氧化硫排放量2 159万吨，均居世界第一；二氧化碳年排放量仅次于美国，居世界第二。2005年初，瑞士达沃斯世界经济论坛公布了"环境可持续指数"评价，在全球144个国家和地区的排序中，中国位居133位。与此同时，生态退化问题也比较严重。目前，全国水土流失面积356万平方千米，占国土面积的37%。沙化土地面积174万平方千米，并呈扩大之势。草原过度放牧，鼠灾频繁，全国退化草原面积已占草原面积的90%。

人口问题、资源问题、环境问题、发展问题，已成为国际社会普遍关注的四大世纪难题。是持续发展，还是停滞不前？人类向何处去？万物之灵的人类终于醒悟过来。走可持续发展的人与自然和谐相处的绿色文明道路，是人类文明发展唯一正确选择，也是20世纪人类的世纪觉醒。

2008年全国化学吸氧量和二氧化硫排放量比上年分别下降了44.42%和5.95%，这是“十一五”以来首次实现了任务完成的进度赶上了“十一五”规划的时间进度要求，“十一五”期间我国要求这两项指标分别降到10%。2009的上半年全国化学吸氧量和二氧化硫的排放分别下降了26.46%和5.4%。这两项指标的下降为完成“十一五”期间的减排目标打下了坚实的基础。与此同时，全国的大气和水环境质量也出现了好转。2009年上半年全国地表水国控断面的水体，一些主要污染物指标平均浓度比2008年的平均浓度下降了7%。全国113个重点城市空气中的二氧化硫平均浓度比2008年平均浓度下降了6.2%。这些主要的环境指标充分的体现了我们国家环境保护的工作在不断的取得成绩。我们必须坚定不移地转变经济发展的方式，迅速调整产业结构，大力发展循环经济，以尽可能少的资源消耗和尽可能小的环境代价促进和保障国家经济社会的可持续发展。

二、可持续发展理论

社会生产力的发展是人类社会进步最基本的动力，经济发展是人类社会发展的基础。以经济建设为中心，重视经济发展，是永恒的主题。但发展的观念也必须与时俱进。发展低碳经济就是要树立全面发展、协调发展、可持续发展的发展观，既满足当代人的需要，又不对后代满足其需要的能力构成危害的可持续的发展，达到发展经济目的同时，又要保护好人类赖以生存的大气、淡水、海洋、土地和森林等自然资源和环境，使子孙后代能够永续发展和安居乐业。

在近代相当长的一段历史时期内，“发展”一度被经济学家定义为“经济增长”。这确实是社会发展初期阶段的重要内涵之一，甚至也是发展的重要基础。但随着当代经济社会的高速发展以及由此产生的日益尖锐的人与自然的矛盾，人类对发展本质的认识逐渐提升，发展的内涵早已超出了“经济增长”的单一内涵，进入到一个更加深刻也更为丰富的新层次。1987 年世界环境及发展委员会发布的布伦特兰委员会的报告《我们共同的未来》中提出：“满足人的需求和进一步的愿望，应当是发展的主要目标，它包含着经济和社会的有效变革。”

（一）可持续发展观的提出

可持续发展观最早可追溯到 4 700 多年前的黄帝时期。据史记本记记载，黄帝即位后，他“顺天地之纪，时播百谷草木，淳化鸟兽虫蛾，旁罗日月星辰水波土石金玉，劳勤心力耳目，节用水火材物。”黄帝最早提出并践行了可持续发展观，用于管理整个国家。他顺应天地四时运行的规律，遵循时令，按季节播种百谷草木，驯化鸟兽昆虫；他所关注的事情，大到日月星辰的运行，小到水波、土石、金玉的性能，可谓包罗万象；他勤于思考，力于执行，善于观察，明辨四方；他教导民众要按季节时令采收山林川泽物产，要有节度地利用自然资源，以利永续利用。

发展（Development）是文明社会的永恒主题，是现代人类的自觉意识。发展理论是关于社会发展规律的理性揭示和发展目标的总体设计（周毅，1997）。在当代任何国家和地区，“发展”都是其工作中心，它构成我们这个星球“和平”与“发展”的两大主题之一。发展是人类社会共同的和普遍的权利，发达国家和发展中国家享有平等的发展权，对于发展中国家来说，发展权尤为重要。经济学家们认为，“发展”的实质是指一个国家、民族和地区如何实现现代化问题，即发展是研究、探讨、总结和寻求一个国家、民族和地区通往现代化过程中所遇到的各种理论和实践问题，它包括了发展目标、发展模式、发展途径、发展方法、发展的优先领域，以及相互之间的联系等（周毅，1997；王军，1997；宋书伟，1999；WCED，1987）。根据经济增长理论而制订的发展战略，在战后经济恢复与未来社会发展两方面发挥了重要作用（宋书伟，1999）。20世纪60年代期间，发达国家和发展中国家的经济增长都很突出，GNP平均每年增长5%。但是到了20世纪60年代末期，人们逐渐发现以人均GNP衡量的发展并未普及到普通百姓的日常生活中，贫富差别悬殊的现象加重、社会矛盾日益突出。于是有人提出经济增长不等于生活幸福；有些学者认为是“有增长而无发展”或“无发展的增长”，对经济增长理论提出了质疑（刘培哲，1994）。

20世纪后半叶，由于人类社会的不断发展和科学技术的进步，人类活动对自然环境的干扰越来越大，人们开始意识到经济和社会的发展与环境的不断恶化相互关联。在1972年民间组织罗马俱乐部发表了第一篇报告《限制增长》指出，盲目追求经济发展可能导致社会因受大自然和人类体系的制约而遭受致命打击，为人类的前途敲响了警钟（陈家琦，1996）。1972年斯德哥尔摩举行的联合国人类环境研讨会最先正式讨论了“可持续发展(Sustainable Development)”的概念。这次研讨会云集了全球工业化和发展中国家的代表，共同界定人类在缔造一个健康和富有生机的环境上所享有的权利，与会者达成共识，人类的发展应当是可持续的。此后，资源和环境的开发利用方式和人类发展模式被广泛研究和重视，1987年世界环境与发展委员会发表的《我们共同的未来》一文中明确提出了可持续发展的概念（WCED，1987）。1992年在都柏林召开的“国际水与环境会议——21世纪的发展问题”会议报告《都柏林声明》和《会议报告》中，比较系统的阐述了水在环境与发展中的地位和作用（ICWE，1994）。

1992年6月在里约热内卢召开的联合国环境与发展大会上通过的《里约环境与发展宣言》中，提出了国际环境指导27原则，宣言声明“各国和人民应以坦诚的态度和伙伴精神合作，实现本宣言所体现的各项原则，并进一步制定有关可持续发展的国际法。”可持续发展作为人类一个崭新的目标和全新的发展模式，已被世界各国和地区广泛接受，许多专家学者以及政府组织都从各自不同的角度出发，对可持续发展这一概念做了深刻而广泛的研究（Caldwell L K，1984；Clark W C，1986；Goodland R，Ledec G，1987）。

我国于1994年率先制定了《中国21世纪议程—中国21世纪人口、环境与发展白皮书》，把经济、社会、资源与环境视为密不可分的复合系统，提出可持续发展的战略和行动措施（国家计划委员会，1994），大量的学者和研究机构纷纷投入到可持续发展的研究中，并取得了丰富的成果（马金等，1997；崔伟宏，1995；陈国权，1999；吕鸣伦，刘卫国，1998；王合生，1999；牛文元，1994；陈明义等，1997）。特别是中国科学院专门成立了可持续发展研究组，从1999年开始每年都对我国可持续发展战略进行深入研究，并对全国各省市做出相应的评估，以指导我国可持续发展战略的顺利实施（中国科学院可持续发展研究组，1999、2000、2001）。总之，随着21世纪的到来，人口问题、资源问题、环境问题、生态问题日益突出，这迫使人们改变过去陈旧、落后的发展观念，转向一种全新的发展观点——可持续发展，可持续发展已经作为一种战略思想和理想的发展模式广泛应用于各个领域。可持续发展原则的提出，为日益尖锐的环境和发展这对矛盾寻找了一条可行的对策和出路，提醒人们不要只致力于经济的快速发展，而忽略由此带来对后世的负面影响，甚至危及人类的生存环境。可持续发展原则虽然已取得各方的共识，并且频繁出现于各种正式文件和研究著作中，但如何在各方面具体实施这个原则，世界各国还都在积极探索之中（陈家琦，2002）。

在经济发展到一定程度，世界性的生存需要有所缓解；再就是冷战局面趋于缓和与走向消失的时候，经济增长战略，即生存战略也就自然地向发展战略转变。特别是发达国家与发展中国家只注重经济增长而忽视了其他方面带来了两大矛盾：一是社会性的贫富差距拉大造成的不稳定状况；二是自然资源匮乏与环境污染客观上迫切需要调整社会矛盾与治理环境污染，这就需要改变生存战略，提出新的发展战略，即协调发展与可持续发展战略（刘培哲，1994）。

（二）可持续发展的基本概念

什么是可持续发展（Sustainable Development），如何理解可持续发展的内涵，一直是世界各国理论界广泛探讨的问题，有关可持续发展的定义已经逾百种，现根据属性重点概括为五种（Biswas A K，1991；UNCGD，1992；汪党献等，2000；晓晨，2002；陈志恺，2002；姜文来，2001）。

1. 侧重于自然属性的定义

早期持续性一词是由生态学家首先提出来的，即所谓生态持续性（Ecological Sustainability）。意在说明自然资源及其开发利用程序间的平衡。1991 年 11 月，国际生态学联合会（INTECOL）和国际生物科学联合会（IUBS）联合举行了关于可持续发展问题的专题研讨会。该研讨会的成果，发展并深化了可持续发展概念的自然属性，将可持续发展定义为："保护和加强环境系统的生产和更新能力"，其含义为可持续发展是不超越环境系统更新能力的发展（曾肇京，2000；贾绍凤，张士锋，2000）。

2. 侧重于社会属性的定义

1991 年，由世界自然保护同盟（INCN）、联合国环境规划署（UNEP）和世界野生生物基金会（WWF）共同发表《保护地球——可持续生存战略》，将可持续发展定义为："在生存于不超出维持生态系统涵容能力之情况下，改善人类的生活品质"，并提出了人类可持续生存的基本原则。既强调了人类的生产与生活方式要与地球承载力保持平衡，保护地球的生命力和生物的多样性，同时也提出了人类可持续发展价值观和行动方案（黄永基，2000）。

3. 侧重于经济属性的定义

有关可持续发展的经济属性定义很多，但无论哪一种表达，均认为可持续发展的核心是经济发展。爱德华（Edward B Barhier）在其著作中，把可持续发展定义为："在保持自然资源的质量及其所提供服务的前提下，使经济发展的净利益增加到最大限度"（陈志恺，2002）。

经济学家皮尔斯（D Pearce）还提出了以经济学语言表达的可持续发展的定义："当发展能够保持当代人的福利增加时，也不会使后代的福利减少"（张德尧，程晓冰，2000）。

4. 侧重于科技属性的定义

实施可持续发展，除了政策与管理因素外，还应有科学技术的支撑，科技进步在此起着巨大的作用。因此，有的学者从技术选择的角度扩展了可持续发展的定义（金传良等，1996），认为："可持续发展就是转向更清洁、更有效的技术——尽可能接近'零排放'或'封闭式'，工艺方法——尽可能减少能源和其他自然资源的消耗"。"可持续发展就是建立极少产生废料和污染的工艺或技术系统"。污染并不是工业活动不可避免的结果，而是技术差、效率低的表现，因此建议加强发达国家和发展中国家的技术合作，以缩小差距，提高发展中国家的经济生产力。

5. 布伦特兰夫人的可持续发展定义

前挪威首相布伦特兰夫人（Gro Harlem Brundland）及其所主持的由 21 个国家的环境与发展问题著名专家组成的联合国世界环境与发展委员会，在其长篇调查报告《我们共同的未来》中（UNCGD，1992），系统地阐述了人类面临的一系列重大经济、社会和环境问题，提出了可持续发展概念，这一概念得到了广泛的接受和认可，并在1992年联合国环境与发展大会上得到共识。布伦特兰夫人提出的可持续发展定义为："满足当代人的需求，又不损害子孙后代满足其需求能力的发展"。

(三) 可持续发展的基本原则

根据可持续发展的各种定义，尤其是布伦特兰夫人所提出的定义，可持续发展具有以下四大基本原则（姚建文等，1999）。

1. 可持续发展的公平性原则

可持续发展的公平原则包括两个方面，即代际之间的公平和代内之间的公平。所谓代际之间的公平是指，人类赖以生存的自然资源是有限的，当代人不能因为自己的发展和需要而损害后代人满足其发展的需要，过度开采自然资源和破坏环境，而要给后代人以公平利用自然资源的权利。所谓代内公平是指，可持续发展要满足所有人的基本需求，给他们以满足他们要求过美好生活的愿望，这就要求通过实施可持续发展战略，给世界各国以公平的发展权和公平的资源使用权，最终消除国家间的贫富差距。当今世界的现实是一部分人富足，而占世界1/5的人口处于贫困状态；占全球人口26%的发达国家耗用了占全球80%的能源、钢铁和纸张等资源。这种贫富悬殊、两极分化的世界不可能实现可持续发展。因此，要给世界以公平的分配和公平的发展权，要把消除贫困作为可持续发展进程特别优先的问题来考虑。

2. 可持续发展的持续性原则

可持续发展定义在论述"需求"内涵的同时，还叙述"限制"因素，因为没有限制也就不能持续。持续性原则的核心思想是指人类的经济建设和社会发展不能超越自然资源与生态环境的承载能力。这意味着，可持续发展不仅要求人与人之间的公平，还要顾及人与自然之间的公平。资源和环境是人类生存与发展的基础，离开了资源和环境，就无从谈及人类的生存与发展。可持续发展主张建立在保护地球自然系统基础上的发展，因此发展必须有一定的限制因素。人类对自然资源的耗竭速率应考虑资源的临界性，“可持续发展不应损害支持地球生命的自然系统：大气、水、土壤、生物……”（陈志恺，2002）。“发展”一旦破坏了人类生存的物质基础，“发展”本身也就衰退了。持续性原则的核心是人类的经济和社会发展不能超越资源与环境的承载能力。

3. 可持续发展的共同性原则

鉴于世界各国历史、文化和发展水平的差异，可持续发展的具体目标、政策和实施步骤不可能是唯一的，但是可持续发展作为全球发展的总目标，所体现的公平性和持续性原则，则是共同的（晓晨，2002）。并且为实现这一总目标必须采取全球共同的联合行动。从根本上说，贯彻可持续发展就是要促进人类之间及人类与自然之间的和谐。如果每个人都能真诚地按“共同性原则”办事，那么人类内部及人与自然之间就能保持互惠共生的关系，从而实现可持续发展。

4. 可持续发展的需求性原则

传统发展模式以传统经济学为支柱，所追求的目标是经济的增长（主要通过 GNP 来反映），它忽视了资源的代际配置，根据市场信息来刺激当代人的生产活动。这种发展模式不仅使世界资源环境承受前所未有的压力而不断恶化，而且人类的一些基本物质需求仍然不能得到满足。而可持续发展则坚持公平性和长期的可持续性，要满足所有人的基本需求，向所有的人提供实现美好生活愿望的机会。

总之，可持续发展概念的内涵极其丰富，就其社会观而言，主张公平分配，既满足当代人又满足后代人的基本需求；就其经济观而言，主张建立在保护地球自然系统的基础上的持续经济发展；就其自然观而言，主张人类与自然和谐相处。这些观念为人类谋求新的发展模式和消费模式从而形成新的发展观奠定了基础。

（四）可持续发展的基本特征

可持续发展的基本特征有以下几方面（中国科学院可持续发展研究组，2002 中国可持续发展战略报告，刘恒，2000；陈家琦，1996；WCED，1987）：

1. 可持续发展的核心

可持续发展强调经济发展的必要性，必须通过发展经济提高当代人福利水平，增强国家经济实力和社会财富。但可持续发展不仅要重视经济增长的数量，更要追求经济增长的质量，也就是说这里的经济发展应该包括数量增长和质量提高两部分。这里的经济发展也不是传统意义上的以牺牲资源和环境为代价的经济发展，而是不降低环境质量和不破坏世界自然资源基础的经济发展。人类经济发展历史证明，数量的增长是有限的，而依靠科学技术进步，提高经济活动中的效益和质量，采取科学的经济增长方式才是可持续的。所以可持续发展要求人类重新审视原来的能源和资源使用方式，改变传统的以"高投入、高消耗、高污染"为特征的生产模式和消费模式，实施清洁生产和文明消费，从而减少经济活动对环境的压力。

2. 可持续发展的标志

可持续发展强调以自然资源为基础，同生态环境协调，主张经济和社会发展不能超越资源和环境的承载力。它要求严格控制人口、提高人口素质和保护生态环境，在此基础上进行经济建设，保证以可持续的方式使用自然资源。人类社会的发展和人类生活质量的提高，不能以破坏环境、耗竭资源为代价。发展必须保护环境，改善环境质量，保护大自然的生命支持系统，保护生物的多样性，保护地球生态的完整性，使人类的发展保持在地球的承载能力之内。

3. 可持续发展的实质

发展不仅仅是经济问题，单纯追求产值的经济增长不能体现发展的内涵。在人类的可持续发展系统中，经济发展是基础，自然资源的可持续利用和生态环境的保护是条件，社会的进步是最终目的。目前在世界上仍有相当多的人口处在贫困和半贫困状态，持续发展必须与解决大多数人口的贫困联系在一起。贫困和不发达是造成资源与环境破坏的根本原因，消除贫困才能提高资源与环境的发展能力。

以上三大特征可以总结为：可持续发展包括生态持续、经济持续和社会持续，它们之间相互关联而不可分割。孤立追求经济增长必然导致经济崩溃；孤立追求生态持续不能遏制全球环境衰退，生态持续是基础，经济持续是条件，社会持续是目的。人类共同追求的应该是自然—经济—社会复合系统的持续、稳定和健康发展。

（五）可持续发展的基础理论

李龙熙（2005）对可持续发展理论进行了系统的诠释与解析。

1. 经济学理论

（1）增长的极限理论。这是D H Meadows在其《增长的极限》一文中提出的有关可持续发展的理论。该理论的基本要点是：运用系统动力学的方法，将支配世界系统的物质关系、经济关系和社会关系进行综合，提出了人口不断增长、消费日益提高，而资源则不断减少、污染日益严重，制约了生产的增长；虽然科技不断进步能起到促进生产的作用，但这种作用是有一定限度的，因此生产的增长是有限的。

（2）知识经济理论。该理论认为经济发展的主要驱动力是知识和信息技术，知识经济将是未来人类的可持续发展的基础。

2. 生态学理论

所谓可持续发展的生态学理论是指根据生态系统的可持续性要求，人类的经济社会发展要遵循生态学三个定律：一是高效原理，即能源的高效利用和废弃物的循环再生产；二是和谐原理，即系统中各个组成部分之间的和睦共生，协同进化；三是自我调节原理，即协同的演化着眼于其内部各组织的自我调节功能的完善和持续性，而非外部的控制或结构的单纯增长。

3. 人口承载力理论

所谓人口承载力理论是指地球系统的资源与环境，由于自身自组织与自我恢复能力存在一个阈值，在特定技术水平和发展阶段下的对于人口的承载能力是有限的。人口数量以及特定数量人口的社会经济活动对于地球系统的影响必须控制在这个限度之内，否则，就会影响或危及人类的持续生存与发展。这一理论被喻为20世纪人类最重要的三大发现之一。

4. 人地系统理论

所谓人地系统理论，是指人类社会是地球系统的一个组成部分，是生物圈的重要组成，是地球系统的主要子系统。它是由地球系统所产生的，同时又与地球系统的各个子系统之间存在相互联系、相互制约、相互影响的密切关系。人类社会的一切活动，包括经济活动，都受到地球系统的气候（大气圈）、水文与海洋（水圈）、土地与矿产资源（岩石圈）及生物资源（生物圈）的影响，地球系统是人类赖以生存和社会经济可持续发展的物质基础和必要条件。而人类的社会活动和经济活动，又直接或间接影响了大气圈（大气污染、温室效应、臭氧洞）、岩石圈（矿产资源枯竭、沙漠化、土壤退化）及生物圈（森林减少、物种灭绝）的状态。人地系统理论是地球系统科学理论的核心，是陆地系统科学理论的重要组成部分，是可持续发展的理论基础。

（六）可持续发展的核心理论

可持续发展的核心理论，尚处于探索和形成之中。目前已具雏形的流派大致可分为以下几种：

1. 资源永续利用理论

资源永续利用理论流派的认识论基础在于：认为人类社会能否可持续发展决定于人类社会赖以生存发展的自然资源是否可以被永远地使用下去。基于这一认识，该流派致力于探讨使自然资源得到永续利用的理论和方法。

2. 外部性理论

外部性理论流派的认识论基础在于：认为环境日益恶化和人类社会出现不可持续发展现象和趋势的根源，是人类迄今为止一直把自然（资源和环境）视为可以免费享用的“公共物品”，不承认自然资源具有经济学意义上的价值，并在经济生活中把自然的投入排除在经济核算体系之外。基于这一认识，该流派致力于从经济学的角度探讨把自然资源纳入经济核算体系的理论与方法。

萨缪尔森和诺德豪斯从外部性的产生主体角度定义：“外部性是指那些生产或消费对其他团体强征了不可补偿的成本或给予了无需补偿的收益的情形。”兰德尔从外部性的接受主体定义：外部性是用来表示“当一个行动的某些效益或成本不在决策者的考虑范围内的时候所产生的一些低效率现象；也就是某些效益被给予，或某些成本被强加给没有参加这一决策的人”。用数学语言来表述，所谓外部效应就是某经济主体的福利函数的自变量中包含了他人的行为，而该经济主体又没有向他人提供报酬或索取补偿。即：

$$F_j = F_j \ (X_{1j},\ X_{2j},\ \cdots,\ X_{nj},\ X_{mk})\ j \neq k$$

这里，j 和 k 是指不同的个人（或厂商），F_j 表示 j 的福利函数，X_i（$i=1, 2, \cdots, n, m$）是指经济活动。这函数表明，只要某个经济主体 F_j 的福利受到他自己所控制的经济活动 X_i 的影响外，同时也受到另外一个人 k 所控制的某一经济活动 X_m 的影响，就存在外部效应。

3. 财富代际公平分配理论

财富代际公平分配理论流派的认识论基础在于：认为人类社

会出现不可持续发展现象和趋势的根源是当代人过多地占有和使用了本应属于后代人的财富，特别是自然财富。基于这一认识，该流派致力于探讨财富（包括自然财富）在代际之间能够得到公平分配的理论和方法（李龙熙，2005）。率先提出代际平等理论的是美国国际法学会副会长、华盛顿大学的爱迪·布朗·韦丝教授（Edith Brown Weiss）。人类的每一代人都是后代人的地球自然资源利益的托管人，每一代人之间在开发、利用自然资源方面的权利是平等的。一方面，当代人是拥有有限的终生财产的受益人；另一方面，当代人又是对后代负有义务的受托人，而后代则是持久不断的地球的祖传遗产的受益人。该托管确定的财产包括自然资源和生物圈生态系统的环境以及外空间的国际公地。该财产可能是有形的，也可能是无形的。当代人对自然资源区的安全保管负有责任，即不得超出合理必需限度而使用或占用这笔财产，并就浪费行为和生态恶化对国际社会负有说明责任。国际社会可根据"对人的诉讼"对失职的受托人采取行动，亦可根据"对物的诉讼"，保护生态系统、资源和环境（陈泉生，2001）。

4. 三种生产理论

三种生产理论流派的认识论基础在于：人类社会可持续发展的物质基础在于人类社会和自然环境组成的世界系统中物质的流动是否通畅并构成良性循环。他们把人与自然组成的世界系统的物质运动分为三大生产活动，即人的生产、物资生产和环境生产，致力于探讨三大生产活动之间和谐运行的理论与方法。

物质生产。指人类利用技术手段从环境中索取自然资源并接受人的生产环节所产生的消费再生物，并将其转化为生活资料的总过程。该过程生产生活资料以满足人类的物质需求，同时产生加工废弃物返回环境。

人口生产。指人类生存和繁衍的总过程，既包括人口的再生产（繁衍、生育），也包括人口在其生存过程中对物质资料的消费。该过程消费物质生产产出的生活资料和环境生产所提供的生活资源，产生人力资源以支持物质生产和环境生产，同时产生消费废弃物返回环境，产生消费再生物返回物质生产环节（王志宏，2007）。

环境生产。指自然力和人力共同作用下环境对其自然结构和状态的维持与改善，包括消纳污染（加工废弃物、消费废弃物）和产生资源（生活资源、生产资源）。

三种生产理论认为，这三种生产活动构成一个整体，物质在这个环状结构中循环运动。如果任何一种物质在这个系统中的流动受阻，都会危害世界系统和谐运动与持续发展。反过来或者可以说，人与环境的和谐程度取决于物质在这三种生产之间流动的畅通程度（韦兰幸，2009）。

为了人类社会的持续发展，人类必须以和谐人与环境关系为目标，正确地管理好自己的社会行为，要使物质在三种生产子系统之间的流动畅通，人类社会所应采取的方法学原则就必须且只能是协调和协同。然而在工业文明时代，人类只认识到物资生产和人口生产这两个环节以及它们之间的联系，忽视了环境生产环节的存在，对世界系统的结构和运行的看法是片面的、不完整的，相应形成的观念、理论、方法和技术，使得世界系统的运行呈现出根本上的混乱和无序，从而使发展不可持续下去（叶文虎，万劲波，2004）。

（七）可持续发展理论对传统经济学的修正

1. 对于 GNP 的修正

当使用可持续发展概念时，人们已经认识到，传统的国民生产总值（GNP）作为宏观经济增长指标是一种不能保证环境状况良好的增长。在 GNP 的核算中，并未将由于经济增长而带来的对环境资源的消耗和破坏造成的影响及其对生态功能、环境状况的损害考虑在内。环境影响通常没有相应的市场表现形式，但这并不意味着它们没有经济价值。因此，实际上应该将所发生的任何环境损失都进行价值评估，并从 GNP 中扣除。经济学家不断试图在计算国内生产和收入时纳入一系列的自然资源和环境因素，即考虑环境后的净国内产值（EDP）和净国内收入（ENI）。国民生产净值定义为国民生产总值（CNP）减去人造资本的折旧和减去自然资本的存量（李龙熙，2005）。

2. 自然资源账户

另一种可行方法是建立另外一套自然资源账户，这套资源账户采用非货币单位的形式，它只是表示：在一个特定的国家里，资源究竟发生了什么样的变化。更简单的修正方法是建立一系列的环境统计报表。这些账户应该显示出环境的不同变化是如何同经济变化联系起来的。这至少可以避免以往那种认为经济好像同环境没有什么关系似的经济管理方式的错误。

3. 可持续收入

对一个国家或一个地区的可持续发展水平和可持续发展能力的衡量，还必须考虑到其全部的资本存量的大小及增加或减少，这样，可持续收入的概念便产生了。可持续收入的基本思想是由希克斯在其 1946 年的著作中提出的。这个概念的基础是：只有当全部的资本存量随时间保持不变或增长时，这种发展途径才是可持续的。可持续收入定义为不会减少总资本水平所必须保证的收入水平。对可持续收入的衡量要求对环境资本所提供的各种服务的流动进行价值评估。可持续收入数量上等于传统意义的 GNP 减去人造资本、自然资本、人力资本和社会资本等各种资本的折旧。衡量可持续收入意味着要调整国民经济核算体系。

4. 产品价格与投资评估

皮尔斯等认为，为了全面反映环境资源的价值，产品价格应当完整地反映三部分成本：一是资源开采或获取地成本；二是同资源开采、获取、使用有关的环境成本；三是由于当代人使用了这一部分资源而不可能成为后代人使用的效益损失，即用户成本。

5. 环境资源价值公式

穆拉辛格认为，为建立一个合法的决策框架，对资源进行定价是必需的。从概念或价值评估的角度，可以将环境资源的全部经济价值划分为两大类：使用价值和非使用价值。前者进一步被划分为直接使用价值和间接使用价值以及选择价值。其中，选择价值就是指当代人为了保证后代人对资源的使用而对资源所表示的支付意愿。非使用价值又称存在价值，是指人类的发展将有可能利用的那部分资源的价值，也包括那些能满足人类精神文化和道德需求的那部分环境资源的价值，如美丽的风景、濒危物种等。

（八）资源、环境与可持续发展

1. 资源的可持续利用是可持续发展的核心

自然资源是指自然界中，人类可以获取而利用于生活和生产的物质。从经济学的角度可以把自然资源分为可再生资源和不可再生资源。可再生资源是指只要合理使用，可持续更新、代谢再生的资源，如水资源、生物资源、潮汐能、风能、太阳能等。不可再生资源是指经使用后耗竭的资源，如石油、煤炭、天然气等。

自然资源不仅为人类提供了原材料和能源，而且还以其他多种形式向人类提供服务。作为人类生存的物质需要的最终来源，自然资源在人类存在的历史长河中是不可或缺的，是人类社会发展的物质基础和客观动力条件。随着经济的发展和生活水平的提高，人类对自然资源的需求不断膨胀，然而无论是可再生资源，还是不可再生资源，相对于人的需求都是稀缺的，经济的发展不能超越自然资源的承载力。如水资源作为一种可再生资源，在被开发利用后可以通过地球水循环得到补给。但对于一个特定的区域来说，在一定时期内水资源的可开发量是有限的，开发量不能超过补给量，否则就会破坏地区水资源的动态平衡，造成生态环境恶化等严重后果，制约经济社会的可持续发展。对于不可再生资源来说，其蕴藏量不能得到补给，随着人类的连续使用会逐步减少，直至耗竭。可持续发展的核心是经济的持续发展，而经济的持续发展有赖于自然资源持续稳定的供给，有赖于自然资源的可持续利用。对于可再生资源，开发利用不能超越其更新能力，使资源的总量、质量保持在稳定的条件下。对于不可再生资源，因为其蕴藏量不可能得到补给，所以其可持续利用是一个资源的最优耗竭问题。它包括资源的合理配置以获得最佳经济效益（Howarth R C，1991）。综上所述，资源的可持续利用是实施可持续发展战略的物质基础，是可持续发展的重要标志。

2. 环境保护是实施可持续发展的关键

"可持续发展"最早是由生态学家根据生态环境的可承受能力提出来的，搞好环境保护是实施可持续发展的关键。生态环境是一个复杂的、开放的动态系统，它具有自我调节的能力，当受到外界影响造成局部破坏后，能在一定时间内由环境自身调节而恢复其原有的功能。但这一能力是有限的，或者说生态环境是有一定承受极限的。人类活动对环境的影响都必须限制在这一极限范围之内，才能维持生态的可持续性（IUCN - UNEP - WWF，1991）。

人类是自然界进化过程的一个产物，是生态环境中的一个成员，而非大自然的主宰。因此人类的活动毫无例外地应服从物质世界的整体规律，在发展经济、向大自然索取的过程中，以及向大自然排放污染物时都必须考虑不可超过环境的承载能力。人类不仅被动地适应环境、依赖环境而生存，而且有巨大的创造力，通过所掌握的科学技术知识能动地改造自然，推动人类社会不断发展和进步。人类社会在改造自然中取得巨大成就的同时，对生态环境也产生了极大的影响，如自然资源枯竭、生态环境破坏及污染的灾难性现象。人类的活动对大自然带来的消极影响已经直接威胁到人类的生存。所以必须通过规范人类的行为，以协调人类社会经济发展与环境的关系，协调经济发展与环境的统一。

第三章　国内外低碳经济发展现状

低碳经济是在全球气候变暖，温室效应日益严重，人类的生存和发展面临严峻考验的背景下提出来的。低碳经济要求人类从根本上转变目前的生活和发展方式，进行产业结构调整、制度创新，实现人与自然和谐相处和可持续发展。低碳经济提出后，“低碳技术”、“低碳生活”、“低碳足迹”、“低碳发展”、“低碳城市”、“低碳社会”等一系列新概念应运而生，低碳理念逐渐渗透到人类经济社会生活的各个领域，引起经济发展方式和价值观念的变革，引导人类走向新的生态文明之路。

一、国外的发展现状

（一）英国的低碳经济

英国是世界上控制气候变化最积极的倡导者和实践者，也是先行者。《京都议定书》为欧盟规定的目标是到2012年温室气体排放量在1990年的基础上减排8%，根据欧盟内部的“减排量分担协议”，英国的目标是到2012年在1990年水平上减排12.5%。而英国制定的国内目标是，力求在2010年将二氧化碳减排20%，到2050年减排60%，实现低碳经济发展。通过激励机制促进低碳经济发展是英国气候政策的一大特色途径。英国在2007年推出了全球第一部《气候变化法案》，从而成为世界上第一个拥有气候变化法的国家。2009年，英国又成为世界上第一个立法约束“碳预算”的国家。同年，英国政府又正式发布了《英国低碳转换计划》。英国的低碳经济实践对我国能源环境政策的制定和向低碳经济转型，具有十分重要的借鉴意义。

1. 气候变化税（CCL）制度

气候变化税（climate change levy，CCL），即能源使用税制度是英国气候变化总体战略的核心部分，自 2001 年 4 月起，英国开征气候变化税旨在节能和保护环境。CCL 系对特定能源的供应者征收，主要是电力、天然气、液化石油气和固体燃料（如煤）的供应者，对他们向最终消费者供应时一次性征收的销售税。税率为从量计征，其中：电力每千瓦时 0.43 便士；天然气每千瓦 0.15 便士；液化气每千克 0.96 便士；其他燃料每千克 1.17 便士。耗能大户如炼钢、酿造、印刷等行业，如能与环境、食品和农村事务部签订协议，保证温室气体排放减少达标，同时提高生产效率者，其应征 CCL 税率可降低按 20%计征。对家用和非赢利性慈善事业供应的能源免征 CCL。如对住宅、家庭旅行车和家庭游艇等供应电热能的任何数量均可免征。此外，凡每月供应电力量在 1 000 千瓦及以下者；管道天然气每月在 4 397 千瓦及以下者；家用煤在 1 吨以下者或罐装煤 2 吨以下均免征。对慈善事业供应的能源，只要是非赢利事业任何数量均可免征。如有 60%及以上系向家庭或非赢利慈善事业供应，即可全额免征，如不到 60%，应分别计算征免。另外，对出口、铁路的供应和新能源发电（如风力）等也均有免征规定。

政府将气候变化税的收入主要通过三个途径返还给企业：一是将所有被征收气候变化税的企业为雇员交纳的国民保险金调低 0.3 个百分点；二是通过“强化投资补贴”项目鼓励企业投资节能和环保的技术或设备；三是成立碳基金，为产业与公共部门的能源效率咨询提供免费服务、现场勘查与设计建议等，并为中小企业在促进能源效率方面提供贷款。在英国，气候变化税一年大约筹措 11 亿～12 亿英镑，其中 8.76 亿英镑以减免社会保险税的方式返还给企业，1 亿英镑成为节能投资的补贴，0.66 亿英镑拨给了碳基金。据测算，由于气候变化税政策的实施，至2010年英国每年可减少250多万吨碳排放，相当于360万吨煤炭燃烧的排放量（郭印，王敏洁，2009）。

2. 碳基金

碳基金是一个由英国政府投资、按企业模式运作的独立公司，成立于2001年。政府并不干预碳基金公司的经营管理业务，碳基金的经费开支、投资、碳基金人员的工资奖金等由董事会决定。碳基金的主要来源是气候变化税，从2004/2005年度起，增加了两个新的来源，即垃圾填埋税和来自英国贸易与工业部的少量资金。碳基金认为，英国政府《能源白皮书》设定的减排目标在技术上是可行的，但需要不断地采取行动来排除影响向低碳经济过渡的技术、经济和管理方面上的障碍。碳基金的工作重点集中在减少碳排放上，中短期目标是提高能源效率和加强碳管理，中长期目标是投资低碳技术。碳基金主要在三个重点领域开展活动：①能马上产生减排效果的活动；②低碳技术开发；③帮助企业和公共部门提高应对气候变化的能力，向社会公众、企业、投资人和政府提供与促进低碳经济发展相关的大量有价值的资讯。碳基金作为一个独立公司，介于企业与政府之间，实行独特的管理运营模式。在低碳技术的选择上，注重技术评估的科学性，应用科学的技术筛选方法，以降低市场风险。主要筛选标准是碳的减排潜力和技术成熟度，并注重成本效率。对于碳减排潜力大且成熟的技术，则优先予以考虑投资；对于碳减排潜力大但应用不成熟的技术或碳减排潜力小但应用成熟的技术，结合实际情况分别对待。一方面，公司每年从政府获得资金，代替政府进行公共资金的管理和运作；另一方面，作为独立法人，碳基金采用商业模式进行运作，力图通过严格的管理和制度保障公共资金得到最有效的使用。在企业选择上，碳基金主要关注大企业，因为大企业的排放量高、能源消耗高。所谓大企业是指年能源成本在300万～400万英镑以上的企业，300万英镑以下的为中小企业。

碳基金对小企业也进行过实验，但一般而言，效果不佳。碳基金也曾经把一些小企业以打捆方式做碳管理项目，但由于小企业间不愿意公开自己的信息，项目不太成功（潘家华，庄贵阳等，2006）。碳基金的这种介于政府与企业之间的独特地位，有利于调动和协调政府、企业、科研机构和媒体等各方面的力量和积极性，共同关注和培育低碳经济。碳基金自 2001 年成立以来，活动非常活跃，在政府稳定资金来源的支持下，碳基金所提供的服务领域和服务项目不断增加，并且取得了卓有成效的业绩（郭印，王敏洁，2009）。

3. 气候变化协议（CCA）

英国政府考虑到气候变化税的征收可能给能源密集型产业造成重大负担，又推出了气候变化协议制度，以减少这些企业的气候变化税负担。能源密集型产业如果和政府签订气候变化协议，并达到规定的能源效率（温室气体减排）目标，政府可以减少征收其应支付气候变化税的 80%。如果企业不能实现约定的目标，英国政府亦允许这些企业参与英国排放贸易机制，以买卖各企业允许排放配额的方式，来实现气候变化协议的要求。经审核，在英国气候变化协议的第一段目标期间（2001 年 4 月 1 日至 2003 年 3 月 31 日），88%的减排目标单位通过了认证，相对基年，每年减排了 350 万吨二氧化碳；第二期目标（2003—2005 年）有 95%的减排目标单位通过了认证，相当于减排 510 万吨二氧化碳（郭印，王敏洁，2009）。

4. 排放贸易机制

英国作为世界上第一个在国内实行排放交易机制的国家，于 2002 年 4 月正式开始实施其排放交易机制（UK ETS）。它是世界上第一个经济范围内的温室气体交易系统。排放交易是实现温室气体减排的最经济有效的方法。它是京都条约的核心内容，欧洲委员会也准备于 2005 年在欧洲范围内实施公司级别上的排放交易（靳志勇，2003）。

英国之所以率先推出排放交易，其目的主要有三个：①在合理的支出范围内使排放量的绝对数目有明显减少；②帮助英国企业在欧洲及国际上实行排放交易之前获得排放交易的经验；③帮助伦敦建立排放交易支持系统，以使其成为今后全球排放交易中心。

英国的排放交易机制的基本思路是对一组企业确定一个总的减排目标值，然后规定每个企业的排放额度，政府拿出一定的奖励资金，对达到减排目标的企业实行奖励。各企业可以自主选择自己的达标方法：通过减排达到目标；或减少排放到目标值以下，然后出售或贮存其剩余部分；或超出自己的排放指标，从其他参与者那里购买排放指标。

英国排放交易机制实行的是自愿参与的原则。2000 年英国财政预算决定在 5 年内（2002—2006 年）政府共出资 215 亿英镑，对 UK ETS 的达标者予以财政补贴。

碳排放量贸易计划是英国未来市场和政策体系的核心。英国已经出台了《自发性贸易计划》。从 2005 年起，英国的发电厂、炼油厂和其他工业行业将成为欧盟计划的一部分。通过制定排放限额，这个计划将明确鼓励以最低成本投资于能源效率和洁净技术。根据发展进程，英国将和欧盟伙伴适时扩大欧盟计划覆盖范围，积极推进全方位贸易。同时政府将进一步考虑税收和贸易许可计划之间的相关政策。

英国多项促进低碳经济发展的措施取得了明显成效，DEFRA 发布的资料显示，2005 年英国的温室气体排放量（包括欧盟温室气体排放贸易机制的作用）是 629.2 兆吨二氧化碳当量，比 1990 年减少 18.8%；预计到 2010 年英国温室气体排放量为 592.2 兆吨二氧化碳当量，比 1990 年减少 23.6%，是英国承诺《京都议定书》目标的两倍。此外，英国国内政策实践所积累的经验为国际行动提供了借鉴，如欧盟温室气体排放贸易机制吸取了英国排放贸易制度中很多有益的元素。

（二）意大利的低碳经济

意大利是一个能源短缺的国家，石油只能满足国内需求的4.5%，天然气只能满足国内需求的22%，电力能源基本上依靠进口。欧盟能源49.5%依赖进口，而意大利能源进口率达到84%。

按《京都议定书》的规定，2012年意大利温室气体的排放总量须在1990年5.21亿吨的基础上减少6.5%。面对日益严峻的能源危机和减排的压力，1998年意大利成立了各部委的联合委员会，制定了“国家能源计划”，拉开了发展低碳经济的序幕。把节能和提高能效作为能源政策的核心，传统工业、交通运输和能源方面的技术改造，同时鼓励节能及可再生能源的开发和利用，并准备大幅提高对温室气体排放的税收。

姚良军和孙成永（2007）、郭印和王敏洁（2009）等对意大利低碳经济发展政策进行了比较系统的研究。意大利主要是通过节能减排的政策和措施以及技术开发来影响意大利的经济政策和经济发展。由于意大利的能源80%以上都依靠进口，因此意大利更加注重可再生能源和新能源的开发和利用，更加重视伴随着《京都议定书》的实施，欧洲总体能源政策以及世界能源市场变化带来低碳经济的发展。由于意大利政府重视落实《京都议定书》的义务，其采取的政策措施主要是通过提高能源效率、发展可再生能源并鼓励低碳技术的开发，以降低主要能源生产和消耗领域的二氧化碳的“绿色证书”制度、提高能源效率的“白色证书”制度、新近出台的2015法案中的能源一揽子计划以及向欧盟提出的能源效率行动计划等。

1.“绿色证书”制度

为支持可再生能源的发展，意大利政府从1992年开始实施所谓的CIP6机制，以保证购买价格的方式支持可再生能源发电厂的建设。根据可再生能源项目的建设费用、运行和维护费用、燃料费用、促进发展的费用以及可再生能源设备的种类、全部或部分用于可再生能源和能源产品是全部出售或是仅出售剩余产品等不同情况，规定了不同的购买价格，从政策导向上推动可再生能源的发展。

1999年后，意大利通过立法的形式开始实行“绿色证书”制度。“绿色证书”是指通过利用可再生能源向国家电网输送电力并由国家电网管理局认可后颁发的证书。它既是一种认证，又有具体的数量标准。每张证书代表5万千瓦时的可再生能源生产量，有效期为8年。根据99/1999号法的要求，年产量或进口量在1亿千瓦时以上的非可再生能源生产企业，必须按前一年度实际产量的一定比例向国家电网输送可再生能源。该比例开始为2%，2000年开始逐年递增0.35%，2006年达到2.7%。生产商或进口商可通过自己的可再生能源生产来完成规定的指标，也可通过购买“绿色证书”的方式完成任务。国家通过国家电网管理局（GRTN）向企业发放“绿色证书”分为两种途径，一是直接通过认证的可再生能源发电装置，二是在1999年4月1日后仍然在运行的原享受CIP6政策的发电装置（全部使用可再生能源）。GRTN的作用主要体现在：①给可再生能源生产企业进行认证；②发放“绿色证书”；③管理双边协议方式的“绿色证书”交易；④组织电力市场管理局（GME）的“绿色证书”交易平台；⑤进行交易登记；⑥检查可再生能源生产指标完成情况；⑦计算“绿色证书”参考价格；⑧行业年度统计。“绿色证书”交易机制：“绿色证书”制度是一种基于市场的激励机制。市场的需求方是那些有可再生能源生产或进口义务指标的生产商或进口商，供给方是指1999年4月1日以后投产并由GRTN认可的可再生能源生产企业或是以前享受CIP6政策且在1999年4月1日以后仍在运行的企业。“绿色证书”的买卖可通过两种不同的方式进行。一是供需双方签订双边协议进行交易。二是通过GME的交易平台进行。协议方式是只在拥有“绿色证书”的企业和具有可再生能源生产或进口义务的生产商和进口商之间进行。但其交易是通过 GRTN 进行，即双方将供需信息通过网站提交 GRTN。GME 的贸易平台是 1999 年根据当时的工业部（现经济发展部）部令的规定设立的，国内外的生产商、贸易商和协会组织都可作为买方或卖方参加交易。参加交易者也可通过 GME 网站提出自己的买卖建议，进行网上交易。GRTN 必须根据相关的规定制定“绿色证书”的参考价格。参考价格的制定依据是 GRTN 购买的 CIP6 能源的平均成本以及销售 CIP6 能源的平均收益。2004 年的参考价格是：97.39 欧元/1 000 千瓦时，2005 年的参考价格为 108.92 欧元/1 000 千瓦时（郭印，王敏洁，2009）。

2. “白色证书”制度

“白色证书”，也称能源效率证（TEE），是一个为减少能源消耗而出台的鼓励措施。意大利政府 2004 年 7 月 20 日颁布部令并从 2005 年 1 月 1 日起正式确立这种制度。“白色证书”实际上是对能源企业提高能源效率的一种认证，政府管理部门根据企业的节能效果给予认证，并确定具体的标准。以石油当量 Tep 为计量单位，1Tep 相当于 11628 千瓦时热能，或相当于4 545.45 千瓦时电能（与一般家庭一年的平均电能消耗差不多）。企业申请“白色证书”，有最低的节能目标，根据注册项目的不同而变化，从 25Tep 到 200Tep 不等。“白色证书”可以买卖，开始的价格定为 100 欧元/Tep，管理部门可根据市场行情调整价格。“白色证书”的合同既可由供需双方直接签订，也可在 GME 内的专门市场内进行，电能和天然气管理局（AEEG）负责签发 TEE、评估 TEE 价格并对节能效果进行检查。从 2006 年开始，AEEG 与意大利最大的能源环境研究机构国家新技术能源环境委员会（ENEA）合作，对节能效果进行评估。TEE 主要针对节约电能、天然气、其他燃料三种类型进行发放。节能措施既包括生产过程也包括最终使用部门，如用高效率设备取代老旧家用电器和取暖器。大部分的“白色证书”的期限为5年，对建筑物保温生态建筑以及类似的项目，期限可达8年。最终用户达到10万以上的企业必须实施“白色证书”制度，10万户以下的企业或服务、制造和安装部门的企业可以自愿实行“白色证书”制度。对达到节能目标的企业，AEEG或其他政府部门将给予经济奖励，金额由AEEG分年确定。节能效超过规定目标，可出售其富余的“白色证书”。达不到最低节能目标者从市场上购买“白色证书”，否则将受到经济处罚。同时，还要求各个行业的节能总额中，至少有一半是通采取节能措施而非购买TEE而实现。2004年7月20日的部令还规定了国家2005—2009年的节能目标：从2005年的10万Tep，每年翻一番至2009年将达到160万Tep（邓文君，2009；陈岩，王亚杰，2010）。

3. 能源一揽子计划

为落实《京都议定书》规定的减排目标，意大利政府于2007年初，出台了一系列节能和可再生能源发展的财政措施，目标是既要履行减排承诺，又保证工业发展创造经济优势。这些措施既从需求方面，也从供给方面规定了一系列行动。从需求方面看，出台了2007财政法规定的优惠政策的实施条例，使政策进入具体操作阶段。主要有：①关于建筑物的能源合格认证（减少热量损耗、太阳能装置安装取暖装置的更新等）、工业能源效率（购买和安装高效率电机）。申请调查研究补助的机构应该向ENEA提交其证明书以及相关的技术数据。ENEA将对其节能效果进行评估，并于2008年7月31日前向经济发展部、财政部及大区政府报告其达到的节能效果。ENEA已于2007年4月30日正式开通相关网站，提供预告注册、网上填表服务，并向公众提供关于优惠政策及获得优惠的程序。②关于光伏太阳能发电。ENEA与措施实施部门以及电力服务管理局合作，从技术方面对光伏设备的技术水平进行监督，指明技术创新的需要。③其他关于可持续发展的措施。减轻GPL的财政负担，支持建立生态公园，支持农业能源系统（混合能源的强制使用、税收减免等），《京都议定书》基金（2007—2009 年共 6 亿欧元用于支持温室气体减排），“白色证书”的加强，支持高效联合发电装置（2007 年 2 月 7 日关于实施欧盟 2004/8/CE 法规的法令中批准），新的推动生态建筑的措施（2006 年 12 月 22 日关于促进意大利建筑工业技术创新和节能的法令中批准）。从供给方面，政府已启动了第一个关于能源效率和生态工业的工业创新计划，规定政府将对申请企业的下列投资给予资助：可再生能源领域投资；环境影响小和节约能源的新产品的开发投资；能降低能耗的新工艺的开发。该计划作为 2015 工业法案的第一个进入实施操作的工业创新计划，受到企业界的普遍欢迎，至 2007 年 6 月，已收到申请 1 067 项，政府已任命了相关人员作为项目协调员，组织专家全面开始对申请项目进行评审，一旦评审完毕，政府将尽快拨款支持。

4. 能源效率行动计划

根据欧盟的节能目标：2016 年能源消耗节约 9%，意大利向欧盟提出了能源效率行动计划以及已经实施和即将实施的措施。其行动包括三个方面：①已经实施的措施继续实施几年，如对建筑物进行能源认证，给予石油液化气 GPL 减少税负，建立生态汽车园以及减少污染的激励措施；对农业能源系统的优惠措施，对高效率工业电机的税收减免；对高效率家用电器的税收减免；推动高产出的联合发电装置等。②即将实施和正在讨论的一些措施。如欧盟关于生态设计的法令，规定所有产品或服务，都必须有符合欧盟规定的能耗标签。③从 2009 年开始，将汽车二氧化碳平均排放限制在 140 克/千米，并相应节能 23 260 亿千瓦时/年，占总节能目标的 18%。意大利政府认为，在提高能源最终用户的效率方面采取长期有效的措施，可以营造一个降低能源依赖、提高供应安全性以及减少温室气体排放的氛围，并对生产体系的竞争力、技术创新和增加就业方面具有积极的促进作用。在实施该行动计划的同时，政府还将尽快修改2004年关于能源效率的部令，提高当时设立的节能国家目标，加强对已实施的措施的监管，对“白色证书”制度进行重新审查。对各部门设立的具体节能目标为：住宅：2010年169.98亿千瓦时/年，2016年568.30亿千瓦时/年。第三产业（取暖、空调、照明）：2010年81.30亿千瓦时/年，2016年247.70亿千瓦时/年。工业（工业电机）：2010年70.4亿千瓦时/年，2016年215.37亿千瓦时/年。运输（2009年实施140克二氧化碳/千米）：2010年34.90亿千瓦时/年，2016年232.60亿千瓦时/年。全部：2010年，356.58亿千瓦时/年（3%）；2016年1 263.27亿千瓦时/年(9.6%)。意大利政府将提高能源效率作为保护环境、发展经济并改善人民生活的一个重要途径。同时，政府也将城市交通和市外交通领域作为节能的一个重点对象，重点支持这一领域的技术创新，如有关交通工具的技术创新，包括轮胎压力检测系统、高效空调、改善润滑油性能以提高发动机效率等，增加生物燃料的使用，推广基于需要和性能的驾驶方式（Ecodriving），基础设施方面的措施如信号灯的动态控制、电子停车系统、改善道路表面以减少对轮胎的阻力等，汽车共享（Carsharing）和汽车存放(Carpooling）等。针对道路运输部门的能耗多年来呈上升趋势（从1990年至今，已增长了28.7%，相当于880万Tep）的现状，意大利政府还从两个方面着手提高运输部门能源效率：运输工具能源效率的提高以及运输方式的深刻重组。一方面，推动牵引技术的创新，实行燃料的多样化并进一步减少单位消耗（据此政府将于2009年引入140克/千米的措施）；另一方面，实施行程限制、道路交通的替代方式、基础设施的优化利用以及充分利用铁路等措施（姜启亮，吴勇，2010）。

（三）德国的低碳经济

德国在低碳经济领域尤其是低碳技术方面一直处于世界领先

地位。在德国，应该说 80%以上的建筑都拥有低碳概念，它们或使用隔热的生态材料，或使用冷热电的分布式能源，或利用水热循环的利用系统。无论是普通民众还是政府部门，大家都倡导低碳和可持续发展的概念。2010 年上海世博会德国馆的大部分结构使用的是钢结构，世博会结束后这些钢材可以重新使用。而馆场外有非常轻的薄膜，这些薄膜能减轻地面的压力，同时在世博后还能制作成购物袋和遮阳伞（孔然蒂，2010）。德国在发展低碳经济方面实施了一系列保护和鼓励政策（郭印，王敏洁，2009）：

1. 实施气候保护高技术战略

2006 年 8 月，德国推出了第一个涵盖所有政策范围的《德国高技术战略》，以期持续加强创新力量，使德国在未来的技术市场上位居世界前列。“高技术战略”启动以来，德国科学界和经济界为工业研究以及开发孕育未来技术筹集了 30 多亿欧元的私人资本，为德国的技术创新提供了巨大的资金支持。为实现气候保护目标，从 1977 年至今，德国联邦政府先后出台了五期能源研究计划，最新一期计划从 2005 年开始实施，以提高能源效率和开发可再生能源为重点，并通过德国“高技术战略”提供资金支持。2007 年，德国联邦教育与研究部又在“高技术战略”框架下制定了气候保护高技术战略。根据这项战略，联邦教研部将在未来 10 年内额外投入 10 亿欧元用于气候保护技术的研发，德国工业界也相应投入一倍的资金用于开发气候保护技术（段骄骄，2010）。

2. 提高能源使用效率，促进资源节约

生态税是德国提高能源使用效率、改善生态环境和实施可持续发展计划的重要政策之一。德国生态税自 1999 年 4 月起分阶段实行，主要征税对象为油、气、电等产品。税收收入用于降低社会保险费。为提高工业领域蕴藏的巨大节能潜力，德国政府计划在 2013 年之前规定企业享受的税收优惠与企业的节能管理挂钩。德国联邦经济部与复兴信贷银行已建立节能专项基金，用于促进中小企业提高能源效率。2002 年 4 月生效的《热电联产法》规定了以热电联产技术生产出来的电能获得的补贴额度，政府还计划到 2020 年将热电联产技术供电比例较目前水平翻一番。为充分挖掘建筑以及公共设施的节能潜力，德国政府计划每年拨款 7 亿欧元用于现有民用建筑的节能改造。为提倡居民使用节能型家用电器。按照欧盟规定，在德国销售的冰箱、洗衣机、烘干机和家用照明设备都按节能多少被标注为 A－G7 个能耗等级，便于居民在购买电器时有意识地选择节能电器（段骄骄，2010）。

3. 大力发展可再生能源

德国政府通过《可再生能源法》保证可再生能源的地位，对可再生能源发电进行补贴，平衡了可再生能源生产成本高的劣势，使可再生能源得到了快速发展。由于可再生能源发电（除水电外）起步晚、规模小、成本高，没有独立的电力传输网络，难以通过电网输送给用户。为解决这一问题，德国 1991 年出台了《可再生能源发电并网法》，规定了可再生能源发电的并网办法和足以为发电企业带来利润的收购价格。德国还制定了沼气优先原则，促使天然气管道运营商优先输送沼气，并参考天然气制定沼气的市场价格，从而确定补贴额。此外，德国还制定了《可再生能源供暖法》，促进将可再生能源用于供暖。

4. 减少二氧化碳排放

为减少碳排放，德国大力推进低碳发电技术的研究和应用，并计划制定关于二氧化碳分离、运输和埋藏的法律框架，建设示范低碳发电站。为减少交通工具的二氧化碳排放，德国政府计划通过修改机动车税来推动碳减排目标的实现，规定新车要标注能源效率信息，将二氧化碳排量纳入标注范围。德国自 2005 年开始在联邦高速公路和几条重要的联邦公路上对 12 吨以上的卡车征收载重汽车费。德国政府还极力主张将空运列入欧洲二氧化碳排放量交易系统中，支持“欧洲航空一体化”建议，希望通过一体化将航空领域产生的二氧化碳减少10%。德国法兰克福和慕尼黑机场从2008年开始进行为期3年的航段实验，根据二氧化碳排量给在上述机场着陆的航空公司进行奖罚（段骄骄，2010）。

（四）日本的低碳经济

2004年，日本发起的“面向2050年的日本低碳社会情景”研究计划，其目标是为2050年实现低碳社会目标而提出的具体对策。2008年5月，日本政府资助的研究小组发布了《面向低碳社会的十二大行动》。2008年7月，日本内阁会议通过了“低碳社会行动计划”。这份计划阐述了在未来3～5年内将家用太阳能发电系统的成本减少一半等多项有关减排的措施，其重要内容都与开发新能源有关。2009年4月，日本又公布了名为《绿色经济与社会变革》的政策草案，目的是通过实行减少温室气体排放等措施，强化日本的低碳经济。据报道，这份政策草案如能通过并实施，将使日本环境领域的市场规模从2006年的70万亿日元（1美元约合96日元）增加到2020年的120万亿日元，相关就业岗位也将大大增加。

日本高度重视低碳经济发展是有原因的。20世纪90年代，日本经历了非常严重的金融危机，泡沫经济崩溃，银行接连倒闭，当时希望用科学技术推动经济发展的声音高涨。日本因此于1995年出台了《科学技术基本法》，决定制订科学技术基本计划，大力推动科技发展。在某种意义上，世界范围的金融危机或经济恐慌的出现，对科学技术的发展来说或许是一个机遇。日本低碳技术也处于世界领先地位，如综合利用太阳能和隔热材料、大大削减住宅耗能的环保住宅技术；利用发电时产生的废热、为暖气和热水系统提供热能的热电联产系统技术，以及废水处理技术和塑料循环利用技术等。日本近来不断出台重大政策，将重点放在发展低碳经济上，尤其是能源和环境技术开发上，正是希望以目前全球金融危机为契机，转变经济发展模式，占领未来经济发展制高点（钱铮，2009）。

为了推动能源和环境技术发展，日本还在两方面采取了有力的政策措施：一是限制措施。例如日本《建筑循环利用法》规定改建房屋时有义务循环利用所有建筑材料，使得日本由此发明了世界先进的混凝土再利用技术；二是提供补助金。目前日本政府正在探讨恢复对家庭购买太阳能发电设备提供补助的制度，还准备降低对中小企业购买太阳能发电设备提供补助的门槛。另外，日本已开始向购买清洁柴油车的企业和个人支付补助金，以推动这种环保车辆的普及。

（五）欧盟的低碳经济

为带动欧盟经济向高能效、低排放的方向转型，并以此引领全球进入“后工业革命”时代，进一步推动能源供应的多元化，以及实现《京都议定书》所规定的温室气体减排目标，2007 年 3 月，欧盟理事会就已通过此前由欧盟委员会提出的战略能源技术计划。该计划除了旨在减少欧盟能源的对外依赖外，中心内容就是要促进欧盟低碳技术的研究与开发，以实现欧盟确立的减排计划目标。根据该计划，欧盟承诺到 2020 年将可再生能源占能源消耗总量的比例提高到 20%，将煤炭、石油、天然气等一次能源的消耗量减少 20%，将生物燃料在交通能耗中所占的比例提高到 10%。此外，欧盟单方面承诺到 2020 年将温室气体排放量在 1990 年的基础上减少 20%，如果其他主要国家采取相似行动，则将目标提高至 30%，到 2050 年希望减排 60%～80%。

2008 年底，欧盟 27 国在首脑会议上最终确定了应对气候变化的妥协减排方案，会议再次重申了此前决定的至 2020 年的温室气体排放量的减排路线图及目标，要求欧盟各国就此制定各国的减排方案，并在欧盟 2005 年制定的碳交易机制内完成计划目标。2013 年后，欧盟的污染性企业及电厂可购买碳排放交易权。预计到 2020 年，欧盟的碳交易可以带来数百亿欧元的收入，欧盟将用此资金启动12个碳捕获及存储试点项目，利用新技术将电厂排放的二氧化碳埋入地下，将能源效率提高20%，同时设立了2015年汽车二氧化碳排放量的减排目标，并要求各国据此采取减排措施（姚立，2009）。

欧盟还在2009年3月宣布，将在2013年前斥资1 050亿欧元，支持各国推行“绿色经济计划”，其中540亿用来帮助各国执行欧盟环保法规，280亿用于改善废弃物的处理技术，改善水质。

（六）美国的低碳经济

在《京都议定书》的谈判之前，1997年6月25日美国参议院就以95票对零票通过了《伯德·哈格尔决议》（S. Res. 98），要求美国政府不得签字同意任何“不同等对待发展中国家和工业化国家的，有具体目标和时间限制的条约”，因为这会“对美国经济产生严重的危害”。美国人口仅占全球人口的3%～4%，而排放的二氧化碳却占全球排放量的25%以上，为全球温室气体排放量最大的国家。美国曾于1998年签署了《京都议定书》。但2001年3月，布什政府以“减少温室气体排放将会影响美国经济发展”和“发展中国家也应该承担减排和限排温室气体的义务”为借口，宣布拒绝批准《京都议定书》。

布什政府时期美国是唯一没有加入《京都议定书》的发达国家。推行清洁能源和低碳经济在美国内外都有阻力，主要是美国石油垄断资本和石油出口国的利益。与信息技术经济和房地产、金融不同，石油垄断集团是新能源经济的天敌，一旦出现利益冲突，他们会采取各种手段封杀新能源经济，甚至控制其技术。美国至今还缺乏使新兴战略性产业成长的机制，包括风险投资、技术转让、成本补贴等一系列经济杠杆手段。而且投资于技术创新风险大，使得垄断资本更愿意投资于稀缺资源开发，以及可以不负担投资失败责任（如金融创新）的领域（裴长洪，2010）。

为降低美国对外国石油的依赖性并获得世界领先的低碳技术，从而继续维护美国的世界霸主地位，美国曾在应对气候变化问题上很积极。美国于 2005 年通过了《能源政策法》，2007 年通过了《低碳经济法案》，2009 年通过了《美国清洁能源安全法案》。

美国低碳经济的总指导原则是：通过相关法律保护美国由于依赖外国石油和气候变化造成的不稳定影响带来的严重的经济和战略风险。奥巴马政府主张在应对气候变化而发展低碳经济的重点是转变能源战略和能源利用方式，具体步骤包括：投资清洁能源领域并在此领域开拓新的就业机会，缓解就业压力；投资开发下一代清洁能源技术，每十年投资 1 500 亿美元，使美国逐步转向低碳经济；开展石化燃料清洁技术，提高能源效率及美国的世界竞争力等（雷彩艳，2009）。

二、国内的发展现状

2006 年底，科技部、中国气象局、发改委、国家环保总局等六部委联合发布了我国第一部《气候变化国家评估报告》。2007 年 6 月，中国正式发布《中国应对气候变化国家方案》。

2007 年 9 月 8 日，胡锦涛主席在 APCE 会议上提出了“发展低碳经济，研发低碳能源技术，促进碳吸收技术发展”的战略主张。

2007 年 12 月 26 日，国务院新闻办发表《中国的能源状况与政策》白皮书，着重提出能源多元化发展，并将可再生能源发展正式列为国家能源发展战略的重要组成部分，不再提以煤炭为主。

2008 年，胡锦涛主席又在 G8 峰会、日本“暖春之旅”及国内会议等多种重要场合提倡和肯定了应对气候变化、发展低碳经济。从“十一五”规划开始，发展低碳经济实际已经成为我国可持续发展战略的重要组成部分。

2008 年 1 月，清华大学在国内率先正式成立低碳经济研究院，重点围绕低碳经济、政策及战略开展系统和深入的研究，为中国及全球经济和社会可持续发展出谋划策。

2009年8月12日，国务院常务会议审议并原则通过《规划环境影响评价条例（草案）》。会议指出，下一阶段我国将大力发展绿色经济，紧密结合扩大内需促进经济增长的决策部署，培育以低碳排放为特征的新的经济增长点。

2009年广东省正式启动“发展低碳经济路线图及促进政策研究”项目。该项目由中国科学院广州能源所、国际气候变化组织和中国社会科学院可持续发展中心以及英国驻穗总领事馆共同推动。在合作的各方中，广州能源所及中国社科院主要做技术课题层面的研究；气候组织则负责相关的能力建设——如培训、参考指标的制定、宣传以及落实企业层面的合作等；而英国外交部则提供战略项目基金的支持。整个项目将于2011年3月份完成，并选定深圳作为广东低碳经济的试点城市。该项目将把广东经济转型与未来低碳经济发展模式有机结合，制定出发展低碳经济的路线图，研究实现低碳经济所需要的创新制度，对政府政策提出第三方评估并提出建议，使广东省率先选择走低碳发展模式，并推动广东省将低碳计划整合到“十二五”规划中去。该项目基于低碳经济发展设想，还将提出一系列刺激发展政策，包括风险投资、绿色金融、低碳贷款、交易机制、地区市场建立等方面（政策瞭望，2009.10）。

国家发改委已批准了吉林市作为第一个低碳经济示范区项目。吉林市低碳经济示范区项目涉及吉林市现有的各个行业，并计划在吉林市发展新能源行业。该项目将推动吉林市全面发展低碳经济，使其能够从2020年开始减排，并计划帮助吉林市届时成为全国范围内发展低碳经济的领先地区。

上海环境能源交易所于2008年8月5日在上海正式挂牌成立，这是在国内率先设立的一个环境能源领域各类权益交易的平台。此举是通过体制机制创新，推进节能减排、进而推动经济发展方式转变的重大举措，是对原有以行政手段为主推进节能减排的有益补充和探索。经上海市政府批准设立的这一环境能源交易所，得到了国家发改委、国家环保部等国家相关部门的支持。交易所的主要功能包括4个方面：一是信息集散功能，主要是环境能源领域各类权益交易的信息收集、筛选、整理与发布等。二是技术和资本对接功能，主要是依托交易平台集聚交易双方、科研机构、投资机构、各类服务商、集成商及专业认证评估机构等多方市场参与者，创新节能减排的体制、机制和技术，营造节能减排和资本对接的平台功能。三是优化配置功能。通过公开的信息集散公示系统，提高环境能源市场化配置资源效率。四是规范运作功能，建立公开、公平、公正、公益的节能减排技术、资本、规范交易平台。

2008年9月25日，天津排放权交易所挂牌成立。它是按照《国务院关于天津滨海新区综合配套改革试验总体方案的批复》中，关于在天津滨海新区建立清洁发展机制和排放权交易市场要求设立的全国第一家综合性排放权交易机构，是一个利用市场化手段和金融创新方式促进节能减排的国际化交易平台。这家交易所由中石油集团旗下中油资产管理有限公司、天津产权交易中心和芝加哥气候交易所共同出资1亿元设立，三方持股比例分别为53%、25%和22%。天津排放权交易所的宗旨是，应对环境污染和能源紧缺的挑战，探索具有中国特色的节能减排市场体制机制，改善环境质量，实现环境效益和经济效益的统一。

兖矿集团充分利用矿井瓦斯来发电，并使之成为企业利润的新增长点。目前，6台500千瓦机组已经相继投运，年发电量为1 900多万千瓦时，年消耗瓦斯约18 000立方米。根据《京都议定书》国际公约要求，发达国家二氧化碳排放量高于规定配额时，其差额指标可向发展中国家购买，减排指标在国际市场上成为专供发达国家的交易商品。兖矿集团抓住这一机遇，寻求瓦斯发电新的经济效益。按照瓦斯排放的污染度高于二氧化碳23倍计算，青龙煤矿瓦斯电站将减排指标销售出去，每年可获益90万美元。兖矿贵州能化青龙煤矿的瓦斯发电项目，目前已正式向联合国申报销售瓦斯减排指标。

三、国外低碳经济对我国的启示

2003 年英国最早提出“低碳经济”这一概念以来，它迅速为世界许多国家采纳，成为一种新型的可持续发展模式。低碳经济是以低能耗、低污染、低排放为基础的经济模式，是人类社会继农业文明、工业文明之后的又一次重大进步。低碳经济实质是能源高效利用和清洁能源开发，核心是能源技术和减排技术创新、产业结构和制度创新以及人类生存和发展观念的根本转变，即摒弃传统的经济增长模式，通过低碳经济模式与低碳生活方式，来减少温室气体排放对全球气候的影响，实现世界经济的可持续发展。低碳经济提出的背景为：①世界人口增长与经济增长过程中向大气中排放了大量温室气体，导致全球温室效应加剧；②过度开采和利用自然资源，单位能耗与单位资源耗量居高不下，能源和资源枯竭问题迫在眉睫；③排放的各类污染物对人类社会赖以生存和发展的环境造成严重破坏。世界各国低碳经济发展经验为我国提供了很好的借鉴。

（一）适时制定低碳经济发展法规和政策

2003 年英国发布政府白皮书《我们能源的未来：创建低碳经济》，将实现低碳经济作为英国能源战略的首要目标。2006 年英国政府发布的《能源回顾与能源挑战》，进一步指出了两大挑战。2007 年，英国推出全球第一部《气候变化法案》，2008 年开始实施，从而成为世界上第一个拥有气候变化法的国家。2009 年 4 月，英国又成为世界上第一个立法约束“碳预算”的国家。2009 年 7 月 15 日，英国政府又正式发布了《英国低碳转换计划》。

德国政府则提出实施气候保护高技术战略，先后出台了 5 期能源研究计划，以能源效率和可再生能源为重点，为“高技术战略”提供资金支持。

2006年3月欧盟发布了《欧洲能源战略绿皮书》，2006年10月19日公布了《能源效率行动计划》，2007年3月欧洲理事会通过关于能源安全和应对气候变化的欧洲共同战略，也是欧盟的新能源战略。2008年1月23日，欧盟公布有关能源和应对气候变化的一揽子目标方案，提出了五个立法建议，包括《欧盟碳交易机制修改指令》，《碳捕集与封存（CCS）指令》，《促进可再生能源利用指令》和《关于为实现欧盟2020年减排目标，各成员国减排任务分解的决议》等。

中国正处于经济高速发展阶段，面对日益严峻的能源枯竭和环境污染问题，必须探索出一条低消耗和清洁能源发展的低碳之路。从国家层面和地方政府层面均要制定低碳经济发展的战略目标。各级政府都要把发展低碳经济战略纳入国民经济发展总体规划，为发展低碳经济提供法律、资金、政策、宣传、制度和组织保障。制定以低碳经济为主导的法律法规，制定《低碳经济保障法》，修订资源、能源和环境保护相关法律法规，保障低碳经济的健康持续发展。

借鉴发达国家的做法，加强政策扶持，提供有利于低碳经济发展的税收优惠、财政补贴等措施。适时开征碳税和推行碳交易，研究与择机推出气候变化税、气候变化协议、排放贸易机制、碳信托基金等多项经济政策，促进企业和碳排放个体低碳行为的积极性，同时促进提高我国企业的能效以及竞争力。

（二）加快低碳经济技术研究与创新

世界各国十分重视改造传统高碳产业和加强低碳产业技术创新。欧盟的目标是追求国际领先地位，开发出廉价、清洁、高效和低排放的世界级能源技术。英、德两国将发展低碳发电站技术作为减少二氧化碳排放的关键。日本政府采取了综合性的措施与长远计划，改革工业结构，对可以大规模削减温室气体的捕捉及封存技术予以大力支持，提出从2009年开始进行大规模试验，并在2020年前投入使用，持续投资化石能源的减排技术装备，形成了国际领先的烟气脱硫环保产业。美国政府发展清洁煤更是不遗余力，美国目前电力生产的50%来自煤炭，预计到2030年，这一比例将上升到57%。为了能更加环保，更加高效地利用储量丰富的煤炭资源，美国投入大量资金，用于将先进清洁煤技术从研发阶段向示范阶段和市场化阶段推进（黄海，2009）。

我国应加大低碳技术研发力度，增加资金投入，重点支持能源、交通、农业和建筑领域的低碳原创性技术研发支持。低碳创新技术应突破的重点领域包括：节能和清洁能源、煤的清洁高效利用、油气资源和煤层气的勘探开发、可再生能源、核能、碳捕集和封存、清洁汽车技术、农业和土地利用方式控制温室气体排放技术等领域。要加大清洁煤技术的开发利用，我国煤炭占能源的90%以上，这种煤耗型能源资源特点决定了我国能源生产以煤为主的格局长期难以改变。要大力发展煤炭洗选、加工转化先进燃烧、烟气净化技术，大幅度减少煤炭利用过程中的温室气体排放。发达国家具有很多成熟的低碳先进技术，中国要通过国际协商与合作机制，促使发达国家对中国实行技术转让，并根据国情增强低碳技术的国际引进、消化与二次创新。

（三）建立低碳经济责任考核体系

我国中央和地方长期以来一直把GDP作为经济发展考核的最重要指标，导致GDP高速发展的同时产生了高消耗、高污染和低产出的恶性经济循环。目前GDP单位能耗是世界平均水平的3.15倍，美国的3.3倍，日本的9倍。畸形的经济指标考核体系导致资源枯竭加速，环境污染加剧。必须改变以GDP为主要指标的政绩考核方式，彻底扭转各级政府不计任何代价追求GDP高速增长的状况，把发展低碳经济工作的绩效列为评价和提拔使用干部的主要依据，建立健全低碳经济的工作责任制、问责制、考评体系和综合指标。

第四章 黑龙江省低碳经济 SWOT 分析

"低碳经济"是指依靠技术创新和政策措施，限制、减少温室气体排放，以低能耗、低污染、低排放和高效能、高效率、高效益为基础，以节能减排为发展方式，以碳中和技术为发展方法的绿色经济发展模式。低碳经济是经济发展方式、能源消费方式、人类生活方式的一次新变革，其实质是通过能源技术创新和制度创新，提高能源效率，优化能源结构，从而减缓气候变化，促进人类可持续性发展。

一、黑龙江省发展低碳经济的重要意义

（一）有助于确定黑龙江省"十二五"规划的总体目标

黑龙江省"十一五"规划的总体目标之一是：经济持续快速协调健康发展，在优化结构、提高效益和降低消耗的基础上，全省生产总值年均增长 10%以上；进一步转变经济增长方式，显著提高资源利用效率，降低单位生产总值能耗。黑龙江省是我国资源大省，重工业、高耗能产业集中，长期的高投入、高消耗、高污染、低效率粗放型经济增长方式已经造成了区域性的水环境、生态系统破坏。发展低碳经济，有利于黑龙江省转变经济增长方式和建设生态大省。低碳经济实质是高能源效率和清洁能源结构问题，围绕低碳经济的能源和产业新技术开发应用，有助于黑龙江省改变高消耗、高排放、低效益的社会经济发展模式，有

利于缓解经济增长与资源环境之间的尖锐矛盾，有助于黑龙江省“十二五”规划经济社会发展目标的确定。

（二）有利于推进黑龙江省社会主义新农村建设

低碳经济积极倡导生物质能源和再生能源的利用。发展低碳经济，可在粮食主产区等生物质能源资源较丰富地区，建设以秸秆为燃料的发电厂和中小型锅炉；在规模化畜禽养殖场、城市生活垃圾处理场等建设沼气工程，把生物质气化技术作为解决农村和工业生产废弃物环境问题的重要措施；大规模开发和建设风力发电，积极发展太阳能发电和太阳能热利用，等等。通过以低碳经济为主导的清洁能源革命，可以极大提高农民收入，改善农村生态环境，推进社会主义新农村建设。

（三）为黑龙江省农业、水利和林业建设发展提供机遇

农作物，尤其是水稻在控制温室气体方面起着重要作用，黑龙江省有全国最大的黑土地，水稻种植面积占了全省粮食播种面积的 21%。因此，大力发展以低碳经济为主导的农业产业，选育低排放的高产水稻品种，研究和发展微生物技术，对优化农业产业结构，提高农业效益，增加农民收入，促进农业生态环境建设，实现黑龙江省农业可持续发展具有重要意义。

目前，黑龙江省地表水资源开发利用程度低，地表水工程利用能力仅为 29%，工程性缺水矛盾突出。此外，黑龙江省水土流失严重，但由于资金和技术等因素的制约，水土流失治理速度十分缓慢，黑龙江省水利建设应对气候变化的能力脆弱。面对温室效应的挑战，黑龙江省应积极利用低碳经济提供的机遇，尤其是《京都议定书》中的 CDM 清洁发展机制，努力促进黑龙江省水利建设。

“十一五”期间，黑龙江省将通过构建林业生态、林业产业和

生态文化三大体系，实现从国家最大的原木供应基地向林业生态大省的转变，实现林区生态、经济全面协调可持续的发展。一直以来，制约公益林发展的一个难点在于如何准确、合理地确定生态效益补偿标准。通过对低碳资产进行科学的评价，可以为补偿标准的确定提供参考，从而促进黑龙江省林业甚至整个国民经济的发展，为国家提供生态功能区的服务功能。此外，黑龙江省作为我国最主要的林区，是巨大的“低碳”，通过积极开展CDM项目，能够吸引负减排义务的国家来投资造林，从而带动黑龙江省林业发展。

（四）为黑龙江省将来可能承担的二氧化碳减限排义务做准备

1998 年 5 月 29 日，我国签署了旨在遏制全球气候变暖的《京都议定书》（2005 年 2 月 16 日正式生效），虽然暂时我国还不负减排义务，我国的二氧化碳人均排放量还不是很高，但排放总量很高，约占全球总量的 13.6%，仅次于美国，居第二位。所以从长期来看，中国在保护全球气候方面承担的相应义务的压力将不可避免地大大增强，而且随着经济的发展和人口的增加，中国二氧化碳排放量还可能进一步增加，很有可能在将来承担减排义务。作为林业大省的黑龙江省更是责无旁贷，因此，加强对黑龙江省低碳问题的研究，尽早做好减限排的基础性工作，具有十分重要的意义。

（五）为低碳交易提供理论指导

导致地球大气二氧化碳浓度上升、气候变暖的根本经济原因是无偿、无限制地使用地球二氧化碳排放空间。因此，要解决这个问题，就必须把地球的二氧化碳排放空间作为一种具有稀缺性的资源进行有偿的分配，形成有效的交易机制。其根本途径是在全世界首先按国家分配二氧化碳排放权，形成国际二氧化碳排放权交换交易机制，然后在各国国内单位和个人之间也要建立起直接或间接的二氧化碳排放权分配和交换交易机制。无论是国际间的低碳交易还是国内的低碳交易，在低碳量和价值量的确定方面都应有较为准确的依据和标准，对黑龙江省低碳问题的研究可为确立这方面的标准提供理论指导。

二、黑龙江省发展低碳经济的 SWOT 分析

在明确黑龙江省目前低碳形势和未来发展趋势的基础上，通过 SWOT 分析可总结出目前黑龙江省发展低碳经济所面临的机会和威胁，并结合自身优势加以解决和改善。

（一）黑龙江省发展低碳经济的优势分析

1. 人均排放量低为低碳经济发展提供空间

目前，虽然中国是世界第二大二氧化碳排放国，但由于人口多，使得我们人均排放量较低，加之巨大的碳汇潜力为黑龙江省发展低碳经济提供了良好的发展基础和一定的契机，使得黑龙江省转型低碳经济的空间比较大。目前的产业结构虽然对低碳经济的发展有很多限制，但只要树立低碳意识，逐步调整产业结构，提高能源利用率，就能逐步走上轨道，促进低碳工业、低碳农业、低碳城市共同发展。

2. 丰富的其他能源有利于发展低碳经济

低碳经济的发展途径之一就是要降低煤炭在能源结构中的比重，从而降低碳排放量。黑龙江省有丰富的煤炭、石油、天然气、森林、水能、生物质能源等资源，即便根据国家的减排任务，改变以煤为主的能源结构，丰富的其他能源也能支持黑龙江的经济发展，不仅能完成国家即将分配的减排任务，也能实现低碳经济的发展方向。

3. 良好的政法环境保障低碳经济发展

2003 年以来，国务院先后发布了《节能中长期专项规划》、

《关于加快发展循环经济的若干意见》以及《关于加强节能工作的决定》等政策性文件。2007 年正式颁布实施《中国应对气候变化国家方案》，并先后发布了《国家中长期科学和技术发展规划纲要》、《气候变化国家评估报告》以及《国家环境保护“十一五”规划》三个大的纲领性文件。此外，《节约能源法》、《清洁生产促进法》、《可再生能源法》以及 2007 年 8 月由全国人大常委会初审的《循环经济法》草案等，都对提高能源利用效率、节约能源资源、控制温室气体排放以及增强应对气候变化能力提供了有力保障。2007 年 4 月，成立了国务院节能减排工作领导小组，同年 5 月，我国又成立了温家宝总理担任组长的国家应对气候变化工作领导小组。这些都体现了我国对气候变化问题的高度重视。黑龙江省可充分利用国家已有的政策法律等大的环境，继续出台配套的规范性文件和地方性法规，为发展低碳经济提供有力的保障。

（二）黑龙江省发展低碳经济的劣势分析

1. 环保技术水平低限制了低碳经济的发展

低碳经济的技术基础是绿色能源和环保技术，也是节能减排的重要支撑。目前，黑龙江省现有的节能减排的技术还不发达，循环经济水平低，缺乏在区域之内不同行业、不同过程之间的资源循环利用，限制了低碳经济的发展。因此，应加强科技创新，加快生物质气化技术、清洁工艺与集成技术等高新技术的研究，提高资源能源的利用效率。

2. 能源结构不合理降低了低碳经济的发展速度

黑龙江省是国家的重工业生产基地，钢铁、石油加工、化工、建材等高能耗、重污染行业是黑龙江省产业结构中的主要组成部分，环境污染与资源浪费比较突出。粗放的经济增长方式、不合理的能源结构、较低的能源技术装备水平和管理水平，导致单位 GDP 能耗和主要耗能产品能耗都较高，这极大地降低了低碳经济的发展速度。因此，必须尽快调整能源结构，提高能源使用效率，降低碳强度，控制二氧化碳的排放。

3. 节能减排基础工作薄弱妨碍了低碳经济的发展

目前，黑龙江省经济发展速度明显加快，但同时却普遍存在着忽视环境保护的现象，尽管国家出台了相应政策，省政府也开始呼吁、强调环保节能，但无论是从企业界、还是政府管理层、居民百姓，对低碳经济的认识仍然不充分，没有给予足够的重视，很多政策、措施不到位，计量、统计、监测手段落后，科技支撑作用不突出，淘汰落后生产力进展相对缓慢。较弱的节能减排基础明显妨碍了低碳经济的发展。

（三）黑龙江省发展低碳经济的机会分析

1. 国际合作带来了先进的低碳技术与经验

2005 年 7 月，中英合作“通过激励机制促进低碳发展”项目开始启动；2005 年 9 月，中国和欧盟发表了《中国和欧盟气候变化联合宣言》；2006 年 1 月，美国、澳大利亚、日本、中国、印度和韩国等六国在澳大利亚正式启动了“亚太清洁发展与气候新伙伴计划”，技术合作成为双边和多边合作的基石。中国巨大的低碳技术和产品市场促使发达国家不断加强对中国的技术转让。黑龙江省可充分利用国际合作带来的契机，快速引进先进的低碳技术和经验，积极开展 CDM 项目，吸引负减排义务的国家来黑龙江省投资建设。

2. 碳交易市场为黑龙江低碳经济发展提供商机

在我国，有一些区域是生态屏障区，还有一些地区是生态受益区，依照国际通用的“碳源—碳汇”平衡规则，生态受益区应当在享受生态效益的同时，拿出享用“外部效益”溢出的合理份额，对于生态保护区实施补偿。即碳源大于碳汇的省份按照一定的价格（双方协商或国家定价）向碳源小于碳汇的省份购买碳排放额，以此保证各省经济利益和生态利益总和的相对平衡。黑龙江省作为我国最主要的林区，是巨大的“低碳”，碳源小于碳汇，因此，通过国家的碳交易机制，可以帮助黑龙江建立低碳基金，促进技术转让，为未来的低碳经济发展提供资和技术的保障。

3. 国际大环境有利于黑龙江省低碳经济的发展

中国政府在政治、经济、法律等方面的行为和态度也得到了国际社会的充分肯定。中国已经成为发达国家开展 CDM 项目的主要战略国，超过印度成为全球最大的减排信用供给者(CERS)。中国正在采取积极措施，促进 CDM 项目的开发。积极的国际大环境有利于黑龙江省吸引发达国家投资减排，既能快速学习先进技术和经验，也能吸引大量资金，为黑龙江省经济和社会协调发展起到促进作用。

(四) 黑龙江省发展低碳经济的威胁分析

1. 巨大的温室气体减排压力

我国经济的快速发展导致对能源生产和消费需求的迅速增长。目前，我国温室气体排放总量已居世界第二位。尽管《京都议定书》中没有规定我国在 2012 年前的具体减排量，但是我们必须承担国际义务，我国正面临着巨大的减排压力。作为老工业基地的黑龙江省，重工业占有很大比重，一旦中国开始承担减排义务，黑龙江省将是首当其冲的减排大省，将承担相应的减排任务，只有尽快发展低碳经济，才能将这一压力转化为动力。

2. 能源供给与能源安全面临威胁

能源安全是国家经济安全和社会安全的重要方面，它直接影响到国家安全、可持续发展及社会稳定。虽然我国能源总量较为丰富，但由于人口规模庞大，人均能源可采储量远低于世界平均水平。随着经济社会的快速发展，我国对能源的需求不断增加，石油等重要能源进口规模的不断增加势必使我国经济受制于石油出口国，也给我国经济安全带来一定的威胁。黑龙江虽然有较丰富的能源，但进口量仍然较大，仅 2010 年 1—2 月份原油进口量就达 77 万多吨，同比增长 36.54%，可见，未来黑龙江经济的发展也将受到能源供给与安全的威胁，只有发展低碳经济，才能防患于未然。

3. 锁定效应加大了未来节能减排的难度

中国正在成为“世界加工厂”，投资规模在世界历史上几乎都是前所未有的。如果只是对常规技术的简单复制，一经投入，便有一个投资回报期内技术和资金的锁定效应。黑龙江省目前的能源结构和经济增长方式受到了经济发展压力的约束和限制，短期内很难改变，如何在发展过程中运筹帷幄，避免锁定效应的束缚，是一项紧迫而现实的挑战。

三、黑龙江省低碳经济的发展战略

中国在“十一五”规划中提出 2010 年单位 GDP 能耗比 2005 年降低 20%的目标。2007 年末，国务院新闻办公室在《能源白皮书》中把中国能源战略概括为：坚持节约优先、立足国内、多元发展、依靠科技、保护环境、加强国际互利合作，努力构筑稳定、经济、清洁、安全的能源供应体系，以能源的可持续发展支持经济社会的可持续发展。《中国应对气候变化国家方案》提出了中国应对气候变化的总体目标：控制高耗能、高污染行业过快增长，淘汰落后生产能力，实施节能减排重点工程，搞好重点企业节能减排，促进节能减排科技进步，发展循环经济，完善体制和政策体系等。

2009 年，黑龙江省委、省政府立足当地土地、矿产、森林、生态等资源优势，提出“八大经济区”的经济发展规划构想，配合“八大经济区”建设，省政府又谋划实施“十大工程”，确定在传统的装备、能源、食品、石化等优势产业和新兴、高新技术产业上规划大项目，力争推动经济社会的快速发展。

可见，黑龙江省低碳经济发展既是响应国家的能源战略要求，又与省“八大经济区”规划和“十大工程”项目相辅相成。通过SWOT分析可知，黑龙江省发展低碳经济有其可行性和现实性，其战略目标为：配合国家成为世界上最大的碳交易市场和环保节能市场的目标，努力把黑龙江省建设成为中国最大的“低碳”省份，完成节能减排的任务；转变黑龙江省经济增长方式，实现“八大经济区”的经济发展规划构想；节约资源、提高资源利用效率，调整能源结构，实施节能减排工程；促进黑龙江省低碳农业、低碳林业，低碳工业、低碳城市的发展。

黑龙江省是我国重要的老工业生产基地，对低碳经济发展负有重要的使命，粮食主产区的地位和大面积原始森林的存在，使得黑龙江省成为一个得天独厚的“低碳”地区，有优越的先天条件开展CDM项目，发展低碳经济。因此，黑龙江省应尽快强化低碳意识，从政府到企业到居民，从政策到科技投入到宣传，从不同的层面和角度发展低碳经济。从本质上讲，低碳经济的发展不是一朝一夕的事，必须做好长期的心理准备，打持久战。根据黑龙江目前的发展状况，我们应循序渐进地开展低碳经济战略。目前看来，未来的2～3年内，首先应开展WT战略；3～5年内，逐步开展WO战略；5～10年内，有了一定的技术资金等基础，开始ST战略的实施；未来的10～15年内，全面实施SO战略，发展低碳经济，实现“八大经济规划”的战略构想。

表4-1　黑龙江省发展低碳经济战略框架

	优势因素（S） ①二氧化碳人均排放量低 ②拥有丰富的其他能源 ③良好的政法环境	劣势因素（W） ①环保技术水平低 ②能源结构不合理 ③节能减排基础工作薄弱
机会因素（O） ①国际合作带来了先进的低碳技术与经验 ②碳交易市场提供商机 ③国际大环境有利于黑龙江省低碳经济的发展	SO战略 ①加快能源结构改革，转变经济增长方式，为实现低碳大省创造条件 ②促进低碳技术转让，结合黑龙江省情，发展低碳农业、低碳工业、低碳城市 ③利用国家已有的政策条件，充分利用碳交易市场的商机，逐步实现“八大经济规划”的战略构想 ④加大科技投入，提高自主创新能力，大力开发低碳技术和低碳产品	WO战略 ①积极利用国际大环境，加快引进先进的经验技术，开展CDM项目，加快节能减排 ②完善各项工作制度，加强意识、政策、税收、措施等节能减排的基础工作 ③利用碳交易市场，建立低碳基金，逐步改善现有的能源结构
威胁因素（T） ①巨大的温室气体减排压力 ②能源供给与能源安全面临威胁 ③锁定效应加大了未来节能减排的难度	ST战略 ①逐步转变目前以煤为主的能源结构，充分利用其他能源，降低能源安全威胁 ②加快清洁能源革命，加大生物质能源、风力、太阳能等项目建设，利用CDM清洁发展机制，逐步降低温室减排压力 ③加快学习发达国家先进的低碳技术，降低锁定效应的束缚	WT战略 ①加强宣传，提高全民低碳意识，从生活细节上降低碳排放量 ②积极示范和推广，在电力、建筑、冶金、化工、能耗高、污染重的行业及地区先行试点 ③从经济、产业、财税、环境、贸易、科技等角度统筹建立有效的激励政策

第五章 黑龙江省农业低碳经济发展对策

温室效应引起的气候变化正使人类遭受越来越严重的损失，这是人类有史以来共同面对的最严重的危机。低碳经济正逐渐成为世界引导型经济发展模式，其实质是高能源效率和清洁能源结构问题，核心是能源技术创新和制度创新。森林、耕地和湿地在吸收、固定二氧化碳中均有重要的作用。黑龙江省有全国最大的黑土地，也是世界上三大黑土地之一。大力发展以低碳经济为主导的农业产业，对优化农业产业结构，提高农业效益，增加农民收入，促进农业生态环境建设，实现黑龙江省农业可持续发展具有重要意义。

一、农业对温室效应的影响

（一）土壤是最重要的碳库和碳源

土壤有机碳是陆地生态系统的主要碳库。最新的研究发现，土壤有机质包含约 2/3 的陆地碳，占生态系统中碳的 81.2%，并相当于大气二氧化碳中碳的 2～3 倍。

农业土壤利用和管理方式还可以导致土壤变成巨大的碳源。1850—1990 年的 141 年间，全球有 8 亿公顷森林被开垦为农田（Hougton，1999）。1949—1994 年的 46 年间，黑龙江省三江平原耕地由 78.8 万公顷增加到 457.2 万公顷（刘兴土，马学慧，2002），增加了 5.7 倍。人类过去 1 万年对土壤的利用，使全球土壤损失有机碳 313PgC，过去 300 年损失 90PgC，过去 50 年损失 38PgC（Rozanov，1990），近 50 年土壤损失有机碳的速率增加了 20 多倍。1850—1990 年的 141 年，土壤利用方式改变释放到大气中的碳为 124PgC。

可见农业对土壤的利用是温室效应加剧的重要因素。

（二）农业耕作和管理方式对温室效应影响巨大

农业对土地利用方式和管理模式对温室气体排放的影响是巨大的。

1. “石油农业”对温室效应的影响

“石油农业”是人少地多的发达国家农业的基本模式，其主要特点是机械化和化学化。机械化意味着机械作业、机械喷灌、粮食烘干以及各种运输都依赖石油等化石原料；化学化意味着大量使用以石油为原料的化肥、农药、塑料薄膜石化产品。石油农业的大规模发展，使温室效应加剧。以美国为例，1920—1990 年，美国的拖拉机数增加了 18 倍，农用卡车增加了 24 倍，谷物联合收割机增加了 165 倍，玉米收获机增加了 67 倍。1970 年农用化学品的使用量是 1930 年的 11.5 倍，1990 年的化肥使用量为 1946 年的 6.1 倍（蒋和平，宋莉莉，2008）。

2. 农业耕作方式对温室效应的影响

土地利用变化是目前大气中碳含量增加的第二大来源，其作用仅次于化石燃料的燃烧（李晓兵，1999）。目前由于土地利用变化每年向大气中排放 116PgC，约占人类活动总排放量的 20%（Paustlan K，1998）。土壤耕作增加土壤温度、通透性和粗糙度，促进了有机碳矿化（Reicosky，1997），增加温室气体排放。免耕可以增加土壤团聚体的形成，保护有机碳，增加有机碳积累（Paustian et al，2000）。Reicosky 等人的试验表明，耕作土壤 80 小时 CO_2 的排放量是免耕土壤的 3 倍。

3. 灌溉制度对温室效应的影响

灌溉稻田是大气 CH_4 的重要排放源，约占全球总排放的 9%～19%。稻田甲烷是由复杂的耕作、栽培过程和作物、微生物之间的相互作用产生的。在厌氧状态下，嫌气性纤维分解菌和果胶分解菌等微生物将土壤中的有机碳逐步降解为有机酸、醇和 CO_2 等，在土壤产甲烷细菌的作用下释放出 CH_4 气体。研究表明，60%土壤孔隙被水分填充时土壤的呼吸率最大。随着土壤水分含量从10%～30%WFPS上升到60%WFPS，土壤 O_2 消耗速率和 CO_2 产生速率成正比例增加，水分继续增加，则成反比例增加（Aon et al，2001）。间歇淹灌比长期淹灌条件下，早稻田的 CH_4 排放量降低了74.12%，晚稻田降低了30.15%（林而达，李玉娥，1994）。1980—2005年间东北三省 CH_4 排放增加显著，这主要归因于该区水稻种植面积的迅速扩大和温度升高（王平，黄耀等，2009）。

4. 农业综合发展模式对温室效应的影响

农业综合发展模式可以从多方面对温室效应产生影响。农业机械的节能、清洁能源的开发、秸秆和粪便等废弃物的综合利用，以及贯穿种植、养殖、加工、流通和生活的区域循环经济发展水平都可以对温室气体排放产生重要影响。

二、黑龙江省农业低碳经济发展对策

根据黑龙江省土地资源调查资料，全省土地利用以农业用地为主体。全省农林牧用地面积为4 372.29万公顷，占全省土地总面积的92.44%，远高于世界主要国家64.4%和中国54.3%的平均水平。

黑龙江省农业大省的地位决定了农业在发展全省低碳经济中的作用举足轻重。同时，农业低碳经济的发展水平也决定了黑龙江省农业是否能实现可持续发展。实现黑龙江省农业的可持续发展，必须结合黑龙江省农业发展特色，促进现代农业向低碳农业模式转变。

（一）保护和提高黑土地有机碳含量

世界仅有三块黑土地：一块在美洲，美国的密西西比河流域；一块在欧洲，乌克兰的第聂伯河畔；一块在亚洲，中国的松辽流域和三江平原。目前东北黑土区大约为20万平方千米，主要分布在黑龙江省，约有11万多平方千米，其中水土流失面积已由50年代的24 292平方千米增加到2000年的45 106平方千米，由于受资金和技术等因素的制约，水土流失治理速度十分缓慢。

据中国科学院东北地理与农业生态研究所梁爱珍等人测定（2008），东北自然黑土样品0～30厘米土层SOC含量平均为32.20克/千克，最高可达63.46克/千克；黑龙江省自然黑土SOC含量（34.55克/千克）高于吉林省（23.80克/千克）。耕作土壤SOC平均含量为22.71克/千克，远低于自然土壤。与自然黑土相比，耕作黑土0～10厘米土层SOC损失量在26.84%～46.57%之间。黑土区有机碳含量下降的主要原因是水土流失和投入不足，随着人口的增加，黑土的过度垦殖造成水土流失加剧，掠夺式经营使得作物每年从土壤中带走的大量养分得不到有效的补充，造成土壤养分平衡失调，理化性状恶化，有机碳含量下降。

为有效固定和提高黑土区有机碳含量，遏制黑土地有机碳下降的趋势，应通过从业人员培训、技术开发和政府补贴等措施，进一步推广低碳模式施肥、秸秆还田和免耕作业等保护性耕作措施，并结合农田水利建设，加大水土流失的综合治理力度。

（二）发展低碳经济模式千亿斤粮食产能工程

2008年国务院批复《黑龙江省千亿斤粮食生产能力建设规划》，2012年粮食总产将突破500亿千克，其中水稻占新增粮食比例的60.8%。2009年黑龙江省粮食总产达到435.3亿千克，比上年增加 12.8 亿千克，再创历史新高。2010 年黑龙江省粮食生产连续 7 年夺得大丰收，全省粮食总产量为 501.3 亿千克，比上年增加 66.0 亿千克，增长 15.2%，提前两年完成千亿斤粮食产能任务。

黑龙江省 2008 年拥有水田面积 240 万公顷，约占东北地区水田灌溉面积的 58%以上。2015 年黑龙江省计划水田灌溉面积发展到 300 万公顷，其中三江平原新增灌溉面积达 74.53 万公顷，黑龙江省将占据东北地区水田灌溉面积的主体地位。

但是水田种植过程中产生的温室气体排放越来越引起了国际社会的关注。甲烷是最主要的温室气体之一，它的温室效应是二氧化碳的 25 倍。稻田是大气甲烷的主要源泉之一，约占大气甲烷总来源的 10%～20%。中国是世界上最大的水稻生产国，播种面积约占世界的 20%，产量占全球的 37%，甲烷排放量占全球水田甲烷排放量的 25%。因此，采用低碳模式建设黑龙江省千亿斤粮食产能工程具有特别重要的意义。

千亿斤粮食低碳经济应从以下几方面突破：

(1) 组织科研力量对高寒地区稻田温室气体排放特征和减排措施进行科技攻关。

(2) 大力推广节水灌溉和间歇式灌溉技术。丁效华（1995）研究发现，稻田停灌进行暂时的露田有促进甲烷被氧化，从而降低甲烷排放的作用。徐振刚（1999）发现，采取 3～5 天减低一次水深的间断式灌溉方式，甲烷减排量可达 50%。

(3) 科学施肥，提高稻田固碳能力。Buyanovsky 和 Wagner（1998），Schutz（1989）研究证明，只施用化肥的土壤有机碳积累速率为 50gC 平方米·年，如果同时施用有机肥，土壤有机碳积累速度更快。研究还发现，稻田追施硫铵、硝铵可明显降低甲烷的排放通量（张竹青，李义纯，2009）。

(4) 选用高产低排放的水稻品种。稻田甲烷排放和水稻生物总量具有明显的相关性，一般情况下稻田甲烷排放和水稻的植物生物量成反比关系，即具有较大植物生物量的水稻品种的稻田甲烷排放较少，且杂交稻的甲烷排放率比常规稻的低（李晶，王明星，1997）。荷兰瓦赫宁恩大学的研究人员也发现，种植高产水稻可减少稻田的甲烷排放量。

（三）构建现代农业循环经济新体系

根据循环经济理念构建农业资源绿色产业循环链条。如勃利县利用玉米芯生产木糖醇、生物质型煤，年可实现销售收入5.2亿元；稻草和家畜粪便还可以用作生产食用菌的原料，种植100平方米的双孢菇可以利用1 500千克稻草、500千克干牛粪；农作物秸秆还可以用来生产环保型建筑材料。

（四）建立国际农产品交易中心为主导的现代农业低碳发展模式

黑龙江省地处东北亚腹地，拥有丰富的农业资源，是国家重要商品粮生产基地。随着全省农业生产能力的不断提高，农产品的物流需求量日益增加。黑龙江省应该建立以辐射国内外的国际农产品交易中心为主导的现代农业低碳发展模式，以国际农产品交易大市场促进黑龙江省农业市场化和专业化，带动农业增产、农民增收和实现传统农业向现代农业的转变。

三、国际农产品交易中心农业低碳发展模式分析

（一）国际农产品交易中心建设的必要性

1. 实现农民增收，农业市场化、专业化的需要

黑龙江省除农场外多数农户是单户经营，农产品销售多为分散方式，缺乏专业的农产品市场和配套物流基础，导致设施利用率低，物流成本过高，影响农产品物流体系整体运作效率。根据

黑龙江省第二次全国农业普查数据显示，截至2006年，中国有农产品专业市场的乡镇占23%，而黑龙江省仅为12.1%，远低于全国的平均水平。全国年交易额超过1 000万元以上的农产品专业市场的乡镇占7.6%，而黑龙江省仅为3.7%，还不到全国平均水平的一半。另外，农产品加工业发展也相对滞后，而且企业相对分散、规模小。目前，黑龙江省主要粮食品种综合加工率达到75.0%，全省规模以上粮食加工企业近1 500家。但龙头企业牵动作用不强，基地和龙头企业的联系不够紧密，高技术含量、高附加值、高市场占有率的产品比重过低（梁艳波，吉洁，2009）。

2. 降低农产品交易损耗，促进低碳农业的需要

据调查，我国物流成本一般占总成本的30%～40%，2003年，我国粮食物流成本在整个成本构成中占40%以上，而鲜活产品则占60%左右。而世界发达国家物流成本一般控制在10%左右。我国农产品物流过程中的损耗也十分惊人。有数据表明，我国水果、蔬菜在采摘、运输、储存等环节上的损失率在25%～30%，而发达国家的果蔬损失率则控制在5%以下，美国果蔬在物流环节的损耗率仅有1%～2%，产后粮食损失占总产量的12%～14.8%。此外，我国农产品无效物流也十分巨大。据有关资料显示，蔬菜中毛菜和净菜销售的结果比较，100吨毛菜可以产生20吨垃圾，而我国毛菜进城到农贸市场上销售是十分普遍的，由此可以推算出毛菜进城存在着一个数量惊人的无效物流成本（张平，唐立兵，2008）。

黑龙江省农产品物流与全国其他省份相比，农产品物流成本高、物流各环节损耗的问题更加严重。

3. 实现“北菜南运”的需要

黑龙江省是我国传统的三大粮食主产区之一，已成为主要的粳稻、玉米等商品粮供应地，目前以黑龙江为主的东北粮食外调量占到全国的60%左右，已成功实现“北粮南运”。

我国南方每年七、八月份是高温酷暑季节，蔬菜产量偏低，而此时正是北方蔬菜产量最高、价格最低的时候，“北菜南运”具有价格优势。此外，黑龙江省日照充足、温差大，出产的蔬菜质量佳、口感好，受到南方消费者普遍欢迎。第三，黑龙江省是全国绿色食品基地，黑龙江的绿色蔬菜被普遍认可。本地生产旺季的滞销蔬菜，在南方价格可以翻几倍。

目前，仅哈尔滨市每年“北菜南运”就达到上亿千克。但“北菜南运”仍然处于分散管理阶段，缺乏专业化、现代化的生产、交易和管理的物流体系。

（二）建设国际农产品交易中心的优势

1. 黑龙江农业资源优势明显

黑龙江省拥有非常丰富的农业资源，有全国最大的黑土地，也是世界上三大黑土地之一。黑龙江省位于高纬度地区，夏季光照时间长，气温高，降雨充沛，雨热同期，光照、热量和水分非常有利于各类农作物生长。黑龙江省是全国重要的粮食主产区和商品粮基地，全国1/9的耕地在黑龙江省，出产了中国近1/3的农作物，是全国耕地和土地后备资源最多的省份。经过多年的开发建设，形成了优质粮食、畜牧、绿色食品、农产品加工和山特产品开发五大优势主导产业，而且农产品产量逐年增长。2009年全省粮食总产达435.3亿千克，比上年增加12.8亿千克，再创历史新高。2008年国务院已经批复黑龙江省千亿斤粮食产能工程规划，到2012年，粮食总产将突破500亿千克，从粮食产能上保障国家粮食安全。

2. 黑龙江地缘优势显著

黑龙江省地处东北亚的腹地，它在东北亚区域经济合作中具有重要的战略地位，与东北亚各国经济文化联系密切。同时，东北亚又是实现黑龙江省对外开放战略升级的突破口和战略重点。黑龙江省有15个口岸与俄罗斯相邻，同时与俄、蒙、朝和韩等国已开通了空中航线；与俄罗斯、蒙古及朝鲜有铁路相通，滨绥线与俄罗斯境内的西伯利亚铁路相衔接，可直达欧洲；与俄罗斯边境对应城镇开通了公路运输；通过松花江—黑龙江—鞑靼海峡，以及大连港，可与其他国家进行海上贸易往来；黑龙江省与东北亚各国已形成了陆、海、空的多种运输网络，这将为东北亚区域合作提供十分便利的条件。

3. 交通和运输网络发达

黑龙江省已形成了以哈尔滨为中心，铁路、公路、水运、航空和管道五种运输方式齐备，连接省内外大中城市和主要经济区的综合交通运输网络。2008 年，黑龙江省各种运输方式完成货物周转量 1 375.1 亿吨公里，比上年增长 6.0%。其中，铁路 1 006.5亿吨公里，增长 5.3%；公路 318.3 亿吨公里，增长 9.8%；水运 15.0 亿吨公里，增长 10.7%；航空 0.4 亿吨公里，增长 20.4%。以公路建设为例，全省 931 个乡镇中有 922 个通公路，乡镇通达率为 99%；9 121 个行政村中有 7 572 个通公路，行政村通达率为 83%；全省农垦系统 154 个农场（分场）中，有 146 个通公路，通达率为 94.8%。以上状况表明黑龙江省已经初步形成了农产品物流的公路交通运输网络，为农产品物流发展奠定了良好基础（梁艳波，吉洁，2009）。

4. 通讯设施完备

农产品大都具有易腐烂等特点，要求实施快速、及时、安全地运输。因此，能够及时地获得农业信息，就变得非常重要。而要想及时地获得信息，通讯设施的建设又是其首要因素。目前，黑龙江省已经形成了内通各个乡镇、外与全国各地相连的通讯网络体系。截止 2007 年底，全省累计光缆线路总长度达到 204 532 公里，比 2006 年新增 26 496 公里，省移动公司开展村通工程，拉动了移动用户的增长，移动电话达到 1 449.2 万户，比上年增加 182.6 万户，增长 14.4%；全省 98.9%的村和 97.5%的自然村通电话。随着全省电信基础设施建设投入的加大，经营方式的不断调整和服务水平的提升，全省农村通信能力进一步增强（梁艳波，吉洁，2009）。

（三）国际农产品交易中心低碳农业模式发展目标

世界农业的发展大致经历了3个阶段：即原始农业、传统农业和现代农业阶段。从全球范围看，改造传统农业，建设现代农业已是大势所趋。现代农业是传统农业的突破、拓展和延伸。它突破了传统农业主要从事初级农产品生产的局限性，实现了产供销一体化生产，使得农业的内涵得到了拓宽和延伸；突破城乡界限性，实现资源的优势互补；突破了传统农业中管理交叉、农业部门分割、服务落后的局限性；突破了传统农业封闭低效、自给自足的局限性，发挥资源优势和区位优势，实现了农产品优势区域布局，有利于资源的合理利用和配置（田爱梅，2009）。

建设国际农产品交易中心，其根本目的就是尽快实现黑龙江省传统农业向现代农业的转变，实现农业发展向低碳模式转变，从整体上提升黑龙江省农业的国内和国际竞争力，促进新农村建设，加快全省整体上进入小康社会的步伐。

1. 国际农产品交易中心以推动传统农业向现代农业转变为目标，在提高农业综合竞争力的基础上，加快推进新农村建设，以缩小城乡差距、区域差距，逐步实现共同富裕

国外建设现代农业的模式主要包括以美国为代表的规模型、机械化、高技术模式；以欧洲为代表的生产集约加机械技术的复合型模式；以日本为代表的资源节约和资本、技术密集型模式。总结国外现代农业发展模式，可以得出我国建设现代农业的启示，即必须从国情出发建设符合中国特色的现代农业模式（孙浩然，2006）。

通过国际农产品交易中心的拉动，可以大幅度提高黑龙江省农业现代化程度，从不同层次、多个角度促进农业现代化进程。主要表现在：建立现代农业新模式；促进现代农业的可持续发展；提高农业的组织化程度；建立社会化的农业服务体系；带动人力资本投入，提高农业劳动者素质；加强农业科学技术的研究和推广；促进农业支持和保护政策的制定和实施；保护生态环境，实现农业循环经济发展等。

通过国际农产品交易中心带动的现代农业新模式，实现粮食安全、蔬菜安全、食品安全和农民交易安全，为全面进入小康社会打下坚实的物质基础。

2. 国际农产品交易中心旨在建立中国特色的、符合黑龙江省区域经济发展的现代农业产业化、组织化和社会服务化体系

美国、欧盟和日本都成立了涵盖所有农产品的农业合作组织或协会，引导农民由分散经营走向联合发展。

20多年来，我国农业大体上采取了“公司＋农户”、“合作经济组织＋农户”、“专业市场＋农户”，以及混合型的“公司＋合作经济组织＋农户”等模式。这些模式在中部地区的各个省份都不同程度地存在着。但从中部地区以粮食生产为主的区情看，其产业化型现代农业发展的主流模式是“农产品加工企业＋农户”。

国际农产品交易中心根据中国国情，结合黑龙江省区域农业经济发展特点，采取“公司＋市场＋基地＋农户”的全新现代农业发展模式。通过发展农业龙头企业和规模化的商品农产品基地，转变以个体农户为经济主体的、超小规模经营的微观经济，实现农业的商品化、专业化和社会化；进行产加销一体化经营，形成从科研、生产、加工、储运到销售的现代农业产业体系，极大地提高黑龙江省农产品的市场竞争力和农业的综合经济效益。

3. 国际农产品交易中心以培养新型农民和提高农民整体科技文化素质为突破口，通过向现代农业输送大学毕业生，以现代农业新模式促使农村劳动力转移和农民身份转变，来加速土地流转，提升农业规模经营水平

国际农产品交易中心带动的现代农业新模式，需要大量高素质的人才来支撑。现代农业的生产经营和管理，需要具备农学、机械学、管理学、信息学等多方面的知识和技能，也被称为知识密集和技术密集型产业。因此，高素质的农业劳动者是建设现代农业必不可少的条件。

2009 年我国大学毕业生 610 万人，2010 年将有大学毕业生 630 万人，日益增加的大学毕业生导致就业形势越来越严峻。国际农产品交易大市场的建立可以为大学毕业生在农产品生产、加工、流通、贸易和信息等领域提供广阔的舞台，使大学毕业生能下得去、留得住、扎住根，培育出一大批新型农业企业家。国外现代农业无一不是靠高素质的人才来支撑的。如，丹麦农民中有 85%是大学毕业生；美国的农场主大多是大学毕业生；日本农民都有高中以上文化程度；法国农村 60%以上的青年具有中等农业技术学校毕业水平。

我国目前还有大批农村剩余劳动力需要转移，但劳动者的素质令人担忧。国际农产品交易大市场建立的新型现代农业，可以教育、培训和引导农村剩余劳动力的合理转移，从整体上提高农民素质。据统计，全国 4.9 亿农村劳动力中，高中及以上文化程度的只占 13%，初中文化程度占 49%，小学及以下文化程度的占 38%，其中不识字或识字很少的约占 7%。目前我国农村劳动力中接受过短期职业培训的占 20%，接受过初级职业培训或教育的占 3.4%，接受过中等职业技术教育的只占 0.13%，没有接受过职业技术培训的则高达 76.4%。而美国、加拿大、日本等国的农村劳动力中，接受过职业教育培训的比例都在 70%以上（许开录，2009）。

国际农产品交易中心通过专业化、信息化、企业化和社会化的发展模式不断为农业充实高素质的人才，迅速培训、提高农村剩余劳动力的整体素质，为实现我国现代农业和世界现代农业的对接提供人力资源保障。

4. 国际农产品交易中心可利用信息技术，不断完善和推进现代农业信息化体系建设

信息是现代农业的神经系统，从产前、产中到产后的储存、运输、加工及销售每一个环节的物流信息都需要及时处理，高质量地传递。目前，黑龙江省大多数农产品物流企业在仓储、运输、配送各个环节仍然以人工为主，没有自动化信息网络，不能优化调度、有效配置，对客户不能提供查询、跟踪服务。农业信息网络不健全，农户居住分散，沟通渠道不畅，许多农产品信息难以收集、传递，信息化体系建设明显滞后。

随着计算机技术的发展和因特网的普及，近年来，世界主要发达国家都高度重视信息网络技术在农业中的应用。美国在经过农业机械化、化学化、良种化三个阶段实现农业现代化后，又依托计算机技术，创造了精准农业方式。欧盟各国也都非常重视信息技术的应用和农信息体系的建设。德国政府鼓励农产品经销部门在网上开设虚拟市场，帮助农协建立内联网。

国际农产品交易中心通过运用“3S”技术（即地理信息系GIS、全球定位系统GPS、遥感技术RS）对土地进行精确定位，充分运用地理标志和农产品商标促进特色农业生产发展，在全省范围内建立有机食品、绿色食品和健康食品的生产、供应基地和网点。

国际农产品交易中心着重建立农业信息产业，通过农业信息产业建立覆盖全省的农业息传播系统。农民通过网络可以得到完整的市场信息，以快捷、准确、安全的信息指导农业生产活动。大农场和农业合作组织还可以通过国际农产品交易大市场实现“计算机集成自适应生产”，使农业生产日益自动化和精准化。

5. 国际农产品交易中心通过市场化运作推动现代农业科技创新和技术推广

发达国家在实现农业现代化的过程中，都非常重视农业科技创新和技术推广。美国政府一直把农业科技研发、农业技术推广

作为自己的重要职能，形成了集教育、科研、农技推广为一体的社会化服务体系。欧盟各国在植物遗传育种、动物优良品种培育、动植物检疫等方面投入了大量经费进行科技攻关，取得了显著成效。科技对农业增长的贡献率高达60%～80%（许开录，2009）。我国科技对农业增长贡献率平均为50%，黑龙江省为58%，但远低于发达国家水平。

国际农产品交易中心通过链接全球的快速、准确、便捷的农产品流通网络，即时把握世界农产品市场最新动向，并通过“公司＋市场＋基地＋农户”的运作模式，以市场为导向，把科技创新和科技成果融入到现代农业体系中。把遗传工程、生物技术、计算机科学技术、遥感遥测技术等高新技术直接应用到黑龙江省现代农业中，在科技创新、开发应用的过程中实现农业技术推广利用，减少和消除农业科技成果转化环节，大幅度提高科技成果贡献率，建立独具特色、优质、高效的现代农业体系。

6. 国际农产品交易中心为发展现代农业提供强有力的政策保护和良好的制度环境

农业是弱质产业，受自然风险和市场风险的影响较大。因此，加强对农业的保护是世界大多数国家在经济发展到一定阶段后为提高农业国际竞争力所必然采取的措施。在我国，加强对农业的支持保护已到了刻不容缓的地步。但在实际工作中，由于受体制、财力等诸多因素的影响，国家对农业的支持保护很不到位，在农业支持保护的数量、结构、对象、方式等方面，与世界农业发达国家相比存在较大差距。农业已成为国民经济发展的“软肋”（许开录，2009）。

国际农产品交易中心完全按市场经济规则和国际惯例运作，全部按市场需求发展订单农业，使农民与市场、农民与合作组织、农民与龙头企业、农民与政府之间建立及时有效地沟通联系。适时学习借鉴国外发达国家对农业扶持保护的政策，敦促、帮助政府宏观政策调控体系适应于农业微观主体市场化的发展，根据国内外形势，适时调整农业扶持政策，使农民自主权和市场经济法则得到充分尊重，使现代农业发展在制度上得到保证。

（四）国际农产品交易中心框架

经过5～10年的建设，形成以哈尔滨为核心、辐射全省、连通全国，并面向东北亚农产品交易市场的国际化、现代化、信息化的大型农产品交易市场。结合现代通信技术、网络技术、计算机技术和物联网技术，以国际农产品交易大市场为载体，逐步建设形成国际农产品交易中心、物流集散中心、现代农业技术交流中心、国际农业信息交流中心。

1. 国际农产品交易中心设计原则

（1）流畅性。主要是指市场规划要使货品流通和交换方便、快速，交通的流畅性是几乎所有建设项目的重要布局原则，从本质上来讲，农产品批发市场是一个物流项目，货品的流畅性决定它的经营效益，也间接影响到农产品的安全性。

交易中心道路布局中的供货、购货分流要到交易大厅的每个摊位。交易大厅所有进货口均沿大厅外部长边与供货车道及其停车带相对接，且均设有货车雨篷，必要时还设有卸货平台。在交易大厅内部，设有专门的买家通道，交易完成后，货物可由推车或叉车运往交易大厅两侧的购货车停车带。

以上布局与国内现行的合流制布局完全不同，完全摈弃了旧市场的脏乱差、供购货车相互干扰的混乱局面，呈现出的是一个流线分明、交通便捷、明亮卫生、使用方便的全天候交易大厅，既便于买卖双方的交易，又为市场监督、卫生抽检、电子商务等现代化管理和运营创造良好的条件，使交易的流畅性、农产品的安全性得到了保障。

（2）安全性。市场规划要充分考虑食品安全、环境安全，必须满足可持续发展的要求。大型批发市场作为基础性、公益性的项目，它的食品安全、环境安全关系国计民生，也关系市场自身的信誉和发展。

各类供、配货交通工具与商品的展示、存放完全分开，交易场所由开敞式变为封闭式，集装箱货车或卡车被隔离在建筑之外，为交易厅提供了更大的空间，在保证人员、食品安全的同时，避免了汽车尾气对农产品和室内空气的污染。

(3) 可变性。一个市场的最终成形，宏观上有一个不断发育、新陈代谢的过程，是一种在变化中的膨胀。具体来讲，就是根据不同时期的需求，建筑必须具备改造变化的可能性，同时又不影响总体布局。可变性原则即是指市场规划既要能够适应现在的需求，也要能够适应未来的变化，同时能够满足分期建设、分期运营的要求。

我国现有的农产品物流交易模式发展过程中，存在很多不确定因素，即市场的硬件设施往往会阻碍批发企业的发展。为了避免大规模翻建交易市场所造成的浪费及对运营市场的干扰，设计对规划布局和单体均以模数化、可变性等作为指导思想，具体体现在：交易中心的总体道路呈网格化，与其相对应的建筑群体采用统一矩阵布局。在网格中，每一组或每一个交易大厅，可以按照不同功能、不同交易品种，采用不同的模数或跨距，组合规划与设计成不同的单体模式，但在总体上始终服从统一的规划原则。

(4) 节能性。为节能环保，整个交易中心设计建造将引入低碳经济理念。根据农产品物流的特点，在交易大厅及大棚建设中，充分考虑农产品的植物活性，普遍采用自然通风和防热设施设计，并利用交易大厅的自然高差，形成风压，从而加强大厅内空气的对流，始终保持交易中心内空气新鲜。为减少温室气体排放，降低长期经营成本，所有生活、商务设施均尽可能采用地源热泵技术和太阳能作为主要清洁能源（颜骅，孙严，2008）。

2. 国际农产品交易大市场重点建设内容

(1) 农产品交易大市场。建设高智能、现代化的大型专业化农产品交易市场6～8个，单体占地面积约2万～10万平方米。根据实际情况可分为粮食、果品蔬菜、水产、林产品、山珍土特、畜牧产品等专业市场，所有市场均可提供农产品批发交易、加工、配送仓储、保鲜、包装、物流、结算等综合服务。

(2) 管理指挥中心。建设具有会展、展示、展览和企业孵化器等综合功能的现代化管理指挥中心，下设：

农产品交易平台：利用现代计算机技术、网络技术、通信技术，参考股票和期货交易模式，开展大宗农产品现货交易、要约交易、合同订购交易等。

检测服务中心：该中心聚集业内最权威的检测机构，辅以市场严格的准入制度和农产品质量安全追溯体系，以确保农产品流通的有效监控和品质安全。同时，提供工商、税务、海关、商检、公安等政府行政执法机构的一站式集中服务，以及银行、保险、邮政、快递、进出口代理、物流等社会服务机构的一整套专业服务。

交易结算中心：建设基于计算机技术和电子技术的自动化交易结算中心。

大学生创业中心：建设管理人才、农业人才创业中心，为立志于在农业技术、农产品生产加工、农产品贸易和农业信息服务等领域谋求发展的相关人才提供创业平台。

企业孵化器：建设中小企业孵化器，通过吸引和培育等方式吸引入驻企业1 000家左右，实行集中统一管理，并为入驻企业提供全方位的孵化服务。

展览展示中心：以七星级宾馆为中心，建设现代化的综合性展览展示中心，中心具备展览、展示、会展等功能。并可以提供餐饮、住宿、同声翻译等各项商务相关配套服务。项目突出产品展销、价格发现、贸易洽谈、信息集成等功能，常年为国内外特色优质农产品提供展示直销流通服务平台，满足国内外农业企业、客商进行品牌推广、产品展示、经贸洽谈、看样订单等多种需求。

信息与技术交流中心：建设农产品交易信息中心、为农产品生产、农产品加工、农产品贸易等各个环节提供及时有效的信息服务；建设农业技术交流中心，为农产品生产和农业技术开发与推广提供交流平台，有助于加快农业新技术的推广和应用，提高农业生产水平和农产品质量。

(3) 物流配送中心。利用现代计算机技术、网络技术、物联网技术等建立智能化的自动物流配送平台，并对整个物流配送过程进行随时随地实时监控；新建有规模的现代化专业物流企业20家；通过对外合作的模式引入有规模的物流企业10家。

(4) 生产与加工基地。通过“公司＋市场＋农户”、“公司＋市场＋农场”的模式，在省内外建设大型的现代化、专业化、信息化的农产品生产基地2 000余个；在核心区域，通过企业孵化器、引入龙头企业、开展对外合作和自主投资建设等模式，建设形成农产品加工基地，未来实现有规模的加工企业在100家以上。

第六章　黑龙江省林业低碳经济发展对策

黑龙江省地处我国东北部边疆。北部和东部分别以黑龙江和乌苏江与俄罗斯为界、西靠内蒙古自治区、南邻吉林省。全省土地总面积约 46 万平方公里（不包括由黑龙江省领导的内蒙古自治区加格达奇、松岭地区），约占全国总面积的 4.8%。全省多山，山地面积占 58.9%，素有“五山、一水、一草、三分田”之称。其中中山为 4.4%，低山为 20.4%，丘陵占 21.8%，台地为 1.8%，山区河谷和冲积平原为 10.5%。平原占 41.1%。

全省的地势大致是南北中部高，东西部低。西北部为大兴安岭区域，东北部为小兴安岭区域，东南部为山地区域，西部为松嫩平原区域，东部为三江兴凯湖平原区域。山地海拔高度在 300～1 600 米左右，平原地区海拔高度在 35～200 米左右。

一、黑龙江省林业概况

（一）森林资源

黑龙江有大森林之美称，是国家的重点林区之一，拥有全国面积最大的天然林。全省林业经营面积 3 127 万公顷，林业用地面积 2 389 万公顷，其中有林地面积 1 895 万公顷，活立木总蓄积 15 亿立方米。森林覆盖率达 43.6%，森林面积、森林总蓄积和木材产量均居全国前列，是国家最重要的国有林区和最大的木材生产基地。

黑龙江省划分 3 个植物区和 3 个亚区。一是大兴安岭植物区。二是小兴安岭—老爷岭植物区，该区又分为小兴安岭—张广才岭亚区；老爷岭亚区；穆棱—三江平原亚区。三是松嫩平原亚区。本省植物种类丰富，仅高等植物就有 2 000 多种，其中森林树种百余种，材质优良，利用价值高的有 30 余种，如红松、落叶松、樟子松、云杉、冷杉、水曲柳、黄菠萝、胡桃楸、椴、槭、榆、栎、杨、桦等。

森林树种达 100 余种，利用价值较高的有 30 余种。大兴安岭以落叶松为主体，小兴安岭则以红松阔叶天然复层异龄混交林为主体。红松在小兴安岭大面积分布，小兴安岭是红松的故乡。松嫩平原以农田防护林为主，三江平原基本是少林地区。黑龙江省地方国有林场主要分布在大、小兴安岭、张广才岭、完达山和老爷岭等主要山脉和松嫩、三江两大平原地区，是黑龙江、乌苏里江、松花江、嫩江、绥芬河五大水系的发源地和涵养地，是三北防护林工程建设重点区，是黑龙江、吉林、辽宁及华北地区农业的天然屏障。

（二）林业管理

林业管理三足鼎立。由于历史的沿革，黑龙江省林业管理机构有三家，即省林业厅、龙江森工集团（森工总局）、大兴安岭林业集团公司（大兴安岭林管局）。按照职责分工，省林业厅是省人民政府林业行政主管部门，负责全省林业工作；省森工总局和大兴安岭森林工业管理部门分别负责本系统林业工作。按现行管理体制和管辖范围，省林业厅系统有 13 个市（地）林业局、68 个县（市）林业局、360 处国有林场、79 处国有苗圃、883 个乡镇林业工作站及乡村集体林业和农垦、煤炭等 10 个有林行业，林业经营面积 0.15 亿公顷，其中有林地面积 0.069 亿公顷，活立木总蓄积量 4.29 亿立方米，林业职工近 10 万人，经营总面积占全省经营总面积的 49.3%。龙江森工集团辖 4 个管理局、40 个林业局、140 个县团级以上林业企事业单位，林业经营面积

0.1亿公顷，其中有林地面积0.081亿公顷，森林总蓄积量6.38亿立方米，林业职工65.8万人，经营总面积占全省经营总面积的31.7%。大兴安岭林业集团公司辖10个林业局，林业经营面积0.083亿公顷，其中有林地面积0.051亿公顷，森林总蓄积量4.31亿立方米，林业职工22万人，经营总面积占全省经营总面积的19%（关兴江，2008）。

（三）林业经济

黑龙江省林业经济总体比较困难。林业经济总量不足，全省林业经营面积占全省土地面积的2/3，而林业经济总量2005年仅占全省GDP的4.18%；可伐资源枯竭，小、中、大径材比例由1962年的2∶3∶5降为6∶3∶1，每公顷蓄积量由1962年的98.8立方米降到74.7立方米；森工总局和大兴安岭两大林区森林蓄积都出现了负增长，林业企业负担沉重，森工企业的社会性费用支出吃掉了企业利润的90%，林区职工收入低，年均仅为7 000～8 000元（关兴江，2008）。

天然林比重大，人工林相对较少。全省林地面积绝大部分是天然林，占67.9%，天然林中主要是次生林和过伐林；全省更新造林历史短，幼龄林、中龄林面积较多，成熟林面积少，仅占人工林面积的0.75%；造林树种单一，东部山区以营造落叶松为主，西部平原以营造杨树为主。

单位蓄积量低，林分质量差。全省平均蓄积为62.8立方米/公顷，相当于全国平均蓄积88立方米/公顷的71.4%，世界平均蓄积114立方米/公顷的55.1%。

珍贵树种很少。全省林分优势树种按其面积前四位的分别为萌生的柞、杨、桦和人工落叶松，其面积、蓄积分别占全省地方国有林区面积、蓄积的75%以上，其他树种所占的比重较少，其中，珍贵的天然红松等针叶及珍贵的阔叶树种不足8%。全省森林资源多为天然次生林，疏、中郁闭度的林分的面积较大，约占90%以上，密林较少，生态效益发挥得不充分。

国有林为主体。所有制结构单一，国有成分比例大，集体和个私经济发展缓慢；全省地方国有林业用地面积764.0万公顷，有林地面556.0万公顷，国有林业森林总蓄积3.56亿立方米，占全省地方有林地面积、蓄积的83.5%和85.2%，是地方林业的主体（崔友君等，2004）。

(四) 林权改革

集体林权改革已在全省全面展开，按照国家的统一部属，集体林权改革要在“十一五”末期完成。2008年，黑龙江省委、省政府出台了《关于全面推进集体林权制度改革的实施意见》，齐齐哈尔、佳木斯及克东、汤原、桦南等市、县也出台了相应的集体林权制度改革政策文件，其中克东、汤原基本完成了集体林权改革。省委省政府提出3年完成全省集体林权制度主体改革目标。2009年已完成了全省统一组织的集体林资源调查任务，已经完成林改面积40.2万公顷，发证面积27.07万公顷，清理过去承包合同13万份，面积达25.47万公顷，调处林权纠纷183起（黑龙江省政府网站，2009年9月29日）。

全省国有林权制度改革试点也稳步推进。国有林权制度改革在黑龙江省率先试点，作为唯一的国有林权制度改革试点地，2006年4月29日伊春国有林权改革试点在乌马河林业局乌马河经营所启动实施。黑龙江省是国有林区，其林权改革主要是国有林的产权改革，其载体主要是国有林场。国有林权改革的重点是：林农交错，浅山区相对分散，森林零星分布，易于分户经营。主要由企业职工家庭承包经营，逐步建立国有民营、统分结合的国有森林资源经营管理新机制。对大面积、集中连片的公益林和商品林，还是由国有森林资源管理机构依法加强经营管理。改革4年来，8万公顷林地内营造林面积已达9 743公顷，成活率、保存率空前提高，林下经济发展2 328户，涉及项目30余种。2009 年，全市林改试点承包经营林地内又完成造林面积 1 074公顷，造林职工 296 户，年内发展林下经济 618 户。

继伊春市在我国第一个推行国有林权制度改革试点后，黑龙江地方国有林业在全国又率先推行森林、林木和林地流转改革试点。改革的实行，将对黑龙江省生产要素合理流动、盘活森林资源资产、增加林业职工收入、促进林业又好又快发展起到重要作用（关兴江，2008）。

二、森林碳汇功能

（一）森林与二氧化碳的关系

森林是陆地生态系统的主体，森林在人类的生存、生活和生产中的作用是多方面的，概括来说森林的作用有三大方面：生产方面、生态方面和社会方面。森林生产功能和经济效益表现为森林为人类生产大量的木材和其他林用产品；森林的防护功能和经济效益表现为森林是地球生物圈中大气成分平衡的主要调节者，在调节气候方面起明显作用，对水土保持，涵养水分起突出作用；森林的社会功能和效益表现为森林能美化、净化环境，为人们提供良好的生活和游憩场所。

森林具有显著的固碳功能，在减缓全球气候变化中具有不可替代的作用。森林生态系统也是陆地中重要的碳汇和碳源，在这个系统中，森林的生物量、植物碎屑和森林土壤固定了碳素而成为碳汇，森林以及森林中微生物、动物、土壤等的呼吸、分解释放碳素到大气中成为碳源。如果森林固定的碳大于释放的碳就成为碳汇，反之成为碳源。在全球碳循环的过程中，森林是一个大的碳汇，但随着森林破坏、退化的加剧以及一些干扰因素（如火灾）的影响，森林生态系统就可能成为碳源，这将加剧全球的温室效应。因森林破坏导致的温室气体排放占 1/5。如果能够把破坏森林遏制住，温室气体减排就取得了非常大的成功。扩大森林资源，是一种成本非常低的政策工具。

科学研究表明，森林蓄积每生长 1 立方米，平均吸收 1.83 吨二氧化碳，放出 1.62 吨氧气。造林就是固碳，绿化等同于减排。人工林的固碳作用更加明显，如人工桉树林生产力相当于天然林（针叶林）的 20～30 倍，5～7 年就可以成材，生物量相当于原始林在自然情况下 100～150 年的产量。据预测，到 2050 年我国人工林可达 158 万平方千米。若人工林平均蓄积量提高一倍，将使人工林固碳总量达到 88.4 亿吨。

（二）森林碳汇方式

森林的初级固碳形式包括森林固碳、林地固碳、林下植物及腐殖质固碳，而且随着森林蓄积量的增加，固碳量也在不断增长。森林被采伐后，各种木制产品及林工产品继续发挥固碳作用。

森林发挥碳汇功能主要有四种方式：

一是保护好现有森林资源。通过人工抚育等措施，加快森林资源恢复和培育，不断增加森林资源储存量，扩大森林碳库容积和容量。同时防止毁林开荒和森林火灾，阻止森林固定的二氧化碳释放到大气中去。通过合理采伐和木材利用，持续不断地扩大森林碳汇功能，采伐后的林地可以继续培育森林固碳，合理的木材利用继续延伸了木材的固碳功能。

二是大力发展人工造林。通过合理选育人工造林品种，科学经营管理，提高森林固碳速度和固碳能力。

三是发展替代能源。森林可以成为很好的生物质能源，通过发展森林生物质替代能源可以减少化石能源的消耗，减少大气二氧化碳排放。

四是替代高排放原材料。钢铁、水泥、铝材和塑料等人工材料的生产过程会导致大量温室气体排放，积极开发利用木材替代材料，可以大量减少温室气体排放。

三、森林碳汇经济问题

（一）森林资源资产问题

森林资源是陆地生态系统的主体，它具有生态效益、社会效益和经济效益。森林资源资产是自然资源资产的主要组成部分，是一种具有再生能力的自然资源资产。因为森林资源资产是再生自然资源性资产，故森林资源资产除与一般资产具有的获利性、占有性、变现性和可比性外，它还具备以下特点（张宁，唐彦民，杨金山，2009）：

1. 经营的永续性

森林资产属于可再生的资源性资产，森林资源资产消耗可以通过合理的经营，根据森林生长有规律和再生能力的特点，采用科学的森林经营利用措施而得到补偿。因而森林资源资产在没有受到自然灾害和人为破坏时，在科学、合理的经营下是不发生折旧问题的。而且每年都出售部分资产（林产品），其森林资源资产的总量保持不变，或略有增长，长期永续地实现其保值增值的目的。

2. 再生的长期性

森林资源资产是再生性资产，但根据森林生长的规律，它的产品要有很长的时间后才能出售，通过投入某一森林资源资产经营的资金，少则数年、多则数十年、上百年才能回收，因为一块林地造上林木要到数十年林木才能成材出售，回收投资。

3. 分布的辽阔性

森林资源是陆地上最大的生态系统，森林的分布极为广泛，由于森林再生的长期性、经营的永续性，要求森林资源资产的经营部门要拥有较大面积的森林资源资产。通常森林资源资产的经营实体都有成千上万公顷的森林资源资产，否则它将无法永续。由于分布的辽阔，使某一地域的森林资源资产与另一地域的森林资源资产在结构内涵与功效发挥上都有不可比之处，各具特色。

4. 功能的多样性

森林资源资产结构复杂、形态各异，决定了它功能的多样性。森林资源资产的某些成分，除了有价值可以交换的商品属性外，还具有一些价值难以度量的生态公益效能。这些效能通常自动外溢，受益者无需付费，即可得益，造成森林资源资产的评估价值偏低。

5. 管理的艰巨性

与其他资产相比森林资源资产的安全管理任务十分艰巨。森林资源资产漫山遍野地定位在广阔的林地上，即不能仓储，又难以封闭，使其安全保卫十分困难。火灾、虫灾、盗伐等人为或自然的灾害很难控制，就是说，森林资源资产容易流失，增加了风险损失的可能性。森林资源资产的经营必须引入风险机制，才能使其适应社会主义市场经济的发展。

（二）森林资源产权问题

森林资源是依附于一定土地上的固着物，属于不动产。森林资源产权是指权利主体对特定的森林资源进行直接支配并享受其利益的权利。森林资源产权的主体是指依法享有森林资源权利的人。森林资源产权的主体十分广泛，包括自然人、法人、社会组织和国家。近年来，随着林业产权改革制度的推进，森林资源产权客体和内容越来越丰富，森林资源产权主体出现多元化的趋势。森林资源产权的客体即森林资源。广义的森林资源包括一定地域内的森林、林地和动植物资源，空气、光、热、水、景观等。狭义的森林资源包括森林、林木、林地以及依托森林、林地生存的野生动物、植物和微生物。森林中的空气、光、热、水、景观等具有其独特的性质，它们依托森林、林地而存在，构成了森林独特的环境，它能满足人类对适宜环境的需要。

林业资源产权归属不清、权责不明，经营机制不活，产权流转不畅等问题严重制约了林业的发展。只有明确产权关系，改变资源无偿占有和无偿使用制度，才能建立起林业资源有效利用的内在机制，促使资源资产化和市场化，同时发挥森林碳汇效应的最大化。

（三）森林资源价值问题

森林资源像其他自然资源一样包含着内在的价值，这种价值是资源所有权经济利益的具体体现，是自然资源稀缺性、有用性和可利用性决定的。森林资源价值包括立木价值、林地价值、环境价值和社会价值。森林资源的价值主要体现在它为人类提供大量的工业用木材、薪炭、药材、天然纤维、水果、树胶、染料等林产品。非洲、南美和亚洲生产的80％木材被用作燃料，大多数发展中国家的主要能源依赖木材。发达国家主要把木材当做建筑和工业材料，例如盖房、建设、包装和造纸等。从全球角度看，森林资源的更大价值在于维护全球环境不致遭受毁灭性破坏，人类在利用林产品的同时，要妥善保护和管理森林，充分发挥森林保护土壤、涵养水源调节区域或全球的气候的功能。

（四）森林资源核算问题

孔繁文（1993）等第一次系统地研究了森林资源核算问题，在森林价值核算的理论基础、森林的实物价值核算、森林环境价值核算以及森林资源纳入国民经济核算体系等一系列问题上都进行了深入研究，大体形成了中国森林资源核算研究的整体框架。

在森林资源核算研究过程中，林业经济学界对林木、林地等实物型指标较为重视，同时提出了诸多生态功能价值评估指标（图6－1）。生态学界则将注意力集中在生态功能的价值评价指标上（李智勇，张涛，2000）。

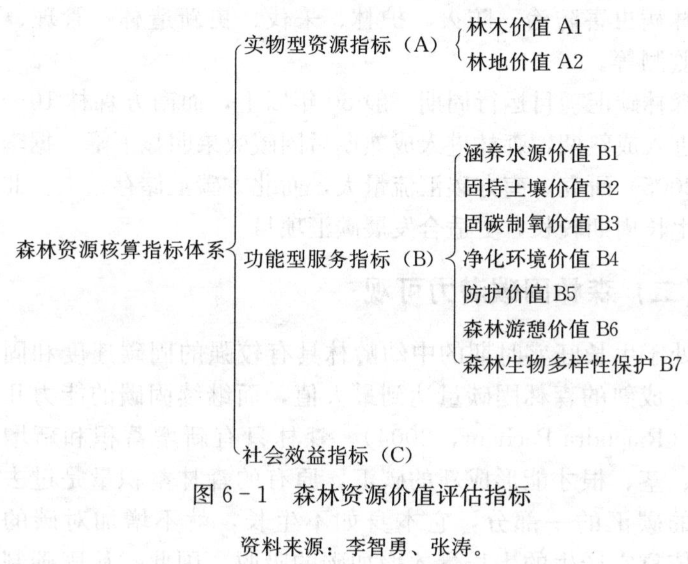

图 6-1 森林资源价值评估指标

资料来源：李智勇、张涛。

四、黑龙江省森林碳汇

焦燕、胡海清（2005），李顺龙（2006），于雷（2007）等专家学者对黑龙江省森林碳汇问题均进行了比较全面细致的研究。

（一）高寒地区森林碳汇优势明显

中国南方气候温暖湿润，适宜多种树木生长，而且树木生长速度快，固碳效果十分明显。但是，来源于《京都议定书》清洁发展机制下的碳汇项目运行周期一般较长，例如《生物碳基金中国广西珠江流域治理再造林》项目，项目建设期为2006—2009 年，包括整地、育苗、造林、施肥、除草、抚育等，造林分两年完成，2006 年 1 660 公顷，2007 年 2 340 公顷，造林后连续抚育三年。运行管理期为2009—2037年，包括森林病虫害防治、防火、护林、采伐、更新造林、管理、减排量监测等。

森林碳汇项目运行周期一般30年以上，而南方森林10～20年就进入成熟期，森林进入成熟期后固碳效果明显下降。据李顺龙（2005）研究，南方碳汇流量大，而北方碳汇储存量大。北方森林生长周期较长，更适合发展碳汇项目。

（二）森林固碳潜力可观

处于生长旺盛时期的中幼龄林具有较强的固碳速度和固碳潜力，成熟的森林固碳量达到最大值，而继续固碳的能力几乎为零（Rajendra Pachaur，2004）。森林只有新增蓄积和新增加的叶、茎、根才能形成新的碳汇，原有的森林蓄积量是过去已固定的碳汇的一部分，它本身如不生长，就不增加对碳的吸收，依靠它产生的生长量才增加碳的吸收，因此，从固碳制氧的作用上讲，森林的生长量比总蓄积量更重要（陈根长，2005）。

据森林资源年报统计分析，全省用材林面积491.5万公顷，其中，幼龄林面积211.7万公顷，占森林面积的43%，中龄林面积174.7万公顷，占森林面积的35.5%，中幼龄林面积占用材林总面积的78.5%。幼龄林、中龄林、近熟林、成熟林、过熟林面积之比为42∶36∶6∶14∶2（刘铁新，2009）。

可见黑龙江省具有强大碳汇能力的森林资源占资源总量的84%，固碳潜力十分可观。

（三）森林碳储量

焦燕、胡海清（2005）研究了黑龙江省1973—2003年的碳储量（表6-1）。

表 6-1 全国和黑龙江省森林面积和碳储量

区域	清查期	森林面积（公顷）	总蓄积量（立方米）	总生物量（吨）	碳储量（吨）	碳密度（吨/公顷）
全国	1973—1976	1.102E+08	8.656E+09	4.978E+09	2.489E+09	2.259E+01
	1997—1981	1.007E+08	9.028E+09	5.192E+09	2.596E+09	2.578E+01
	1984—1988	1.072E+08	9.141E+09	5.257E+09	2.629E+09	2.451E+01
	1989—1993	1.137E+08	1.014E+10	5.830E+09	2.915E+09	2.564E+01
	1994—1998	1.344E+08	1.127E+10	6.479E+09	3.240E+09	2.411E+01
	1999—2003	1.749E+08	1.246E+10	7.163E+09	3.582E+09	2.048E+01
黑龙江省	1973—1976	2.508E+07	2.125E+09	1.592E+09	7.961E+08	3.174E+01
	1977—1981	1.526E+07	1.437E+09	1.083E+09	5.413E+08	3.546E+01
	1984—1988	1.555E+07	1.317E+09	1.132E+09	5.661E+08	3.640E+01
	1989—1993	1.611E+07	1.348E+09	1.176E+09	5.880E+08	3.650E+01
	1994—1998	1.756E+07	1.411E+09	1.243E+09	6.216E+08	3.541E+01
	1999—2003	1.798E+07	1.375E+09	1.202E+09	6.011E+08	3.344E+01

从 1973—1976 年和 1977—1981 年两次森林清查计算结果可以看出，黑龙江省森林碳储量分别为 7.961×10^{8} 吨和 5.413×10^{8} 吨，分别占全国森林碳储 24.544%和 20.851%；碳密度分别为 31.74 吨/公顷和 35.46 吨/公顷，比全国分别高出 9.15 吨/公顷和 9.68 吨/公顷。而 1984—1988 年、1989—1993 年和 1994—1998 年的计算结果表明，黑龙江省森林碳储量分别为 5.661×10^{8} 吨、5.880×10^{8} 吨和 6.216×10^{8} 吨，分别占全国森林碳储量的 21.533%、20.172%和 19.185%；碳密度分别为 36.40 吨/公顷、36.50 吨/公顷和 35.41 吨/公顷，比全国分别高 1.189 吨/公顷、1.086 吨/公顷和 1.130 吨/公顷。全国森林碳储量呈增加趋势，平均每年增加的碳储量为 3.643×10^{7} 吨，黑龙江省森林碳储量在 1977—1998 年呈上升趋势，平均每年的森林碳储量增加 3.824×10^{6} 吨，平均每年增加的碳储量占全国

的10.497%。

郗婷婷、李顺龙（2006）研究了黑龙江省森林2004—2020年的碳储量和碳汇潜力（表6-2）。

表6-2 黑龙江省全部森林碳汇容量与潜力

年度	森林覆盖率（%）	森林面积（亿公顷）	单位蓄积（立方米公顷）	总蓄积（亿立方米）	森林全部碳汇（亿吨）	全部碳汇潜力（亿吨）
2004			74.74	15.00	17.38	—
	41.9	0.200 7	100.00	20.07	23.25	5.87
2010			79.40	17.00	19.69	2.31
	47.0	0.214 1	100.00	21.41	24.80	7.42
2020			80.03	18.60	21.55	4.17
	51.0	0.232 4	100.00	23.24	26.24	9.54

按照《关于加强建设林业强省的决定》目标要求，到2010年，全省有林地面积达到2 141万公顷，林木总蓄积达到17亿立方米，森林覆被率将提高到47%以上，森林碳汇潜力是2 131亿吨；如果加强集约经营，提高森林单位面积蓄积量，森林碳汇潜力会更加明显，碳汇潜力可以达到7 142亿吨，占现有森林碳汇储量的43%。

到2020年，全省有林地面积达到2 324万公顷，林木总蓄积达到1 816亿立方米，森林覆盖率达到51%以上，森林碳汇潜力是4 171亿吨；如果加强集约经营，提高森林单位面积蓄积量，森林碳汇潜力会更加明显，碳汇潜力可以达到9 154亿吨，占现有森林碳汇储量的55%。

五、黑龙江省林业低碳经济发展对策

（一）植树造林增加森林碳汇

森林占全球陆地的1/4，即全球森林覆盖率为25%。森林覆盖率特别高的国家是巴布亚新几内亚、圭亚那、加蓬都在80%以上，芬兰、日本、韩国、印度尼西亚在60%～70%之间，马来西亚、巴西、缅甸、北欧在50%～60%之间，俄罗斯46%，加拿大39%，美国22%，森林覆盖率最低的是北非和中东仅为0.02%。根据第七次全国森林资源清查结果，截至2008年，中国森林面积1.95亿公顷，森林覆盖率达到20.36%，但是我国森林资源总量不足，森林覆盖率较低，森林面积仅占全球的4.6%。我国森林覆盖率全球排名位于100名之后。

黑龙江省拥有丰富的森林资源，森林覆盖率为43.6%，在全国仅位列第七（图6-2）。

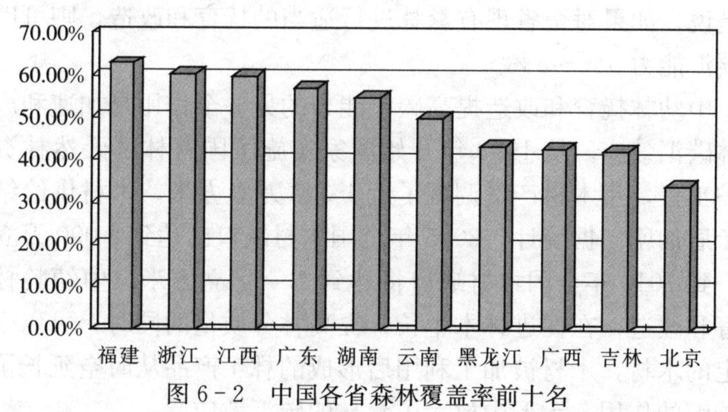

图6-2　中国各省森林覆盖率前十名

2009年黑龙江省完成植树造林22.36万公顷，其中，人工造林完成20.36万公顷，封山育林完成2万公顷。按照省委省政府的要求和部署，2010年，全省计划营造林26.67万公顷，其中人工造林16.53万公顷，封山育林10.13万公顷。各行业部门造林绿化6.24万公顷，其中，农垦2万公顷、森工2.54万公顷、城镇绿化0.96万公顷、其他有关部门0.74万公顷。

（二）加强森林抚育和改造

目前黑龙江省具备良好碳汇能力的森林面积占全省资源总量

的84%。但是对这些处于快速生长期的中幼林缺乏适当的抚育和改造措施，使其碳汇功能大打折扣。突出问题有：林地树木自然死亡后，树木稀疏，站杆等死木不能及时清除，为病虫害传播和森林火灾留下隐患，同时空闲的林地也不能及时补栽健康的树苗，造成林地资源的浪费；林中杂草和灌木不能及时清除，严重影响中幼林采光和营养吸收，致使中幼林生长缓慢；部分中幼林自然植株密度较高，互相影响，需要适当间伐，维护保留树木的健康生长环境。

据刘轶新调查，充分进行抚育和改造的森林，可以改善林分生长条件，促进林木生长，林分生长率可以提高6%～8%。也就是说，如果对全省现有森林进行适当的抚育和改造，则可以提高碳汇能力6%～8%。

中幼林抚育和改造提高碳汇能力的另一个作用是加速和放大森林碳汇效应。从1998年开始国家实施了国有林区天然林资源保护工程，年木材产量调减了近1 000万立方米，木材供给结构性矛盾加剧。据统计，2005年全国木材缺口已达到8 000万立方米，到2010年全国木材缺口将达到1.4亿立方米。中幼龄林的抚育和改造，在促进林木生长，提高林分质量的同时，可以生产一定的木材，木材被加工利用后形成的林工产品从时空延长了森林碳汇的作用，无形中放大了森林的碳汇效应。

（三）建立全省森林碳汇计量、管理和统计体系

省林业行政管理部门应当建立森林碳汇计量、监测和管理专管机构，具体职能为：根据黑龙江省区域特点，制定符合国际标准的森林碳汇计量、监测和评估标准；监测全省碳汇现存储量和碳汇变化；把森林碳汇纳入全省国民经济统计指标；为参与森林碳汇的企业和个人开设碳汇专门账户，实时公布每个个体对低碳经济发展的贡献率，鼓励企业和个人参与碳汇活动的积极性。

（四）建立黑龙江省绿色碳基金

适时建立开放型的公募性基金——黑龙江省绿色碳基金。黑龙江省绿色碳基金的宗旨是积极宣传黑龙江省森林碳汇事业，鼓励国内外政府机构、各类企业、社会组织、民间团体和个人，通过购买黑龙江省碳汇指标，以积累碳汇为目的的植树造林和森林经营等活动，增强黑龙江省森林生态系统整体碳汇功能，加快黑龙江省森林恢复进程，提高森林保护生物多样性功能，促进经济社会发展，为减缓全球气候变暖趋势做出贡献。

第七章　黑龙江省旅游低碳经济发展对策

黑龙江省是生态资源大省，拥有大森林、大草原、大湿地、大冰雪等独特的生态旅游资源，还具备得天独厚的地理气候优势、生态景观优势、边境区位优势和地域文化优势。黑龙江省的冰雪风光、火山地貌、湿地观光、边境风情、狩猎活动和溪涧漂流等独具特色的旅游产品，为打造四季观光提供了难得的机遇。

黑龙江省依托冰雪旅游资源推出的冰雪节与滑雪节，使一度沉睡的冰雪旅游资源被有效地开发和利用。2008 年齐齐哈尔全国冬季运动会、2009 年哈尔滨世界大学生冬季运动会等，进一步推动了我国体育冰雪旅游活动的开展。

大小兴安岭的原始森林，齐齐哈尔和杜蒙的丹顶鹤之乡以及亚布力滑雪场等都是独具特色的北国景观。人文景观包括史前遗址、古城堡、历史名胜、宗教建筑、民俗民情和独特的城市建筑风格。自然景观和人文景观相互交映，使黑龙江不仅是避暑胜地，也成为冬季旅游热点，吸引海内外游客。

黑龙江省具备十分丰富的低碳旅游资源。低碳旅游，就是借用低碳经济的理念，以低能耗、低污染为基础的绿色旅游。它不仅对旅游资源的规划开发提出了新要求，而且对旅游者和旅游全过程提出了明确要求。它要求通过食、住、行、游、购、娱的每一个环节来体现节约能源、降低污染，以行动来诠释和谐社会、节约社会和文明社会的建设（刘啸，2009）。

一、黑龙江省旅游资源概况

（一）冰雪旅游资源

黑龙江省冰冻、降雪期达 4 个多月，冰雪旅游资源得天独厚。冰雪资源堪称全国之最，滑雪期长达 120～140 天，雪质好、降雪多，山区降雪可达 100～300 厘米。据调查，海拔 1 000 米左右的坡向、坡度比较适宜，可建设的大中型滑雪场近 100 处。此外，冰雕、雪塑、冬泳、冬钓资源也十分丰富。

“中国哈尔滨国际冰雪节”和“中国黑龙江国际滑雪节”，在国内外享有很高的知名度。哈尔滨冰雪大世界的冰雕、冰灯以其宏伟的建筑，多彩的布局，奇异的灯彩，玲珑剔透的质感使人进入超凡入画的境界；太阳岛雪博会的雪雕以其想像丰富的造型，鬼斧神工的雕刻手法赢得观众的挚爱，令中外游人倾倒。此外，兆麟公园冰灯游园会、大海林雪乡以及亚布力滑雪旅游度假区等冰雪旅游项目驰名中外。依托冰雪活动，还开展了冰博会、雪博会、冰洽会、冬季服装展览会、雪地足球赛、冬泳等一系列以冰雪活动为内容的体育文化、经贸活动，带动了黑龙江省冰雪旅游产业的发展，同时创造了可观的经济效益和社会效益。

（二）森林旅游资源

黑龙江省拥有林地 21 万平方公里，有我国面积最大的林区，占全省国土面积的 40%以上，森林覆被率达 41.9%。林区内山川秀美、河流纵横，森林旅游资源分布广，拥有发展森林旅游的理想资源。境内有大小兴安岭、张广才岭和完达山脉等林区，面积居全国第一，可开发系列森林旅游产品。

黑龙江天然林、天然次生林和人工林等森林类型齐全。除西部松嫩平原和东部三江平原以人工林为主外，其余全省山区和半山区市（县）均以天然次生林为主。既有寒温带的落叶松白桦林，又有温带的红松阔叶林及针、阔叶纯林和混交林，乔木树种有百余种，成林树种近 50 余种。黑龙江省气候四季分明，森林的季相变化千姿百态，让人们能感受到大自然的无穷魅力。

黑龙江省秋季的“五花山”景观最受省内外游客青睐。黑龙江省特殊的气候条件，使混交林中的各色树种在秋季呈现出不同颜色。枫树、椴树、黄檗、红松等树木呈现出红、黄、绿等丰富多彩的颜色，形成了独特“五花山”景观。

据有关部门预计，到 2010 年黑龙江省森林生态旅游总接待人数将达到 410 万人次，到 2020 年全省森林生态旅游总接待人数将达到 1 000 万人次。

（三）水域旅游资源

黑龙江省水资源十分丰富，水资源总量 755 亿立方米，其中地表水资源 656 亿立方米。境内江河湖泊众多，有黑龙江、乌苏里江、松花江和绥芬河四大水系。流域面积在 50 平方公里以上的河流 1 918 条，其中超过 5 000 平方公里的河流有 27 条，超过 10 000 平方公里以上的有 18 条。

黑龙江全长 4 370 公里，长度仅次于长江、黄河，为我国第三，是著名的国际界河。虽然黑龙江省开发历史较晚，但古迹遗址等人文景观别具特色，自然景观原始壮丽，形成独特的黑龙江省旅游资源。夏季是避暑的胜地，冬季是冰雪的乐园。自然景观中，镜泊湖是我国最大的高山堰塞湖，是北方著名风景区、疗养区。叶剑英同志曾为它吟出“高山平湖水上山，北国风光胜江南”的诗句。

五大连池火山地质自然保护区由 1719—1721 年火山爆发形成的 5 个相连的堰塞湖和周围 14 座火山丘组成。地质地貌保存完整，熔岩流动景象清晰，熔岩台地上的火山喷气锥是火山研究的珍品，自然的奇观，被誉为“天然火山博物馆”。这里日夜涌流的温泉水，可治疗多种疾病。

兴凯湖是中俄边境最大的界湖，我国境内面积 1 080 平方公里。兴凯湖水域广阔，水草茂盛，盛产风味独特的“兴凯湖大白鱼”；栖息着天鹅、丹顶鹤、鸳鸯等珍贵水禽，这里建有自然保护区。

乌苏里江畔的抚远位于我国最东端，是祖国最早升起太阳的地方。漠河则位于我国最北端，是我国可以看到绚丽多姿的北极光的地方，被人们称为“北极村”。这一独特的地理位置，每年盛夏都吸引大批旅客来此观光。

（四）湿地旅游资源

据黑龙江省林业厅 2010 年调查，黑龙江省湿地面积 3 169 876公顷，其中河流湿地 670 685 公顷，湖泊湿地 342 334 公顷，沼泽湿地 1 980 830 公顷，人工湿地 176 027 公顷。

黑龙江省湿地高等植物近 2 050 种，隶属于 193 科，747 属，分属于三个植物区系。大兴安岭及小兴安岭北部为东西伯利亚区系，小兴安岭、东部山地、三江平原为东北长白植物区系，松嫩平原为蒙古植物区系。

黑龙江省湿地鸟类 194 种，分属于 13 目 26 科。鸟类中以候鸟占优势，有明显的季节性，夏季鸟类品种繁多，冬季鸟类品种单调。湿地代表鸟类品种有丹顶鹤、白鹤、白琵鹭、大天鹅、鸳鸯等。

黑龙江省湿地鱼类共有 21 科 73 属 104 种。分布较多的种类以鲤科鱼类为主。本省代表性特色鱼类有鲟鱼、鳇鱼、哲罗鱼、细鳞鱼、大马哈鱼、乌苏里白鲑、黑龙江茴鱼、黑斑狗鱼、乌苏里拟鲿等。

黑龙江省湿地两栖类有 2 目 6 科 12 种，主要有东北小鲵、极北鲵、东北林蛙、黑龙江林蛙、中华蟾蜍、黑斑蛙等。

黑龙江省湿地爬行类有 2 目 2 科 5 种，主要有赤链蛇、虎斑颈槽蛇、红点锦蛇等。

黑龙江省湿地兽类有3目6科12种，其中有水獭、貉、麝鼠、黑线姬鼠等。

(五) 草原旅游资源

黑龙江是全国10个拥有大草原的省份之一，草种1 000多种，产草量居全国第八位。全省共有草原506.67万公顷，占全省土地总面积的11.2%；现已利用的草原面积241.73万公顷，占草原总面积的47.7%。草原集中连片，主要分布在西部地区和东部地区。嫩江地区的泰来、杜蒙、甘南、富裕、龙江、林甸等县和齐齐哈尔、大庆市，草原面积为157.53万公顷，占已利用草原面积的65.1%；绥化地区的安达、兰西、青冈、明水、肇东、肇源、肇州等县，草原面积为666万公顷，占已利用草原面积的27.5%。全省尚有未利用的草原面积264.93万公顷，占草原总面积的52.3%，主要分布在合江、牡丹江地区以及黑河、伊春、大兴安岭地区的丘陵、山地和江河湖泊周围。草原类型主要有草甸草原类、沼泽草甸类（包括丘状沼泽类）、灌木草丛类、灌丛草甸类、疏林草甸类、草本沼泽类。全省草的种类达1 000多种，其中羊草、野古草、糙隐子草、贝加尔针茅、线叶菊、冰草、修氏苔草、三棱草、小叶樟、翦股颖等为主要优势种和亚优势种、伴生种。草的产量大，营养价值高，是牧养马、牛、羊的良好饲料。

(六) 文化旅游资源

东北三省自古以来就是我国的多民族省份。黑龙江为满族世居之地，还有朝鲜族、回族、蒙古族、达斡尔族、锡伯族、鄂伦春族、赫哲族、鄂温克族、柯尔克孜族等北方少数民族，构成具有民族特色的旅游资源。

这些北方的少数民族在长期的历史发展中形成了各自独特的习惯，对异国他乡的游客具有诱人的魅力。17世纪前期，满族在东北地区建立的后金政权每年都举办“冰嬉”（滑冰）表演，满族人喜欢的冬季活动还有抽冰猴、滑冰车、拉爬犁、冰上踢石球等。达斡尔族的打冰哧溜，锡伯族的蹬冰滑子、撑冰车，赫哲族的滑雪、狗拉雪橇，鄂伦春族的精骑善射、森林狩猎；这些风格各异的民族文化，构成了一幅多彩的民族风情，为开展民俗旅游提供了丰富的资源（刘满金，王敏，刘芳，2008）。

（七）边境旅游资源

黑龙江省沿边共有35个市、县对俄开放，有20多个一类国际客货口岸，在对俄边境旅游方面拥有很大优势。

黑河市与布拉戈维申斯克市是中俄两国惟一的一对距离最近、规模最大、规格最高、功能最全的口岸对应城市。1991年，在大黑河岛上黑河率先开通了边境线上第一个边民互市贸易市场。风光秀丽的大黑河岛上从此集散着来自全国各地的商品，每天都要接待数以千计的俄罗斯游人和客商，形成了游、购、娱为一体，以冰雪游乐、狩猎垂钓、漂流探险、避暑疗养、生态环境、民俗风情、边境跨国等独具特色的旅游项目。

东宁是一个山清水秀的小城，这里自然风光优美，号称“北国小江南”，是与俄罗斯陆路相接，铁路相通，水陆联运的国家一级陆路口岸。中俄东宁—波尔塔夫卡互市贸易区地处东北亚经济圈中心地带，中、俄、朝三国交汇点。它南与吉林省珲春毗邻，东与俄罗斯滨海边疆区的十月区接壤，边境线长179公里，其中水界99公里、陆界80公里，从这里到十月区的中心波克罗夫卡村只有3.5公里，距乌苏里斯克仅64公里，距日本海直线距离50多公里。

绥芬河是黑龙江省最重要的对俄贸易口岸，是滨绥铁路与俄西伯利亚大铁路的联结点，距俄对应口岸波格拉尼奇内21公里，是通向东北亚出海贸易的大通道，也是连接俄罗斯及东北亚市场的人流、物流、信息流中心和闻名遐迩的新兴国际商贸城，还是中、俄、日、朝、韩多国民间贸易的一个重要窗口。绥芬河—波格拉尼奇内贸易综合体位于绥芬河市公路口岸，横跨中俄边界线，占地面积 4.53 平方公里（中方 1.53 平方公里、俄方 3 平方公里）。目前，波格拉尼奇内—绥芬河边境经贸综合体一期工程已投入使用。这是一个包括商品交易、加工贸易、转口贸易和旅游、仓储、高科技园区等多种功能的经贸综合体（孙晓谦，2006）。

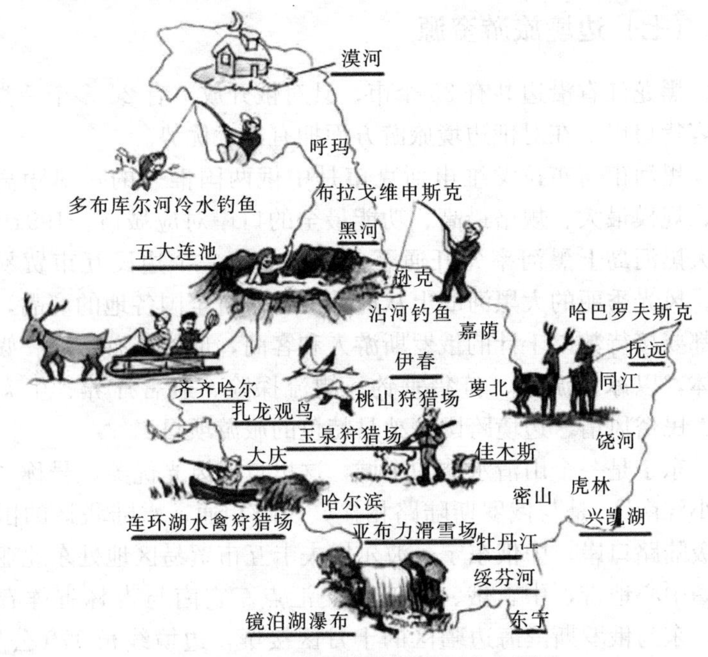

图 7－1　黑龙江省旅游资源分布图

二、旅游业存在的主要问题

（一）缺乏低碳旅游整体规划

黑龙江省总体旅游规划和专业旅游规划还是沿袭传统的旅游发展思路，指导思想基本上还是传统发展思路和利益最大化占据主导地位，只注重短期效益，忽视长远利益，在规划中对生态低碳旅游和旅游资源可持续利用考虑不够。

（二）低碳旅游资源优势发挥不够

黑龙江省地处高纬度地区，除拥有丰富的冰雪旅游资源外，还有浩瀚的森林、众多的江河湖泊，以及火山、湿地、温泉和矿泉；既有浩瀚的原始森林，又有珍稀的东北虎和丹顶鹤，还有独特的边境旅游资源。但是，这些宝贵的低碳旅游资源未得到很好的开发利用，只是一味强调冰雪旅游，冰雪旅游也仅局限于冰灯、冰雕和雪雕等一般观赏性旅游，缺乏高端的消费性冰雪旅游。

（三）旅游区和旅游产品缺乏差异化定位

黑龙江省旅游资源形式多样，内容丰富，但是全省旅游区和旅游产品缺乏特色，大同小异，没有根据自身特点开发出自己的特色旅游产业，重复建设，趋同性比较严重，尤其是没有发挥出低碳旅游优势。

三、黑龙江省低碳旅游发展对策

低碳旅游是可持续发展的旅游新模式，需要政府、旅游企业和旅游消费者共同参与完成，涉及旅游政策导向、旅游资源、旅游设施、旅游行为和旅游环境等诸多方面。

（一）制定低碳旅游政策

政府应该制定相关政策规范和引导低碳旅游发展。运用市场机制和经济手段，通过税收调节、经济补贴等方式，规范旅游企业的旅游经营行为；对能耗高、排放多、污染大的旅游企业，视其开发利用旅游资源情况，影响资源与生态环境的程度，适时征收排污税等税种，促使旅游企业向低碳旅游经营模式转变。

（二）加大低碳旅游宣传

低碳旅游不仅仅是涉及到旅游企业的行为，还涉及到每个旅游消费者在旅游全过程中的吃、住、行和游的全方位低碳化。

应大力宣传和倡导旅游消费者的低碳化旅游。倡导低碳出行，鼓励步行、自行车、合乘、大巴、电动车等旅行方式；鼓励低碳旅游行为，消费者自备餐具和垃圾回收袋；鼓励旅游碳补偿活动，量化每次旅游活动的碳排放量，通过碳基金等抵消每次旅游的碳排放。如一次1 200公里的航空旅行，会产生166.8千克的二氧化碳，如果要进行碳补偿，则需要种植2棵树木。

（三）建设低碳配套设施

低碳旅游配套设施主要包括道路交通设施、环境卫生设施、能源供应设施，以及住宿餐饮、旅游购物、娱乐休憩等设施。

低碳旅游交通设施主要包括：生态停车场、电瓶车、新型能源车和低碳旅游路径。低碳环境卫生设施主要包括：垃圾回收方式、生态卫生间、水处理和回收利用等设施。低碳旅游能源供应设施主要包括：生物质能源、太阳能、风能和水能等可再生能源。低碳旅游生活设施主要包括住宿、餐饮、购物、娱乐等低碳建筑设施。

（四）开发低碳旅游产业

黑龙江省拥有独一无二的低碳旅游资源，拥有大森林、大草原、大湿地、大河流、大湖泊、大油田、大粮仓。应该紧紧依托这些丰富的、独具特色的低碳旅游资源，发展黑龙江省特色的低碳旅游产业。

四、发展特色低碳旅游产业实证分析——冷水鱼旅游产业

黑龙江省地处高寒地区，蕴藏着优质丰富的冷水资源，为大

力发展冷水鱼旅游产业提供了无可比拟的先决条件，应充分发挥资源优势，发展极具地域特色的冷水鱼低碳旅游产业。

（一）黑龙江省冷水水域资源

1. 黑龙江

黑龙江是中国四大河流之一、世界十大河之一。上游有北源石勒喀河，出蒙古国北部肯特山东麓；南源克鲁伦河—额尔古纳河，南、北两源在漠河以西洛古河村汇合后始称黑龙江。蜿蜒东流沿途接纳结雅河、布列亚河、松花江、乌苏里江等大支流，最后在俄罗斯境内注入鄂霍次克海。全长 5 498 公里（从南源克鲁伦河至河口），流域面积 184.3 万平方公里。在中国境内河长 3 474公里，流域面积约 88.7 万平方公里，占流域的 48.1%。从黑龙江南北源汇合点起，到俄罗斯哈巴罗夫斯克（伯力）的黑龙江与乌苏里江汇合点止，为中、俄界江。自洛古河村至黑河市为上游，长 900 公里；黑河市至乌苏里江口为中游，长 950 公里；乌苏里江口以下为下游，长 970 公里。

黑龙江流域水量丰富。流域年径流量 3 465 亿立方米。冰期长达 6 个月。流域内森林以及金、煤等矿产资源丰富，盛产冷水鱼类，尤以大马哈鱼和鳇鱼最为著名。

2. 绥芬河

绥芬河河流全长 449 公里，流经黑龙江、吉林两省，为中俄两国共有。在我国境内流长 258 公里，流域面积 10 069 平方公里，占总流域面积的 58%。绥芬河流域南北西三面为高山，多森林覆盖，植被茂密，为山区性河流，落差大，底质为砾石、卵石，中游最开阔处宽 160 米，最深处 7 米，流经东宁镇后进入平原地区，继而向东流经一公里，为中俄罗斯界河，然后流入俄罗斯境内，流速每秒 0.6～1.0 米，最大每秒 4.83 米，水位受降雨影响波动幅度很大，绥芬河地区气温较邻近其他县为高，年均气温为 5℃，夏季平均气温 17.3～23.2℃，冬季平均气温为

—11.1～—16.2℃，雨量集中在6—9月，占全年的80%。秋季河水的透明度最大。

3. 松花江

松花江为黑龙江在中国境内的最大支流。由头道江、二道江、辉发河、饮马河、嫩江、牡丹江等大小数十条河流汇合而成。松花江发源于中、朝交界的长白山天池，流向西北在扶余县三岔河附近与嫩江汇合，后折向东流称松花江干流。在同江附近汇入黑龙江。全长1 927公里，流域面积约550 000平方公里。松花江径流总量759亿立方米，超过了黄河的径流总量。

4. 湖泊水库

黑龙江省拥有大小湖泊640余个，大中小型水库704座，形成养殖水面34.67万公顷。

(二) 黑龙江省冷水鱼类资源

黑龙江省所处地理环境和水域条件特殊，鱼类区系组成比较复杂，现有鱼类21科71属105种，呈现出北方型与南方型，山地型与平原型，北极冷水型与第三纪古老型的种类交互混合的特点。例如狗鱼、雅罗、东北湖、花鳅、黑龙江省杜父鱼、鲟、鳇、大头苏氏等为北方型鱼类；黄颡、塘鳢、乌鳢等为南方型鱼类；哲罗、细鳞等为山地型鱼类；草鱼、青鱼、鲢、鲌、鳊、鲴、餐条、麦穗等为平原型鱼类；江鳕、白鲑、大马哈等为北极冷水型鱼类；鲶、鲤、鲫、鱖、泥鳅、鳑、滩头鱼等为第三纪古老型鱼类。黑龙江省的鱼类资源有3个比较明显的优势：一是经济鱼类多，具有食用价值、个体较大、形成捕捞量的有50余种。二是名贵特产鱼类多，例如黑龙江和乌苏里江的鳇鱼、鲟鱼、大马哈鱼、松花江的“三花五罗”（鳌花、鳊花、鲫花；哲罗、法罗、雅罗、铜罗、胡罗）、镜泊湖的湖鲫、兴凯湖的大白鱼、挠力河的红肚鲫鱼、方正县双凤水库的银鲫都很有名。银鲫（鲫鱼）是雌核发育的优良养殖品种，已推广到近20个省、市。绥芬河中的滩头鱼，是鲤科鱼类中唯一可溯河繁殖的鱼类，很有地方特色。黑龙江省松花江的鳜鱼（鳌花）、兴凯湖的大白鱼（翘嘴红鲌）与黄河鲤鱼、松江鲈鱼，被誉为中国的“四大淡水名鱼”。三是冷水性鱼类多，其中哲罗鱼个大体重，是珍贵的旅游资源，为各国钓鱼爱好者首选垂钓对象。

大马哈鱼，又叫鲑鱼。出生在内陆江河里，幼鱼顺流进入海洋，5 年后成鱼返回原生地产卵，是温带洄游鱼类。它的样子像白鲢但头部略小，身体较长而侧扁，银灰色，鳞片为细小的圆鳞，体长 27～92 厘米，体重 9.0～9.8 千克。每年白露前后从黑龙江下游成群结队溯江而上，进入黑龙江、乌苏里江和松花江的中下游。沿黑龙江可上溯至呼玛河口附近，沿乌苏里江达虎林县境内，沿松花江过去可溯到蚂蜒河口附近，甚至进入延寿境内，现在只到达松花江口一带。大马哈鱼是世界名贵鱼类，其鱼子是高蛋白营养食品，黑龙江省是全国唯一的大马哈鱼出口商品基地。抚远县是我国大马哈鱼的最大产区，每年白露前后正是捕获大马哈鱼季节，全省渔船千艘集中在此捕鱼，场景极为壮观。进入 80 年代，黑龙江省已设有专门机构对大马哈鱼进行人工孵化和放养试验，并已获得成功。

鳇鱼，是黑龙江省的著名特产。黑龙江省所产的鳇鱼属于达氏鳇，是淡水鱼中最大的一种，有“淡水鱼王”之称。旧时曾作为贡品送往京城供皇家享用。鳇鱼形态奇特：头尖、尾歪、体长，颜色黄褐，身上无鳞而在背脊和两侧有 5 列菱形的骨板（硬鳞）。鳇鱼长可达 5 米多，重可达 1 000 千克。它是一种底栖肉食性鱼类，喜欢在沙质和鹅卵石底的江河中活动。它不洄游入海，只在黑龙江及其支流或远或近的地方游动，冬季留在江中深水处。我国鳇鱼的主产地是黑龙江水域，乌苏里江很少。年产鳇鱼约 20 万千克、鱼子 300 余千克。鳇鱼肉肥而不腻，味道鲜美。鳇鱼子更名贵，可制成鱼子酱，有健脑强身的作用，外贸出口在国际市场上很受欢迎。鳇鱼骨为脆骨，誉胜“燕窝鱼翅”。鱼肚可入药，也可食，有补虚壮阳的功效。鱼肚胶可做敷药，也是制作工艺品的最佳原料。

哲罗鱼，为黑龙江省的一种冷水性鱼类，古代是送往皇室的贡品。鱼体长而厚，略呈圆筒状，头扁平、吻尖、鳞细小、尾上有脂鳍、背部青褐色、体侧和腹部银白色、身上有许多小黑点，体重3～50千克。常栖居于水温在15℃以下的山溪水域之中，特别是水流湍急、水质清澈的地方，有季节性洄游的习性。肉质细腻，味鲜而富营养。皮较厚，加工后结实，轻软，当地少数民族用以制鞋。哲罗鱼广泛分布在黑龙江省的江河湖泊水域，特别是水质清澈的山溪之中。

（三）黑龙江省冷水鱼低碳旅游产业

1. 旅游餐饮

冷水鱼旅游餐饮低碳产业是以冷水鱼带动发展的餐饮、观光、旅游和休闲为特色的一条龙体系。如，四川省彭州市冷水鱼生产规模年产量达到1 000吨，以此带动了当地以冷水鱼为特色的餐饮服务企业50多家，并结合龙门山—银厂沟风景旅游区打造冷水鱼游钓、餐饮、娱乐一条线，将冷水鱼发展成为彭州市支柱产业之一。吉林省查干湖水库把水库渔业和旅游很好地结合起来，已经做成国内外知名的品牌，鱼类售价由6元/千克提高到60元/千克。黑龙江省可以结合水库风景区建设、冰雪旅游特色、钓鱼活动、观光休闲活动和特色餐饮等，把湖泊水库有机鱼类和冷水鱼产业打造成黑龙江的知名品牌。

2. 冰钓

省委做出了建设黑龙江省八大经济区的战略部署，其中之一就是建设“北国风光特色的旅游区”。冷水鱼低碳旅游产业完全可以为“特色旅游”做出重要贡献。黑龙江省640个湖泊和704座大中小型水库形成的34.67多万公顷养鱼水面全部适宜开展各种类型的游钓尤其是冰钓活动。

美国的钓鱼活动十分普及，平均每人每年钓鱼30天，钓鱼爱好者占全国总人口的25%。奥地利约有120万钓鱼爱好者，占全国总人口的15%。挪威拥有40多万钓鱼爱好者，约占全国总人口的1/10。瑞典钓鱼爱好者有70多万，占全国总人口的8%。冰钓在北美和北欧是一项十分普及的活动。芬兰每年仅参加冰上钓鱼的就达50多万人，占全国总人口的10%。韩国一年一度的华川冰钓节，吸引300余万人参加冰钓活动。

由于冰钓活动只能在寒冷地区的水域中开展，黑龙江省应该把独具特色的冰钓作为一项旅游经济产业来抓。除正常的游钓活动外，重点抓好独具高寒特色的冰钓活动，把“龙江冰钓”打造成世界知名品牌。

第八章　黑龙江省交通低碳经济发展对策

随着汽车保有量的增加，交通运输已经成为温室气体排放的主要领域之一。据日本对各种运输方式的二氧化碳排放比例调查结果表明，小轿车52%、货运汽车31%、航运6%、铁路3%、航空3%、其他5%。在运输方式中，公路和航空运输耗油量大，而铁路是耗油量最少的运输方式。

一、交通运输与温室效应的关系

（一）交通运输是石油消费主体

相关研究表明，大气中二氧化碳和其他温室气体的浓度不断增加，大都来源于化石能源的燃烧，交通运输业则是推动石油需求增长的主要力量，是造成全球温度上升和气候变化的主要原因之一。人类产生温室气体的主要活动有：发电——燃烧煤、油和气；交通——汽车及其他道路车辆、飞机，还有大多数火车都燃烧化石燃料；居住区和商业——使用气体和其他燃料用于烹饪、取暖和热水；工业——既有燃烧燃料获取热量，也有化学反应，比如水泥行业；农业——来自家畜（打嗝和粪便）和水稻培育的甲醛；森林——森林面积的减少释放出储藏碳，并破坏了碳汇；废物——来自处理和处置我们废物废水而产生的甲醛（图8-1）。

根据国际能源署（IEA）的测算，全球交通运输在一次石油总消费量中所占的比例将从2005年的47%提高到2030年的52%。尽管生物燃料在道路交通运输燃料市场中所占的份额有所增加，但是以石油为基础的燃料依然处于主导地位。在全球范围

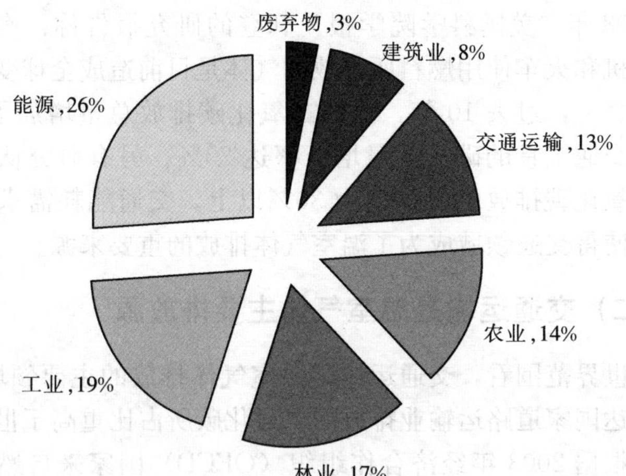

图 8-1 温室气体主要来源

资料来源：IPCC2007 综合报告。

内，2005—2030 年期间，交通运输石油消费量预计年均将会增长 1.7%（图 8-2）。

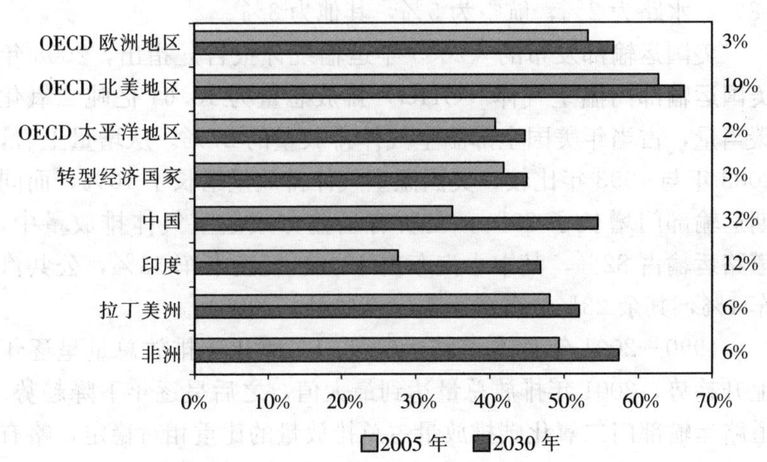

图 8-2 2005—2030 年交通运输占原油消费比例

资料来源：刘丽亚。

2008年《美国科学院学报》刊登的研究报告称：汽车、轮船、飞机和火车使用燃料所释放的气体是目前造成全球变暖的主要原因之一，过去10年，全球二氧化碳排放总量增加了13%，而源自交通工具的碳排放量增长率达25%。另有研究认为运输业对二氧化碳排放的贡献度为30%以上。交通能耗需求的不断增加，使得交通领域成为了温室气体排放的重要来源。

（二）交通运输是温室气体主要排放源

从世界范围看，交通运输是温室气体排放的主要领域之一，而且发达国家道路运输业排放的二氧化碳所占比重高于世界平均水平。根据2003年经济合作组织（OECD）国家来自燃油消费排放的二氧化碳，2007年欧洲运输部长会议《减少运输二氧化碳排放报告》，交通运输（包括营业性运输及私人运输）二氧化碳排放占到34%，其中公路为23%，水路为2%，航空为6%，其他为3%；全世界范围，则交通运输占28%，其中公路为18%，水路为2%，航空为5%，其他为3%。

美国运输部发布的《2005年运输统计报告》指出，2003年美国运输部门温室气体（GHG）排放总量为18.64亿吨二氧化碳当量，占当年美国全部温室气体排放量的27%。从增量上看，2003年与1993年比较，美国温室气体排放量增长了10%，而同期运输部门增长了20%。在所有运输方式温室气体排放量中，道路运输占82%，其中小汽车占43%、轻型卡车33%，公共汽车1%，其余23%为各类卡车（新华社，2008）。

1990—2001年日本道路运输部门二氧化碳排放总量呈逐年上升趋势，2001年排放总量达到最大值，之后呈逐年下降趋势。道路运输部门二氧化碳排放量占总排放量的比重相对稳定，略有上升。2006年，日本交通运输部门二氧化碳的排放量为25 400万吨，其中道路运输部门（全社会）的排放量为22 300万吨，占交通运输部门总排放量的88%，占日本2006年二氧化碳排放总量（127 500万吨）的18%（新华社，2008）。

在欧盟15国，交通运输温室气体排放占所有温室气体排放的21%（不包括国际航空和海运）。从1990—2004年，欧盟15国各个行业的温室气体排放量都有轻微的下降，但在同时期，国内交通运输的气体排放增长了大约26%。在交通运输气体排放中，道路运输所占比例最大，达到了93%。客运运输排放在1990—2004年期间增长了27%，货运运输排放在1990—2003年期间增长了51%。

在船舶运输方面，船舶航运承担了全球90%的贸易运量，二氧化碳的排放占全球的总排放量的1.8%～2%。所以，相对于航空和陆路运输，船舶航运是最优秀的绿色运输方式。

但国际清洁运输公会的报告认为，以吨公里计算，最近三年世界海运量平均每年递增5%。报告认为，当前国际海运所排放的二氧化碳总量已超过许多《京都议定书》国家每年温室气体的排放量。

从1994—2004年，中国温室气体排放总量的年均增长率约为4%，二氧化碳排放量在温室气体排放总量中所占的比重由1994年的76%上升到2004年的83%。据国际能源组织统计，2004年中国石油消费二氧化碳排放总量为8.156亿吨，2005年我国石油消耗量为3.25亿吨比2004年增长2.6%，由此推算2005年中国石油消费二氧化碳排放总量为8.371亿吨，照此推算2005年我国营业性道路运输二氧化碳排放量占全部石油消费二氧化碳排放量的21%，营业性车辆二氧化碳排放量已经超过全社会车辆二氧化碳排放量18%的世界平均水平。

二、黑龙江省交通运输情况

（一）公路基本情况

截至2007年底，全省公路总里程达到140 909.178公里

（包含村道 61 686.978 公里），公路路网密度达 31.04 公里/百平方公里。其中按行政等级分：国道 5 009 公里，省道 8 156 公里，县道 8 648 公里，乡道 54 319 公里，专用公路 3 091 公里；按技术等级分：高速公路 1 044 公里，一级公路 1 453 公里，二级公路7 443公里，三级公路 33 027 公里，四级公路 50 883 公里，等外公路 47 059 公里；按路面类型划分：有铺装路面里程 43 008 公里，简易铺装路面里程 2 031 公里，未铺装路面里程 95 870 公里（赵英姝，2007）。

黑龙江省区域内公路网络形成了以哈尔滨为中心，沿哈尔滨至齐齐哈尔、哈尔滨至佳木斯（同江）、哈尔滨至牡丹江（绥芬河）、哈尔滨至伊春（嘉荫）、哈尔滨至黑河经济轴带呈辐射状分布。

除大兴安岭行署所在地加格达奇地区以外，地市区域中心城市与省会哈尔滨全部实现了以二级以上沥青（水泥）路相贯通。全省 13 个区域中心城市中，哈尔滨、牡丹江、佳木斯、大庆、绥化和鹤岗 6 个城市实现了以高速公路相连接；64 个县（市）中，全部通沥青（水泥）路。全省 931 个乡镇中有 922 个通公路，乡镇通达率为 99%；9 121 个行政村中有 7 572 个通公路，行政村通达率为 83%；全省农垦系统 154 个农场（分场）中，有 146 个通公路，通达率为 94.8%；全省 2 313 个连队中，有1 366个通公路，通达率为 59.1%；全省森工系统 638 个林场中，有 617 个通公路，通达率为 96.7%。

（二）公路设施、运力及运量情况

全省现有公路客运站 765 个，其中部一级站 14 个、省一级站 41 个（含部一级站 14 个）、二级站 95 个（含省一级站 27 个）、三级站 135 个、农村客运站 521 个；年平均日发班次 2.2 万次，年平均日旅客发送量 42.1 万人。县市通班车率及乡镇通班车率均达到 100%，建制村通班车率接近 97%。全省现有货运站 160 个，其中一级站 14 个、二级站 21 个、三级站 50 个、四级站 75 个，年平均日换算货物吞吐量 6 万吨。

2007 年，全省公路运输客、货运量分别达到 5.46 亿人和 5.2 亿吨，占全社会综合运输量的 84.5%和 71.1%；客、货运输周转量分别达到 314 亿人公里和 290 亿吨公里，分别占全社会综合运输总量的 55.6%和 22.4%。公路货物运输平均运距为 55.75 公里，旅客运输平均运距为 57.5 公里。

2009 年公路客运量 32 947 万人，旅客周转量 226.9 亿人公里，货运量 36 486 万吨，货运周转量 657.1 亿吨公里。

（三）港口设施、运力及运量情况

黑龙江省水资源丰富，通航条件良好，是我国北方主要通航水系之一，是振兴东北经济、发展对外贸易的重要水上通道。

黑龙江省水运经过多年的发展，已基本形成港、航、厂、道、安全保障等俱全的运输体系，是综合运输体系中的重要组成部分。黑龙江省江河、湖泊总通航里程为 5 528 公里。其中，黑龙江、乌苏里江、松阿察河及兴凯湖是中俄两国界河（湖），通航里程 2 661 公里。黑龙江和松花江干流为全国水运主通道之一，现有二级航道 996 公里、三级航道 928 公里、四级航道 1 213公里、五级及以下航道 2 391 公里（于晓萍，2009）。

黑龙江省现有港口泊位 166 个，码头总延长 1.27 万米，年货物通过能力 1 524 万吨。现有哈尔滨、佳木斯、黑河等 15 个水运港口对外开放，先后开辟了与俄罗斯对应口岸的客货运输航线，以及黑龙江省至日本的江海联运航线。

黑龙江省现有营运船舶 1 466 艘，其中，客船 501 艘，客货船 56 艘，货船 333 艘，拖船 204 艘，驳船 372 艘。客货船中，滚装船 56 艘；货船中，滚装船 182 艘。船舶总净载重量 25.8 万吨，载客量 1.99 万客位；机动船舶总功率 12.59 万千瓦，年运输能力 24 亿吨公里。

2007年全省水路交通完成客运量及客运周转量257万人和0.32亿人公里；货运量及货运周转量1 250万吨和13.6亿吨公里，其中，港口吞吐量为1 448万吨。完成了主要以煤炭、粮食、木材、钢铁及矿建材料为主的大宗货物共计930万吨，占内河运输总量的78%（赵英姝，2007）。

（四）机动车发展情况

2009年，受益汽车下乡、购置税优惠等政策，全省民用车拥有量继续呈快速上升趋势，民用车拥有量达到376.9万辆，比上年增长15.0%。私人汽车增势迅猛，达到121.8万辆，增长31.7%。

1. 汽车、挂车强势增长

2009年底，全省民用车拥有量达到379.6万辆，比上年增长15%；其中汽车达到174.5万辆，增长23.3%，增幅提高8.8个百分点（图8-3）；摩托车68.6万辆，增长7.9%；拖拉机129.4万辆，增长8.3%；挂车4.4万辆，增长41.9%；其他类型车653辆，增长12.4%。

2. 小型客车突破100万辆

2009年底，全省载客汽车达到117万辆，比上年增长28.4%，其中小型载客汽车达到100.2万辆，增长33.2%，增速居载客汽车首位；大型车4.2万辆，增长10.5%；中型车3.9万辆，增长5.4%；微型车8.8万辆，增长3.5%。

3. 重型载货增速最快

2009年底，全省载货汽车达到41.3万辆，比上年增长34.1%，增幅提高20个百分点，其中重型车12.5万辆，增长76.1%，增速居载货汽车之首；中型车8.7万辆，增长14.5%；轻型车19万辆，增长29.3%；微型车1.1万辆，下降15.4%。

4. 农用运输车下降

2009年底，全省农用运输车达到16.2万辆，比上年下降

17.3%；其中三轮汽车5.4万辆，下降12.9%；低速货车8.8万辆，下降3.3%。

5. 大中型拖拉机快速增长

2009年底，全省拖拉机达到129.4万辆，比上年增长8.3%；其中大中型拖拉机58.3万辆，增长21.0%；小型拖拉机71.1万辆，下降0.4%。

6. 私人汽车突破百万

2009年底，全省私人汽车拥有量达到121.8万辆，首次突破百万大关，比上年增长31.7%，增速提高13.5个百分点。其中，私人轿车达到52.8万辆，比上年增加15.5万辆，增长41.6%。2009年新注册轿车16.6万辆，日均增加455辆。

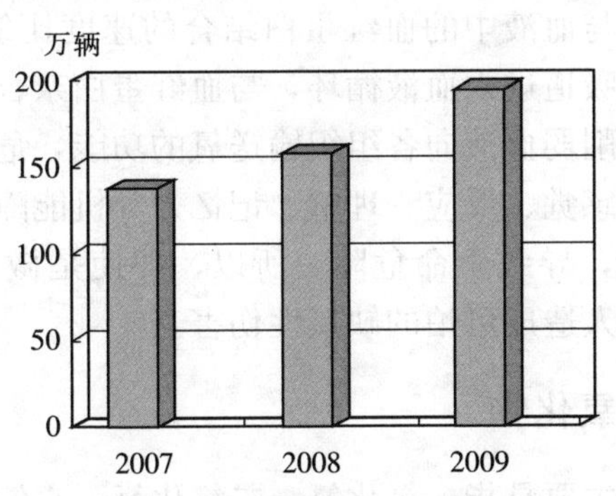

图8-3 黑龙江省汽车增长情况

三、交通运输气体危害

科学分析表明，汽车尾气中含有上百种不同的化合物，其中的污染物有固体悬浮微粒、一氧化碳、二氧化碳、碳氢化合物、氮氧化合物、铅及硫氧化合物等。一辆轿车一年排出的有害废气比自身重量大3倍。英国空气洁净和环境保护协会曾发表研究报告称，与交通事故遇难者相比，英国每年死于空气污染的人要多出10倍（孟欣，2010）。

（一）固体悬浮颗粒

固体悬浮颗粒的成分很复杂，并具有较强的吸附能力，可以吸附各种金属粉尘、强致癌物苯并芘和病原微生物等。固体悬浮颗粒随呼吸进入人体肺部，以碰撞、扩散、沉积等方式滞留在呼吸道的不同部位，引起呼吸系统疾病。当悬浮颗粒积累到临界浓度时，便会激发形成恶性肿瘤。此外，悬浮颗粒物还能直接接触皮肤和眼睛，阻塞皮肤的毛囊和汗腺，引起皮肤炎和眼结膜炎，甚至造成角膜损伤。

（二）一氧化碳

一氧化碳与血液中的血红蛋白结合的速度比氧气快 250 倍。一氧化碳经呼吸道进入血液循环，与血红蛋白亲合后生成碳氧血红蛋白，从而削弱血液向各组织输送氧的功能，危害中枢神经系统，造成人的感觉、反应、理解、记忆力等机能障碍，重者危害血液循环系统，导致生命危险。所以，即使是微量吸入一氧化碳，也可能给人造成可怕的缺氧性伤害。

（三）氮氧化物

氮氧化物主要是指一氧化氮、二氧化氮，它们都是对人体有害的气体，特别是对呼吸系统有危害。在二氧化氮浓度为 9.4 毫克/立方米的空气中暴露 10 分钟，即可造成人的呼吸系统功能失调。

（四）碳氢化合物

目前还不清楚它对人体健康的直接危害。但当氮氧化物和碳氢化合物在太阳紫外线的作用下，会产生一种具有刺激性的浅蓝色烟雾，其中包含有臭氧、醛类、硝酸酯类等多种复杂化合物。这种光化学烟雾对人体最突出的危害是刺激眼睛和上呼吸道黏膜，引起眼睛红肿和喉炎。1952年12月，伦敦发生光化学烟雾，4天中死亡人数较常年同期多4 000人，45岁以上的死亡最多，约为平时的3倍；1岁以下的约为平时的2倍（李滨丹，吴宁，2009）。

（五）铅

铅是有毒的重金属元素，汽车用油大多数掺有防爆剂四乙基铅或甲基铅，燃烧后生成的铅及其化合物均为有毒物质。城市大气中的铅60%以上来自汽车含铅汽油的燃烧。人体中铅含量超标可引发心血管系统疾病，并影响肝、肾等重要器官的功能及神经系统。由于铅尘比重大，通常积聚在1米左右高度的空气中，因此对儿童的威胁最大（李滨丹，吴宁，2009）。

（六）二噁英

二噁英是对人体健康有很大威胁的环境污染物，它有强烈的致癌性，而且能造成畸形，对人体的免疫功能和男女生殖功能造成损伤，是目前世界上已知的毒性最强的有毒化合物之一。

四、国外交通运输减排政策

基于交通运输领域温室气体减排的艰巨性，我国交通部等部门对发达国家交通运输减排政策进行了比较系统的研究。

（一）美国交通运输减排政策

截至2003年底，美国公路总里程达到639.8万公里，居世界第一位；高速公路里程达到9.4万公里，也居世界第一位。美国的汽车总量也居世界首位。2003年达到2.37亿辆，约占世界总量的31.1%，其中小客车达到1.36亿辆，约占世界总量的26.5%，平均每百人拥有小客车46.7辆，每个家庭拥有小客车1.23辆。美国成年人持有驾照的比率接近100%。在综合运输体系中，美国的公路货运和客运方式均占主导地位。以2001年为例，公路运输方式完成的城市间货运量为76.66亿吨，约占各种运输方式的65.9%；货物周转量为1.69万亿吨公里，约占各种运输方式的28%。公路旅客周转量为7.51万亿人公里，约占各种运输方式的89.8%，公路旅客周转量的绝大部分是由小客车完成的。

美国在交通发展过程中都十分注重加强政策法规对交通的引导和规范作用，政府的交通政策对社会经济发展以及居民的生活方式有着重要的引导作用。为了推进交通行业的环境保护和资源节约，美国为此制定了一套比较完善的政策法规，并采取相应的措施来保证执行，以保证交通在规划、设计、建设、营运的全过程实现资源节约和环境友好。

1955年，美国制定的《空气污染控制法案》（Air Pollution Control Act）指出，交通尾气排放污染是最主要的空气污染源之一，这是首次在国家级法律中明确指出防治交通污染的必要性。1963年制定的《清洁空气法案》（Clean Air Act）对交通建设过程中静态污染点的排污标准进行了规定，然后分别在1965、1966、1967和1969年多次进行修正与完善，并在1970年修正案中提出，需要对汽车等移动污染源进行排污控制。1969年的《国家环境政策法》（National Environmental Policy Act of 1969）要求获得联邦资金资助的交通建设项目必须进行环境影响评估。1973年的《濒危物种法案》（Endangered Species Act）从法律上确立运输设施和服务不能影响保护濒临灭绝的物种。1977年的《清洁水法案》（Clean Water Act）要求严格禁止运输设施和服务影响水质保护和湿地保护。其间，在节能方面制定了机动车燃油公告及燃油节约法规，要求汽车厂家每年所出售的汽车的平均燃料经济性需达到国家所规定的标准，并于1982年针对机动车辆的能效问题制定了《机动车情报和成本节约法》。

美国《清洁空气法案》的1990年修正案，制定了对汽车等移动交通工具污染源的严格控制措施，要求各州制定降低空气污染的规划，设定空气质量改善标准和期限，实行大型排污的许可制度，允许美国环保总署对污染罚款，给州、地方政府以及企业设定标准和达到标准的期限，鼓励公众参与环境保护，制定保护空气的奖励措施，要求获得联邦资助的交通项目必须符合空气清洁标准等。

美国交通运输领域的减排策略可归结为以下四种基本方案（陈丹，2009）：

（1）汽车技术。通过采用更多先进技术，增进车辆能源效率。

（2）燃料技术。通过使用天然气、生物燃料和氢燃料等可替代燃料，减少燃料中的碳成分。

（3）驾驶行为。减少车辆行驶里程数或者改用更高效的运输方式。

（4）车辆和运输体系的运作。提高运输网络的效率，为车辆运行创造有利条件，即通过高能效的操作保证驾驶速度和通行顺畅。

（二）日本交通运输减排政策

日本力求实现环境与经济的协调。日本运输部门应对地球变暖的主要政策有以下几方面：

一是制定汽车油耗的领跑者（Top Runner）标准。1999 年日本制定了汽车油耗的领跑者标准，即首先确定每个重量级中燃油经济性最优的汽车，以其燃油水平作为本重量级的燃油经济性限值，新车均要达到该标准，迫使所有汽车生产厂家不断提高汽车燃油经济性和技术水平。对于未达标的制造商，采取警告、公告、命令、罚款（100 万日元以下）等措施。领跑者标准实施之后，日本汽车能效 2004 年度比 1995 年度提高了 22%（夏保强，2009）。

二是促进清洁能源汽车的普及、限制大型货车的最高时速、普及和促进生态驾驶、在运输燃料中使用源自生物质的燃料等。日本于2001年开始实施汽车绿色税制促进减排，降低了汽车税率约50%，汽车购置税税率降低2.7%。截至2005年累计涉及对象车辆1 017万辆。对车辆总重量8吨以上或者最大载重量5吨以上的大型货车，附加了安置时速不超过90公里/小时装置的义务，以减少排放。通过对汽车运输企业等展开生态驾驶管理系统的普及，推动生态驾驶，提高了燃油使用效率约15%。

三是通过使交通流量顺畅化，提高行驶速度，改善燃油经济性，力求降低汽车的二氧化碳排放量。其中主要包括通过自行车利用环境建设，推进智能道路交通系统等，实现汽车交通需求的调整，推动环状道路等干线道路网络的建设，对交通瓶颈采取措施等改善道路的交通条件，缓解交通拥堵，提高汽车行驶速度等。

四是交通物流效率化政策。通过道路运输车辆的大型化、拖挂化以及提高营业性运输比重和实载率等措施，提高道路货运的效率。通过环境友好型铁路系统和节能型船舶与设备引进及国际海运集装箱码头的建设，促进运输形态向铁路货运转变，缩短国际货物的陆路运输距离等。同时，加强对重点运输企业和货主单位的节能减排工作的监管，制定并提交节能减排计划和能源使用量报告，采取节能减排措施，扩大物流企业与货主单位的合作范围，整合、优化物流网络，提高物流系统效率。

五是促进公共交通系统的利用政策。主要包括引进IC卡车票、促进城市轻轨的建设、提高铁路与公共汽车之间的换乘便利性，提高公共交通系统的便利性等。截止2006年底，日本有30家公共汽车公司引进了IC卡车票。为了提高公共交通系统的便利性，日本引进了公共汽车定位系统和低地板城市公共汽车。

（三）英国交通运输减排政策

英国政府于2007年3月提出了《气候变化法案》，这是世界上第一部同类法案，第一个用法规的形式规定，到2020年英国的二氧化碳排放要减少26%～32%，到2050年要减少60%。英国运输部据此制定了低碳运输创新战略，减少道路运输温室气体的排放量，主要包括两个方面：一是政策措施，提高汽油与柴油的燃料税费用、依照二氧化碳排放分段征收车辆消费税(VED)、激励购买低二氧化碳排放的车辆购置税、生物燃料享受特惠税收政策，在征收的税收中减少每升20便士；政府引入可再生运输燃料义务去激励使用生物燃料；运输部每年提供500万英镑的资金计划，支持产业先导低碳车辆研究与开发，并且每年提供约50万英镑的补助用于替换燃料的基础设施试验与示范工程。这些计划现在由能源节约托管金（EST）管理。二是技术措施，包括：继续渐进地改善汽油与柴油发动机、轻型车体材料的开发应用、接近市场的混合的汽油—电力或柴油—电力车辆、第一代生物燃料（从糖类或淀粉类农作物制造的生物酒精和从油类作物与废料制造的生物柴油）等。中长期技术包括：能从电网再充电的"能插电源"的混合型车辆、全电动车辆、第二代生物燃料、氢为动力的车辆和燃料电池等（夏保强，2009)。

（四）德国交通运输减排政策

一是汽车发动机改造。由于柴油发动机比汽油发动机能耗降低35%，到2005年，德国全国汽车已有50%为柴油发动机。1990年以来，汽油发动机的效率也提高了20%～25%。1990—2004年，全国汽车发动机效率提高了一倍，汽车燃料消耗减少了40%。二是税收。德国的汽油价格中，税收占70%。法律还针对高速公路货车按二氧化碳的排量收费，而使用天然气的汽车到2020年前享受免税优惠。三是推广新型燃料。第二代生物燃料占市场的3.4%，由此每年二氧化碳减排500万吨。四是能耗标识制度。尽管政府没有强制淘汰高耗能汽车，但有了强制性的能耗标识，类似于家电、建筑物那样，消费者自然容易做出选择。2012 年之前高耗能汽车生产设备有望逐步淘汰（郑言，2009）。

（五）欧盟交通运输减排政策

欧盟在交通运输方面共出台了三个关于生物燃料的政策法规：第一个是第 2003/30/EC 号法规。该法规鼓励生物燃料同成本相对低的矿物燃料进行竞争；采用的方式是制定了生物燃料“参考消费目标”：到 2005 年，生物燃料的消费量要达到能源消费总量的 2%；到 2010 年 12 月 31 日达到 5.75%。该法规同时要求各成员国根据该“参考消费目标”，制定出本国生物燃料的消费目标。欧盟成员国必须在每年 7 月 1 日前，向欧盟委员会报告本国为促进使用生物燃料而采取的措施，如果需要的话，还得向委员会解释本国没有实现预期消费目标的原因。第二个是第 2003/96/EC 号法规。该法规容许给予生物燃料优惠税收减免。这些税收减免被认为是一种环境补助。同时，欧盟各成员国可以根据本国实际情况，决定本国生物燃料及矿物燃料的税率。第三个是 2003 年对第 2003/17/EC 号法规作出的修正。由于技术上的原因，该法规限定了生物柴油在混合柴油中所占比例不得超过 5%，这对欧盟的生物燃料消费目标实现造成障碍，因此，修改后的目标为：2010 年生物燃料达到能源消费总量的 5.75%。

据了解，欧盟的“生物质能源行动计划”在农业政策和交通燃料政策里面都有涉及促进生物燃料发展的政策。欧盟共同农业政策中对种植生物质作物的农民给予发放农业补贴的政策。欧盟对在休耕地（传统上种植粮食作物的耕地）上种植能源作物，给予每公顷 45 欧元的补贴。当农民不能在休耕地上种植粮食作物时，他们能用这些耕地种植非粮食作物（包括生物燃料作物）并能得到补贴。欧盟计划将这项补贴政策实施到 2011 年（李先德，罗鸣，马晓春，2008）。

五、香港城市低碳交通运输案例分析

（一）香港交通概况

香港总面积 1104 平方公里，开发的面积为 22%左右，即 225 平方公里，其余地方都是山地、绿地等自然用地，限制开发。建成的道路里程较少，建成道路 1934 公里，按道路里程计算的车辆密度高达每公里 274 辆。人口有 690 万，人口密度居于世界前列。由于香港人多地少，所以香港重点是发展公共交通，通过公共交通来承担大部分的运输任务。香港政府首先发展高效的地面和地下公共交通工具，以供市民出行。政府特别注重发展铁路，并确保公共服务的质量优良。同时，政府积极管理道路的使用，以减少交通拥挤。香港完善的道路基础设施，良好的公共交通服务水平，限制机动车保有量的管理政策，使香港闹市区平均车速一直保持在 25 公里/小时以上，其他地区则在 30 公里/小时以上，基本保证道路畅通。香港公共交通工具每天运载约 110 万人次，占所有交通工具乘客数的 89%。

（二）严格控制私人汽车发展

香港交通运输重点是发展公共交通，同时采取比较严格的措施限制和规范私人汽车发展。如政府制定了严格的牌照管理制度、停车费用完全靠市场调节等措施。有效的政策调节措施效果较好，香港目前私人汽车较少，车辆增加缓慢，从 2005 年底的 534 246 辆到 2006 年底的 544 605 辆，只增加了 1.9%。政府车辆从 2005 年底的 6 394 辆减少到 2006 年底的 6 329 辆。2005、2006 年全年新增车辆分别只有 27 032 辆和 25 638 辆，市民购置新车积极性不高。2006 年私人轿车保有量为 359 016 辆，货车保有总数 122 584 辆。通过控制私人汽车总体规模，虽然香港路少车多，但是保证了道路通行的顺畅性和汽车的快速通行，实现了低碳交通的目标。

根据张国平（2005）的考察，在香港拥有一辆私家轿车，费用是很高的。

一是首次登记税。香港对进口车辆实行首次登记税，税率为100%～150%。香港无本地生产车辆，因此每一辆车都须缴纳高额的车辆首次登记税。

二是每年收取车辆牌照费。凡上牌车，每年都要上交牌照费。牌照费根据不同的车型、不同的汽缸容量征收，其中私家车每年的牌照费在 3 929～12 789 元港币。

三是燃油税。无论是汽油车还是柴油车，均征收 100%的燃油税。

四是隧道桥梁费。香港三条过海隧道和跨海大桥，每次通过都是要收费。隧道每通过一次 20～40 元港币。

五是停车费。香港停车位非常紧张，政府对停车费用不做限制，完全由市场来调节，所以费用非常贵。在中环地区，每小时在 25～30 元左右。设有电子停车收费表的泊车位约有 17 800 个，由私营承办商经营和管理。政府拥有 13 座多层停车场和上水泊车转乘公众停车场，共提供约 7 800 个泊车位。这些停车场由两家私营公司根据管理合约经营和管理。

（三）公共交通体系

香港的公共交通体系是由轨道交通、轮渡、公共汽车组成的网络。

一是铁路。香港的铁路包括地面铁路和地下铁路。政府认为铁路是安全可靠、快捷舒适、符合环保原则的集体运输工具，一向优先发展铁路。铁路每日的载客量占公共交通总载客量约35%，同时运送 65%前往内地的跨境乘客人次。香港的铁路由九广铁路公司和地铁有限公司建造和营运。九铁公司由政府全资拥有，地铁在 2000 年实行私有化，成为上市公司，政府是该公司的主要股东。这两家公司均按审慎的商业原则营运，为市民提供安全可靠、快捷、方便的客运铁路服务。香港的地铁是全世界唯一盈利的地铁，平均日载客量约为 250 万人次。地铁车厢内的指示牌上不同的线路用不同的颜色表示，到达可以换乘的站点时整条线路会闪烁，提醒乘客可以换乘了。同一个平台内的两列地铁是不同线路的车辆，并且是相反方向的。从一辆车下来。刚好可以赶上对面的地铁，所以很少看到站台上拥挤很多人（李中正，2007）。

二是电车。香港的电车也叫“叮当车”，从 1904 年起投入服务，已经成为香港的标志和旅游者必乘的交通工具。电车内没有空调，非常便宜，平均日载客量为 23 万人次。成人车费为两元，12 岁以下小童和 65 岁或以上老人收费一元。

三是其他陆路交通工具。主要包括专营巴士、公共小型巴士、的士和居民巴士，客运量占公共交通总载客量 64%。巴士的车费从 1.60 元至 40 元不等。12 岁以下小童和 65 岁以上老人搭乘该公司所有路线，均享有票价优惠。为了更有效运用巴士资源和有限的路面空间，并让乘客有更多路线选择，有关方面推行了巴士转乘计划，搭乘指定路线巴士的乘客在转车时，可享有票价优惠（王春华，2008）。

四是渡轮。港内航线平均每日载客约 91 900 人次，往来离岛的航线平均每日载客约 62 300 人次。渡轮中最著名的就是天星小轮了，往返于港岛和九龙之间。

香港的大部分公共交通工具都适用“八达通”卡（主要用于交通，但比交通卡功能更多，办理不限户籍）。该卡从 1997 年开始使用，包括铁路、巴士、渡轮、停车场都可以使用，乘坐地铁还有一定的优惠。此外，该卡还可以到超市、便利店购物，还可以用作马场等处的门票（李中政，2007）。

六、黑龙江省交通运输低碳经济发展对策

（一）把低碳交通纳入国民经济发展规划

结合黑龙江省国民经济发展战略和“八大经济区”布局要求，应进行低碳交通发展战略研究，制订适合省情的低碳交通发展规划，加快发展低碳型交通体系，将低碳交通作为解决城市交通问题、城际交通问题、城乡交通问题的有效手段，优化交通发展模式，促进交通与城市建设有效协调及良性发展。根据低碳交通要求和黑龙江省交通发展现状，建立清晰稳定的低碳交通制度框架和政策体系，并出台系统化和长期有效的政策法规，形成交通低碳经济发展的长效机制。把低碳交通理念注入到城市的规划与发展之中，发展基于环境保护、能源节约、出行高效等综合理念下的新型交通运输发展模式，将碳排放作为城市总体规划和综合交通规划的重要约束性量化考核指标，减少城市交通对化石能源的依赖，有效降低城市温室气体排放水平。

（二）建立城际高速铁路和城市轨道交通为主的体系

截至2009年底，黑龙江全省民用车为174.5万辆，比上年增长23.3%，其中私人汽车121.8万辆，增长31.7%；民用轿车保有量66.9万辆，增长33.0%，其中私人轿车52.8万辆，增长41.6%。民用汽车的快速发展，提高了人们的出行质量，在一定程度上缓解了客运运营压力，但由于城市道路配套建设赶不上汽车保有量发展速度，导致街路堵塞严重。特别是黑龙江省地处高寒地区，冬季气候恶劣，拥挤的交通状况，加剧了燃油不充分燃烧，进一步加剧了环境污染状况。

从能耗方面来看，火车每吨公里的能耗只有493.24千焦，

大货车是 2 909.28 千焦，中小卡车（家用）达 9 605.64 千焦。同等货物通过铁路运输的碳排放仅为高速公路的 5%～20%，而且单位运输用地可节约 20～30 倍。轨道交通具有能力大、速度快、能耗低、污染轻等特点，地下铁道单向输送能力 2 万～3 万人/小时，是公共汽车的 5 倍，小汽车的 20 倍；千人公里能耗是公共汽车的 1/2，小汽车的 1/8。

1825 年世界上第一条铁路诞生，此后一百多年来，世界各国铁路研究工作者一直为提高列车的行车速度作不懈的努力。直到 1964 年 10 月 1 日，日本东海道新干线（东京—新大阪）通车，拉开了世界高速铁路发展的序幕。40 多年来，高速铁路从无到有，迅速发展。

1981 年开通运营的巴黎—里昂 TGV 东南线，是欧洲第一条高速铁路客运专线，此后法国又陆续建成了其他一些运输方向的高速线（现在统称 LGV 高速线）。在这样的线路上运行的是 TGV 系列高速列车，列车最高运行时速从最初的 260 公里提高到 300 多公里。

德国高速铁路主要采用的是客货混运运输组织模式，已建成总长约 2 620 公里的高速运输走廊：汉堡—汉诺威—卡塞尔—法兰克福—美因—卡尔斯鲁厄；汉堡—汉诺威—富耳达—维尔茨堡—纽伦堡—慕尼黑；柏林—布劳恩斯魏克—卡塞尔—富耳达—法兰克福—曼海姆—斯图加特—乌耳姆—慕尼黑；科隆—法兰克福。其中包括新建列车允许最高运行时速 280 公里（科隆—法兰克福线为 300 公里）的长 802 公里的客运专线，按最高运行时速 200 公里进行技术改造的长 1 200 公里的既有线和最高运行时速达到 160 公里的快速线（李白薇，2010）。

截至 2010 年，中国高速铁路运营里程已达 8 358 公里，不论是总量规模，还是技术水平、运营管理，都已经走在世界最前列。到 2015 年，我国铁路营业里程将达到 12 万公里以上，其中高速铁路达 1.6 万公里以上。

黑龙江省应重点发展以省城哈尔滨为中心，连通 12 个地市及重要边贸口岸的高速铁路，同时实现东部地市间高速铁路的连接（图 8-4）。

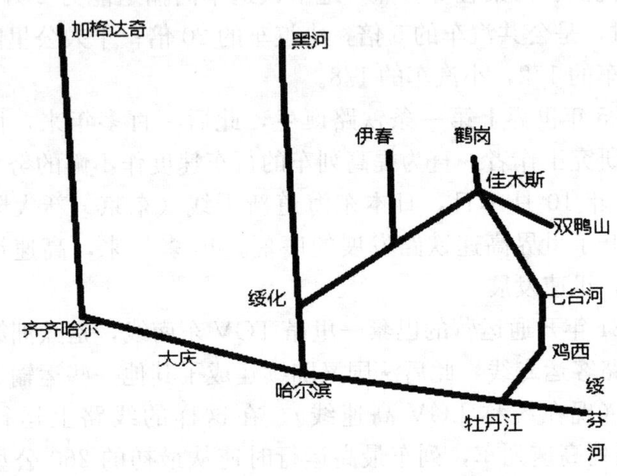

图 8-4　黑龙江省高速铁路系统

城市轨道交通和其他公共交通相比，具有以下特点：节省用地、节约能源、安全可靠、准时快捷、全天候运营、输送能力大。

东京拥有世界大城市中最长的轨道交通线路，全长近 2 000 公里；年运量在 100 亿人次以上，市郊铁路列车最小运行间隔为 2 分钟，最大编组为 15 节，每小时每方向运输能力多达 10 万人次。近 20 多年共新建地铁近 140 公里，总里程达 230 公里。有 7 家分布在郊区的私营铁路公司，服务质量优于国有铁路，同时价格较便宜。

巴黎其轨道交通包括地铁、轻轨铁路和市郊铁路，承担着全市公共交通 70%的运量，另外的 30%由市内和郊区汽车承担。有地铁 15 条，总里程达 199 公里，是内城公共交通的骨干，乘客徒步 5 分钟就可到达地铁站，列车最小运行间隔 95 秒。市郊铁路有 16 条，长 760 公里（邓柯等，2008）。

纽约公共交通占总交通量的 53%，到内城的客运 80%采用包括地铁、市郊铁路和公共汽车在内的大容量交通工具。市区铁路线共有 27 条，长 443 公里，所有的车站通宵服务。

伦敦早已实现客运以轨道交通为主的目标。地铁共有 9 条线路，总长 408 公里，其中 167 公里在地下；运行间隔为 2～2.5 分钟，郊区为 10 分钟，最大编组为 8 节。市郊铁路共有 650 公里，550 个车站，市中心有 15 个终点站，线路呈放射状布置，有的线路直通距市中心 40 公里以上的新城。

莫斯科拥有一个跨及全市的立体交叉地铁网，总长 243 公里，140 多个车站，由 1 条环线和 8 条放射线组成；每天运营 20 个小时，高峰时列车间隔为 75 秒，时速 41 公里，日运量高达 800 多万人次，居世界之首；客运密度为每公里 1 400 多万人次，高于伦敦、纽约、巴黎（邓柯等，2008）。

省城哈尔滨市应建立东起哈尔滨东站，西至哈尔滨西客站、太平国际机场，北起呼兰区，南至平房区、阿城区的骨干轨道交通体系。这样的骨干轨道交通系统可以实现与连接国内外的哈尔滨国际机场、连接西部和北部地市的高速铁路，与连接东部和东北部地市的高速铁路的无缝链接，同时实现了哈尔滨城乡和市区的快速出行（图 8-5）。

（三）控制私人汽车发展

2009 年底，黑龙江省私人汽车拥有量达到 121.8 万辆，首次突破百万大关，比上年增长 31.7%，增速提高 13.5 个百分点。

城市庞大的私人汽车群体带来的社会弊端日益凸显。

一是导致城市道路更加拥挤。私人汽车载客量往往只有 1～2 人，乘用率十分低下，占用了宝贵的道路资源，造成道路资源

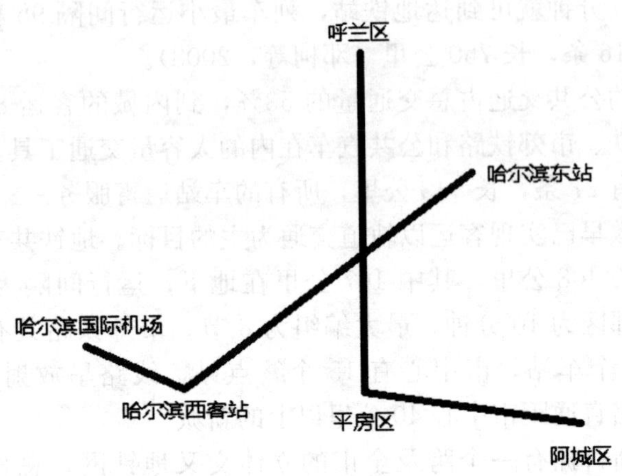

图 8-5 哈尔滨市骨干轨道交通体系示意图

的巨大浪费。

二是浪费了社会生产资料。一定时期内，社会生产资料总量是一定的，私人汽车的大量生产浪费了大量的社会生产资料。这些消耗掉的劳动资料和劳动对象并不能产生应有的社会效益，控制私人汽车发展，可以使社会生产资料资源在国民经济行业中重新分配，得到更有效利用。

三是加剧了污染。私人汽车无限制的膨胀发展，增加了石油产品的快速消耗，加大了污染排放。

四是增加了社会问题。目前我国国民整体素质还有待提高，在国民素质普遍不高的情况下，私人汽车导致的社会问题频发。如酒后驾车、违反交通规则、恶意肇事等等，已经引起社会公愤。

制定限制私人汽车发展政策已是当务之急：一是按不同汽车排放量提高车辆购置税；二是提高车辆年度检验费用；三是大幅度提高燃油价格，增加的收益用于对农用和公共交通工具的燃油补贴；四是实行道路通行区别政策，乘坐 1 人的小型汽车（无论是私人汽车还是公用车），只能在慢行车道行驶，不得进入快车道或超车道路；五是提高车辆停放费用。

（四）发展城市绿色综合交通系统

绿色交通是一个理念，是以减少交通拥挤、降低能源消耗、促进环境友好、节省建设维护费用为目标的城市综合交通系统。绿色交通的狭义概念更加强调交通系统的环境友好性，主张在城市交通系统的规划建设和运营管理过程中注重环境保护和生活环境质量。绿色交通的广义概念包含了推动公交优先发展、促进人们在短距离出行中选择自行车和步行的出行模式，节约能源、保护环境、建立公共交通为主导的城市综合交通系统等（陆化普，2009）。绿色交通实现了城市可持续发展的交通体系，同时达到了低碳交通的目的，在满足人们交通需求的同时，节约了能源、保护了生态环境、促进了社会和谐（图8-6）。

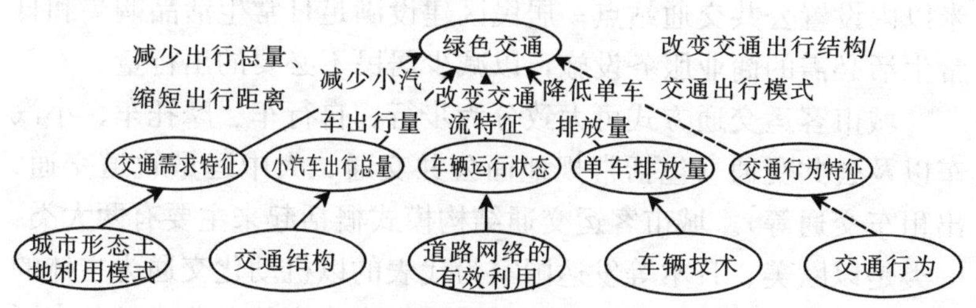

图8-6　绿色交通系统组成要素

资料来源：陆化普。

1. 土地利用模式和城市形态

城市土地利用模式决定了城市空间结构，不同的城市空间结构及布局决定了城市骨干交通方式。城市土地利用模式是由城市不同的群体决定的。城市组成群体主要有：学校、家庭、商业、企业、机关、市政服务等等，每个群体都会合理选择各自的生存空间。城市空间结构主要是满足不同群体对城市基础设施、公共设施（如学校、街道、绿化等）需要，并以此来调节城市功能布局。城市土地利用对交通运输的作用主要表现为城市用地功能布局，决定城市交通的结构。城市中心商业区、居住综合功能区，适合发展大容量轨道交通；城市休闲、别墅用地适合地上公路交通。合理的城市形态和土地利用模式，能够减少交通需求总量以及改变交通需求的若干特性的选择，大幅度减少温室气体排放。

黑龙江省的大中城市，可以通过土地利用规划，合理控制城市形态，对交通方式进行重组，最大限度地减少人们的出行距离，减小对小客车和私人轿车交通的依赖，有效解决交通拥挤和污染严重等问题。

2. 交通结构

当城市交通需求总量一定时，城市交通结构优化的模式应该是优先发展城市公共交通，提高公共交通乘用率、减少道路上的机动车总量，实现减少汽车尾气排放总量的目的。轨道交通500米以内设置公共交通站点；居民区建设满足日常生活品购买和日常生活必需的商业服务设施，以减少居民不必要的出行量。

城市客运交通方式可大致分为步行、自行车、摩托车、小汽车以及公共交通（包括常规地面公共交通、大中运量轨道交通、出租车交通等）。城市客运交通结构模式概括起来主要有两大类：一类是以欧美、日本等发达国家为代表的以机动化交通为主体的交通结构。一类是以我国绝大多数城市为代表的以非机动化交通为主体、步行和自行车交通占较大比重、多种交通方式并存的交通结构（邹胜勇，2006）。

交通结构优化应是政府政策导向和市场导向共同作用的结果。黑龙江省城市理想的交通结构应该是：近距离出行应该以步行和自行车为主体；远距离应该以轨道交通以及与轨道交通无缝衔接的公共交通体系为主体。

3. 道路有效利用

科学规划城市道路整体布局，实现城市交通网络化运行，根据道路交通流量适时调整车流流向，实现全部道路实时有效利用，可有效避免交通拥挤现象；制定多人乘坐交通工具道路优先通行政策，提高道路运输乘客利用率。

4. 车辆技术

限制大排放量汽车发展；鼓励低碳环保交通工具的开发和使用，发展混合燃料汽车、电动汽车、氢气动力车、生物乙醇燃料汽车、太阳能汽车等低碳排放交通工具；使用柴油、氢燃料等清洁能源，减轻交通运输污染排放。

5. 交通行为

建立完善的步行和非机动车出行体系。我国曾一度以自行车王国之称自豪，但随着汽车工业的膨胀，城市道路的不断拓宽，自行车专用道路反而被取缔。相反，国外目前十分重视步行和自行车出行。美国纽约、丹麦等的步行和自行车出行已经成为一种时尚；韩国还制定了自行车出行到公共场所，给予一定门票优惠的政策。

我们应该在城市保留和开辟自行车专用通行道路，在自行车购置、出行等方面制定相应优惠政策。

第九章　黑龙江省建筑低碳经济发展对策

地球表面积中只有不到1%的部分是城市，但是城市却产生了全球75%的碳排放。目前，城市化仍在以惊人的速度发展。2008年，全球一半以上的人居住在城市中。到2030年，城市居民将占地球人口的60%左右。土地的使用规划、运输业和建筑业因此成为实现节能和减排的重要领域（陆恭惠等，2010）。

IPCC发布的《第三次评估报告》（IPCC AR3）指出，能源供应、建筑、交通、工业、农业、林业、废物处理七大关键领域是世界温室气体排放的主要领域。而其中建筑业是温室气体的主要来源之一。

低碳建筑可以被认为是实现尽可能少的温室气体排放的建筑。依据低碳经济的概念，我们可将低碳建筑定义为，在建筑的全生命周期内，以低能耗、低污染、低排放为基础，最大限度地减少温室气体排放，为人们提供具有合理舒适度的使用空间的建筑模式（李启明等，2010）。

一、建筑业是国民经济重要组成部分

（一）房地产对GDP贡献率较大

2007年，全国新房销售额29 902亿元，占同期GDP的比重为10.4%；2008年，全国新房销售额24 071亿元，占同期GDP的比重为7.6%；2009年GDP达33.91万亿元，全国新房销售额占同期GDP的比重超过13%（图9-1）。

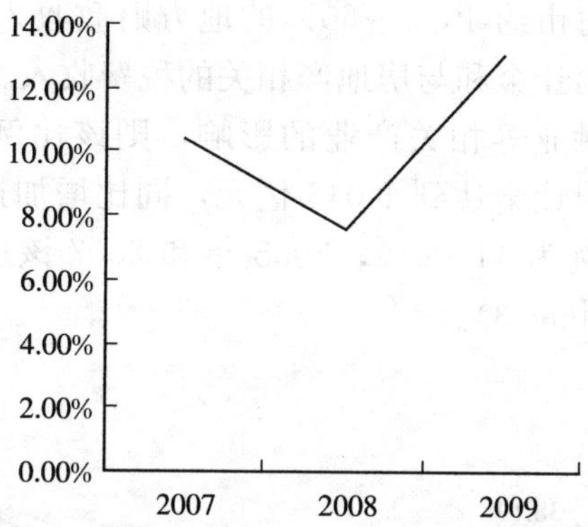

图 9-1 2007—2009 年房地产对 GDP 贡献率

资料来源：http：//news. qq. com/a/20091229/000517. htm。

房地产行业不仅已是 GDP 的重要组成部分，还是地方经济发展的重要支柱。

2009 年上海房地产增加值达到 1 220. 92 亿元，占 GDP 的比重为 8. 19%，为近年来最高。上海 2009 年 GDP 增长率为 8. 2%，而房地产增加值的增长对 GDP 增长率的贡献为 39. 4%。由此可见，2009 年上海房地产行业对其 GDP 的增长做出了巨大贡献（图 9-2）。

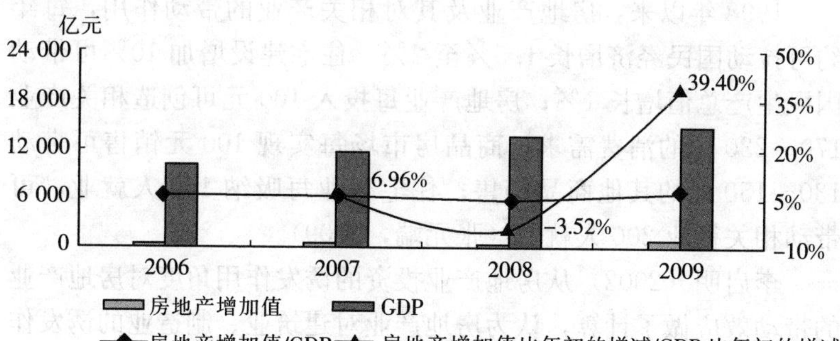

图 9-2 房地产是地方经济的重要支柱

资料来源：上海统计局。

同时，上海市约40%～60%的地方财政收入来自于房地产业，包括土地出让金和与房地产相关的税费收入。如果考虑到其对建筑业、金融业等相关产业的影响，则该比例会更高。2009年，上海土地出让金达到1 043亿元，同比增加达172%，占其财政收入的比例为41.06%，2008年和2007该比例为16.03%和38.19%（图9-3）。

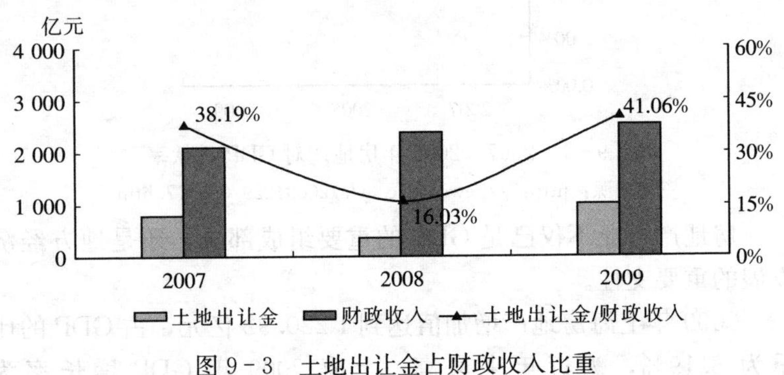

图9-3 土地出让金占财政收入比重

资料来源：上海统计局。

（二）房地产关联行业众多

1998年以来，房地产业及其对相关产业的带动作用，每年约可拉动国民经济增长1.5%至2%。住宅建设增加10%可带动国民生产总值增长1%；房地产业每投入100元可创造相关产业170～220元的消费需求；商品房市场每实现100元销售可带动130～150元的其他商品销售；住宅行业每吸纳100人就业，可带动相关行业200人就业（张元端，2009）。

李启明（2002）从房地产业投资的诱发作用角度对房地产业的带动效应做了计算，认为房地产业对建筑业、制造业的诱发作用最大，每100亿元房地产投资可以诱发制造业产出123.61亿元、建筑业产出90.76亿元、采矿业产出16.64亿元、商业产出11.16亿元、房地产业自身产出10.98亿元、电力煤气自来水供应业产出6.59亿元等等。关于房地产业相关产业的类型和数量，有学者认为，住宅产业的发展能带动建筑、建材、冶金等近60多个物质生产部门20多个大类近2 000种产品的发展（王国军，刘水杏，2004；荆宝洁，2009）。

建筑工程量的增长，直接带动建筑材料流通的繁荣，目前建材市场也是最火爆的市场之一。每年建筑装饰直接提供的市场容量带动了商业、建材、林业、轻工、机电等相关产业的发展，为其提供了产品销售的巨大市场。我国建筑装饰行业呈现出持续迅猛发展的势头，成为成长性最好的新兴产业之一。在装饰协会近几年的统计当中，建筑装饰行业对国民经济的拉动作用能够达到GDP的6%（王振东，2007）。建筑装饰行业的发展为林工产品也提供了巨大的市场，国家林业年鉴统计资料表明，我国木材销量中的相当部分用于建筑业。

二、建筑业是温室气体重要排放源

建筑业涉及60个行业生产部门，温室气体排放主要来源于建筑材料和建筑物使用两个方面。建筑业消耗了大量的钢铁、有色金属、水泥、玻璃、塑料等建筑材料，这些建筑材料在加工、制造和运输环节都会排放大量温室气体。建筑物的采暖、照明、供水、空调、燃气、电器等设备都消耗着大量能源，直接或间接产生大量温室气体。

（一）建筑业温室气体排放现状

IPCC于2007年发布的《第四次评估报告》（IPCC AR4）指出：2004年，全球建筑行业的温室气体直接排放（不包括用电产生的排放）约为50亿吨当量/年。当包括用电产生的排放时，建筑行业产生的与能源有关的二氧化碳排放大约为86亿吨当量/年，或占2004年全球排放总量的33%。温室气体排放总量（包括用电产生的排放）估计则达到106亿吨CO_2当量/年。工业发达国家建筑使用能耗占总能耗的30%～40%，2002年欧盟25国建筑能耗已经占其总能耗的40.4%。

（二）建筑业温室气体排放预测

IPCC的《第四次评估报告》（IPCC AR4）对全球建筑行业的未来温室气体排放基于不同的情景模式给出了预测：介于相对较低经济增长的SRESB2和经济快速发展的A1B2之间情境下，2020年和2030年全球建筑行业的CO_2排放分别将从2004年的86亿吨增加到114亿吨CO_2、143亿吨CO_2当量（包括用电产生的排放）。SRESB2和A1B情景下2030年相应的排放量为114亿吨CO_2和156亿吨CO_2。在基于相对较低经济增长的SRESB2情景下，北美洲和东亚地区占排放增加量的最大部分。在经济快速发展的SRESA1B情景下，所有的CO_2排放增量都来自发展中国家，这些地区的顺序为亚洲、中东和北非、拉丁美洲和非洲次撒哈拉地区。整体而言，在B2情景下，在2004—2030年期间CO_2排放的年平均增加比例为1.5%；在A1B情景下CO_2排放的年平均增比例为2.4%。

三、黑龙江省建筑业概况

（一）建筑业占GDP比重加大

新中国成立60年来，全社会建筑业增加值由1952年的0.88亿元增加到2009年的507.5亿元，按可比价计算年均增长9.9%，高于全省GDP年均增幅2.5个百分点，占全省GDP的比重从1952年的3.4%增加到2009年6.1%。由此可见，建筑业的稳步发展是黑龙江省经济持续、快速发展的重要条件和物质保证。

（二）建筑面积增速较快

改革开放30多年来，全省房屋建筑竣工面积由1978年的

364.1 万平方米增长到 2009 年的 5 598.6 万平方米，增长了 14.4 倍（图 9－4）；人均住宅面积由 1978 年的 2.8 平方米增加到 2009 年的 24.6 平方米，增长了 7.8 倍（图 9－5）。

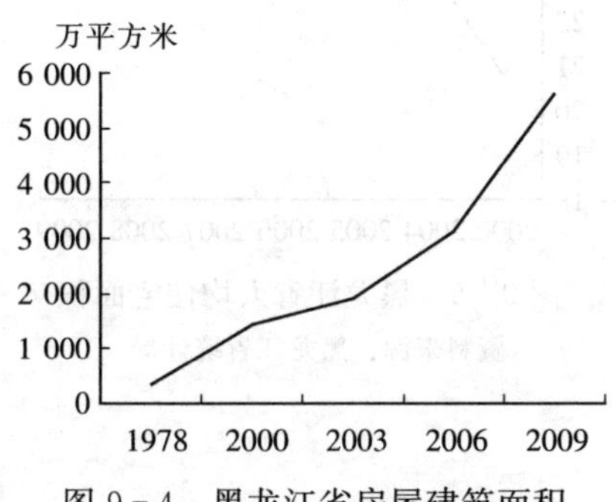

图 9－4　黑龙江省房屋建筑面积

资料来源：黑龙江省统计局。

（三）房地产投资拉动经济增长明显

2004 年，黑龙江房地产投资总量是 214.1 亿元，比上年增长 31.2％；2005 年，全年房地产开发投资 267.6 亿元，比上年增长 25％；2006 年，全年房地产开发投资 321.3 亿元，增长 20.1％；2007 年房地产开发投资 382.4 亿元，增长 19.0％；2008 年房地产开发投资 453 亿元，增长 18.5％；2009 年房地产开发投资 563.9 亿元，增长 24.5％。当房地产投资每增加 1 亿元时，可以使黑龙江省生产总值平均增加 16.374 亿元。由此可见，房地产投资对黑龙江省经济的拉动效果非常明显（图 9－6）。

（四）房地产价格不断攀升

黑龙江省房价从 1998 年的 1 562 元/平方米涨到了 2009 年的 3 237 元/平方米，商品房平均销售价格总体上一直呈现上涨势头，12 年间上涨 107％（图 9－7）。

国内房地产市场价格由于炒房团和外资投机而飙升时，由于

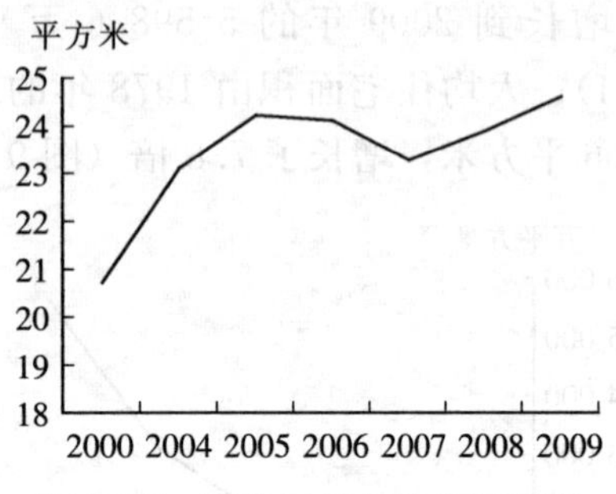

图 9－5　黑龙江省人均住宅面积

资料来源：黑龙江省统计局。

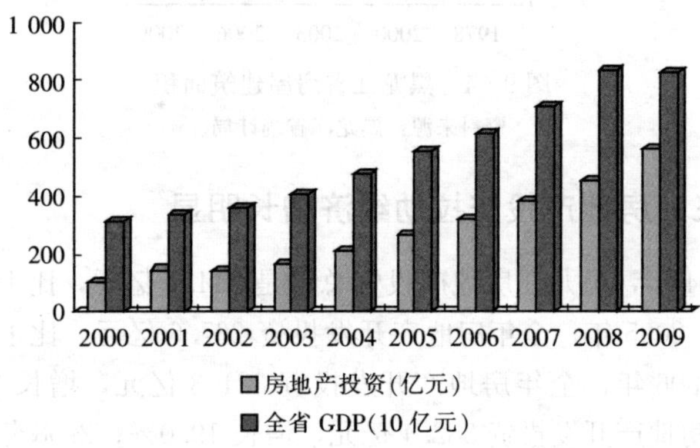

图 9－6　房地产投资拉动经济增长效果显著

资料来源：黑龙江省统计局。

黑龙江省偏远的地理位置，价格上升不明显。尤其是黑龙江省各地市的中心城市，在国内房地产市场价格快速上涨时，房地产市场投资并未扩大，价格变化并不明显，其价格效应大约延迟一年左右。

2009 年，全国各地房价持续攀升，黑龙江省房地产市场更是增长强劲。房地产开发增速由 2008 年的全国第 26 位提升到第 8 位；普通住宅建设增速较快，占到全部住宅比重的 87.5%；商品房销售增幅由负变正，由 2008 年的－13%提高到 35.6%；全省13个地市房价涨幅超过10%。售价涨幅较大的城市是：哈尔滨4 227元，上涨11.4%；齐齐哈尔2 765元，上涨32.2%；牡丹江2 657元，上涨26.5%；佳木斯2 508元，上涨28.7%；大庆3 569元，上涨20.2%。

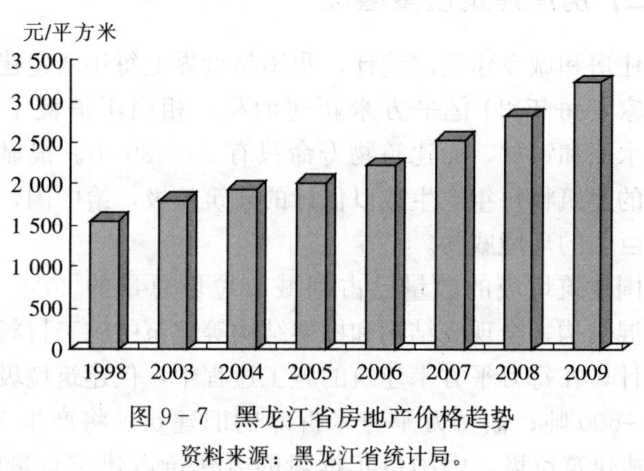

图9-7　黑龙江省房地产价格趋势

资料来源：黑龙江省统计局。

四、黑龙江省建筑业主要问题

(一) 房屋空置率居高不下

黑龙江省房地产投资逐年增长，但是自1998年以来，黑龙江省商品房空置面积以年均24.8%的速度增长。到2002年末，空置面积达到650.2万平方米，其中空置一年以上的为229.6万平方米。在全部空置商品房中，住宅空置453万平方米，其中经济适用房空置164万平方米；办公楼空置20.2万平方米，商业营业用房空置74万平方米。

2006年，黑龙江省会哈尔滨市商品房空置面积为431.8万平方米，比上年增加了35.4万平方米。商品住宅空置面积为260.0万平方米，比上年增长12.4%。其中，经济适用房空置88.9万平方米，上升49.2%；办公楼空置11.9万平方米，增长

83.1%；其他用房空置30.2万平方米，增长53.3%。

房地产高速发展伴随的房屋高空置率造成了社会资源的极大浪费，与低碳经济的要求背道而驰。

（二）房屋建筑质量堪忧

据住房和城乡建设部统计，我国是世界上每年新建建筑量最大的国家，每年20亿平方米新建面积，相当于消耗了全世界40%的水泥和钢材，而建筑物寿命只有25～30年。很显然，如此短寿的建筑将每年产生数以亿计的建筑垃圾，给中国，乃至世界带来巨大的环境威胁。

我国建筑垃圾的数量已占到城市垃圾总量的30%～40%。据对砖混结构、全现浇结构和框架结构等建筑的施工材料损耗的粗略统计，在每万平方米建筑的施工过程中，仅建筑垃圾就会产生500～600吨；而每万平方米拆除的旧建筑，将产生7 000～12 000吨建筑垃圾。中国每年拆毁的老建筑占建筑总量的40%（魏润清，2010）。

黑龙江省建筑物寿命也存在比较突出的问题。据国家一级注册建筑师、黑龙江省建筑设计研究院副总工程师张廷钰调查，质量低劣是建筑“短命症”盛行的主要原因之一。房屋在建设过程中需要相当多的部门环环相扣才能完成，涉及到规划、设计、施工、建设和监理以及人防、卫生等相关部门。只要其中任何一个环节把关不严或者敷衍了事，整个建筑的质量就难以保证。

黑龙江省20世纪70—80年代，只有有限的几家设计和施工单位，那时的建筑无论在设计还是施工上，都符合当时的法规和技术规范的要求。进入90年代后，全省仅设计单位猛增到600多家，一度出现“谁都能搞设计、谁都能搞施工”的混乱局面。从那时起建筑质量开始下降。经过整顿后有所好转。尽管如此，由于设计不合理或施工方粗制滥造、偷工减料以及缺乏对建筑的后期保养和维修，同样会影响建筑寿命。比较典型的边规划、边设计、边施工的“三边工程”，违背了基本建设程序，势必缩短建筑使用寿命。还有一些房地产开发企业在建造项目的过程中采取“抽筋”的方式来减少建筑成本，已经是业内半公开的秘密。“监而不理”也是建筑短命的诱因。施工环节的质量问题本可通过监理避免，但房地产领域广泛存在监管不严现象，使得监理公司没有起好第三方监督作用。

（三）建筑能耗比较严重

黑龙江省地处我国最北部，属高寒地区，采暖期长达180天，采暖能耗在全国居前列，仅每年用于取暖消耗的煤炭就占全省煤炭年消费的14%。根据专家测算，建筑物自身还有80%以上的节能潜力，建筑节能的潜力十分巨大。建筑物节能主要涉及外墙保温、门窗设计、屋顶保温三方面，在设计、施工方面应达到标准。除建筑物本体外，建筑物采暖、空调、热水供应、炊事、照明、家用电器、电梯等方面也有极大的节能潜力，应实现《国家节能中长期专项规划》规定的“十一五”期间建筑节能100MTCE的目标要求。

黑龙江省节能建筑普及性较差的原因主要有：

1. 节能建筑局限于试点示范层面，尚未强制推行

目前建筑节能仍然停留在试点、示范的层面上，尚未从试点扩大到整体。现有住宅、公共建筑、工业建筑和市政建设的节能工作还未提上工作日程。

2. 节能建筑要求尚未列入强制性规范标准

节能建筑工作仍然是行政为主导的模式，缺乏有力的组织协调机构和配套政策措施，缺乏制约建筑商和用户的措施和机制，建筑节能与棚改、草改、墙改等工作分离等等。

3. 缺乏市场化激励机制

在社会层面对节能建筑的性能、经济性、性价比还没有足够认识，建筑节能的各种技术、材料、工艺等缺乏产业化、市场化

的根本内在动力。

（四）发展低碳建筑难度较大

1. 低碳建筑标准空白

虽然近年来一直倡导建筑物的节能、节材、节水、节地、环保理念，并相应提出了"资源循环型建筑"、"低能耗建筑"、"生态建筑"、"环保建筑"等概念，但低碳建筑还处于研讨和探索阶段，高寒地区低碳建筑标准仍然是空白，低碳建筑大规模推广应用还缺乏广泛的社会基础和技术支撑。

2. 建筑企业和消费者承受能力不足

国家对支持低碳建筑发展相关政策滞后，建筑企业在低碳开发经营中承担着主要的风险和责任，导致大部分房地产企业在思想上认同低碳开发理念，但在实际行动上仍持"观望"态度。由于社会公众对低碳建筑认识不够，观念落后，责任心不足，大家还是仅仅关注房地产价格，而忽视建筑物低碳性质和长期使用的性价比。此外，低碳建筑成本较高，据有关方面测算表明，开发节能50%的建筑，要增加10%的房屋建设成本，加上低碳、新能源，建筑成本估计会增加1 000元/平方米（喻燕，卢新海，2010）。增加的低碳建筑成本最终会转嫁给消费者，导致现阶段居高不下的房价进一步上扬，远远超过了绝大多数消费者的承受能力。

五、黑龙江省建筑业低碳经济发展对策

（一）转变公众观念，倡导低碳生活模式

建筑物温室气体排放来源于两个方面，一是建筑材料的生产和建筑物建造过程，二是建筑物的使用过程。由于建筑物的使用寿命长达几十年至上百年，所以建筑物在使用过程中产生的温室

气体排放要比建筑材料生产和建筑物建造过程中产生的温室气体高得多。

因此，社会公众树立低碳生活模式，采用建筑低碳利用方式是至关重要的。

英国曾经建立了低碳住宅的样板工程——贝丁顿住宅。对该项目的“建筑使用评估”（Post-Occupancy Evaluation）指出，因为住户的积极配合，贝丁顿住宅的使用节能和 CO_2 减排均达到（或近似达到）甚至是超过了预期的设想。与普通住宅相比，贝丁顿住宅的采暖耗能减少了 88%（预设值 90%），热水耗能减少了 57%（预设值 33%）电力耗能减少了 25%（预设值 33%），交通耗能减少了 65%（预设值 50%）。而在相应建筑技术的辅助下，贝丁顿住宅在使用过程中的整体 CO_2 排放也较周边普通社区减少了 90%以上（陈冰，康健，2010）。

低碳生活模式主要包括低住宅能源消耗、低排放交通出行、生活废弃物循环利用和建筑物使用周期等方面。

（二）建立低碳建筑法律法规和技术标准体系

黑龙江省应根据高寒地区建筑行业的特殊性，建立一套完善的低碳建筑法律法规体系。为保证高寒地区低碳建筑质量，急需颁布一系列法律、规范和技术标准，涉及低碳建筑设计规范、低碳建筑施工及验收规范、低碳建筑评价标准，以及针对低碳建筑的城市规划和土地供给政策。要从源头上规范低碳建筑产品市场、低碳技术市场和低碳资本市场，确认各类经营主体的合法性，为低碳建筑市场的运行提供法律保障。

（三）建立高寒地区建筑材料排放数据库

对各种不同建筑材料如钢材、水泥、玻璃、铝制品和内部装修材料，以及建筑设备（空调等）等在生产过程中的能耗量做出全面统计和分析。同时，对不同地区厂家生产的各种建筑材料其单位能耗进行标识和追踪。选择高寒地区对建筑材料及其应用具有特殊性，应计算所有适合高寒地区建筑材料的生产、运输、损耗过程中产生的二氧化碳排放当量，计算出每种建筑材料的排放数据，最终建立所有高寒地区建筑材料排放数据库，并根据材料科学的发展，随时更新数据库。在建筑物设计阶段，通过对比材料数据库，就可计算出建造整个建筑物时所产生的温室气体排放当量，结合建筑物寿命、建筑材料成本，从中优化选择年排放量最低的设计方案。

（四）建造低碳材料建筑物

黑龙江省有 1 778.0 万乡村人口，乡村户数 498.3 万户，农村住房 500 万户，农村住房砖瓦化率仅为 66.8%。据 2005 年的调查，共有 200 万户泥草房。经 2006 年、2007 年两年的改造，目前还有 180 万户泥草房，630 万乡村人口居住在泥草房中。泥草房 60%多分布在齐齐哈尔市、大庆市、绥化市的行政区域内，三市的农村住房砖瓦化率分别为 54.8%、46.15%、46%。

省政府将改造农村泥草房列入“十大民生工程”之一，起草出台了《黑龙江省人民政府关于加快农村泥草房改造的指导意见》。黑龙江省同时又是农业大省，生物质原料十分丰富，可以利用农作物秸秆作为泥草房改造的建筑材料。“稻草砖”是泥草房改造最好的低碳建筑材料，而且极易生产。只需要用打包机把稻草压实，成为长方形即可。与红砖相比，“稻草砖”的造价只有红砖的一半，3 间房至少节约 5 000 元钱，但是保温性能是红砖的 6 倍。

对城镇建筑物要采取各种有效的节能技术和管理措施，改善建筑物内外结构的保温隔热性能；辅助以必要的供热、降温设施，提高能源设备的效率和居住的热舒适性；大幅度降低新建建筑物的能源消耗；对现有建筑物有计划地进行节能改造；对拟建建筑物的设计要达到节约能源和保护环境的目标。

（五）提高政府部门主导性

从《京都议定书》到哥本哈根会议，政府一直占据全球低碳经济的主导地位，处于推动和引领低碳经济的核心。首先，政府负责制定相关低碳法律法规和低碳发展政策；其次，政府负责执行各项法律法规和落实各类政策；第三，政府负责制定全社会的低碳经济发展总体目标；第四，政府负责分解落实地区、行业和部门的低碳目标责任制。黑龙江省气候条件特殊，政府在保障低碳建筑市场良好运行，高效执行低碳建筑法律法规和政策，确立高寒地区低碳建筑评价标准，履行低碳建筑社会监督和举报责任等方面应积极介入。

第十章 黑龙江省能源低碳经济发展对策

能源是整个世界发展和经济增长的最基本的驱动力，是人类赖以生存的基础。自工业革命以来，能源安全问题就开始出现。在全球经济高速发展的今天，国际能源安全已上升到了国家的高度，各国都制定了以能源供应安全为核心的能源政策。

能源是国民经济和社会发展的重要战略资源，是实现可持续发展的前提和基础。黑龙江省作为国家重要的能源生产基地，承担着支持全国能源需求和平衡全省用能的两大任务，面临着经济增长与环境保护的双重压力。

一、黑龙江省能源概况

（一）能源生产特点

黑龙江省是全国重要的石油、煤炭等能源生产基地，2007年生产的原油、原煤和天然气分别占全国总量的22.3%、3.2%和3.7%。黑龙江省煤炭资源丰富，历史上形成了以燃煤机组为主的电力生产格局，能源结构不合理。黑龙江省“一五”时期以来，原煤产量占能源生产总量的90%以上，到1967年，原煤生产量退居第二位，占41.8%，石油占54.6%。从1958年大庆油田第一口井喷油到2007年，已开采原油19.5亿吨。原油占全省一次能源比重最高的年份是1976年（首次超过5 000万吨），占能源生产总量的73.3%。之后，连续24年保持在5 000万吨以上。2002年以来，原油产量开始下降，2007年占能源生产总量的比重为44%，而原煤产量（7 189.5万吨标准煤），已占能源生产总量的53.1%（黑龙江省统计局，2008）。

（二）能源消费特点

在黑龙江省能源消费结构中，煤炭的消费比重由1952年的98.3%，下降到2007年的66%，但仍居首位。这主要是由于东北地区有70%以上焦煤资源集中在黑龙江省鸡西、鹤岗、双鸭山、七台河一带，煤炭储量占全省的70%，黑龙江省煤炭资源优势将延续20年左右，能源消费仍将以煤为主。2007年全省共消耗能源9 374万吨（标准煤），比上年增长7.4%，其中一次能源消费总量7 957.9万吨，比上年增长3.9%；其中原煤消费量5 250.5万吨，增长5.2%；原油消费量2 340.5万吨，增长1.9%；天然气消费量328.5万吨，增长3.6%；水电消费量38.4万吨，下降24.7%（黑龙江省统计局，2008）。

二、黑龙江省低碳清洁能源资源

黑龙江省拥有丰富的清洁能源资源，可以利用的能源资源主要有风力发电、秸秆发电、水力发电、秸秆气化、沼气、地热和太阳能等清洁能源。

（一）太阳能资源

黑龙江省太阳能年总辐射量为4 400～5 028兆焦/平方米，资源总储量约为2.30×10^{6}千瓦时，相当于750亿吨标准煤。年实照时数在2 300～2 900小时之间，比日本、欧洲资源条件优越，具备建设并网型太阳能光伏发电站条件。

（二）风能资源

黑龙江省风力资源具有分布范围广、平均风速高、空气清洁度高、稳定性较好等特点，适合建设大型风电厂。其中50米高风能资源潜力约为 10.2 亿千瓦，技术可开发量约为 2.3 亿千瓦，居全国第 5 位，适合建设大型风电厂。

（三）水能资源

黑龙江省水能资源理论蕴藏量 987.8 万千瓦，可开发量为 986.7 万千瓦，可建水电站 928 座。其中可建大、中型水电站 27 座，总装机容量 673.2 万千瓦，占总可开发量的 68.2%；可建农村水电站 901 座，总装机容量 313.5 万千瓦，占总可开发量的 31.8%。水能资源可开发量居东北之首，相当于辽宁和吉林两省水能资源可开发量之和，发展潜力巨大。

（四）生物质能源

黑龙江省生物质资源极为丰富，年产农作物秸秆 5 600 万吨，薪炭林 900 万吨，畜禽排泄物 3 亿吨。生产沼气可以避免“资源消耗—生态破坏—能源更加短缺”的恶性循环。由于黑龙江省冬季漫长，取暖期也较长，每年 60%的农作物秸秆都被取暖燃烧掉了，排放大量温室气体。如建设一处 300 户规模的秸秆气化集中供气工程，每年可节约秸秆燃料 800 吨。充分利用农业资源资源开发生物质能源，可以提供丰富的清洁能源，减少环境污染，构建具备多种功能的现代农业生态系统，对改善能源结构，减少对化石燃料的依赖，保障国家能源安全具有重大意义。

（五）煤层气资源

煤层气资源量初步评价为 1 870 亿立方米，鹤岗、鸡西等市已开始煤层气利用发电、供热。

（六）地热资源

地热是存在于地球内部的热，往往以水为载体。与风能、太阳能等能源相比，地热发电不受气候和时间的影响，能提供不间断电力。松辽盆地蕴藏着一个特大型地热田，初步探明，其静态储量可达 1 800 亿立方米，是我国迄今为止最大的地热田之一。大庆市地下 4 000～5 000 米深的热干岩所蕴藏的地热能源相当于全市油气能量的 1 万倍，如果将地热用作发电，与传统化石燃料相比，它不会产生温室气体与二氧化硫等污染物。

三、黑龙江省清洁能源重点发展对策

（一）强化清洁能源开发利用监督管理职能

省政府成立清洁能源开发利用统一管理机构，统一行使政府在清洁能源发展领域的行政职能，制定产业发展政策，协调清洁能源产业链的各个环节，推动清洁能源的快速健康发展。

（二）实行清洁能源鼓励政策

在能源生产环节，对清洁能源项目的开发建设或清洁能源产品直接提供财政补贴，也可以实施低息贷款的信贷扶持政策。在能源消费环节，对消费者提供用户补贴和绿色电价政策。

在税收方面，应对清洁能源税收减免，同时对非清洁能源实施强制性增加税收政策以促进清洁能源发展。

在产品价格方面，对清洁能源发电项目给予高于其他常规能源发电项目的电价，以鼓励清洁能源发电项目的发展。

（三）煤炭产品清洁化

由于光伏发电、风电等新能源产业生产成本高于传统能源，新能源产业大规模推广应用也存在技术难题，所以黑龙江省以煤炭为主的能源消费格局在较长时间段内难以改变。目前可以大力推广应用洁净煤技术，旨在减少煤炭污染和提高煤炭利用效率。在煤炭加工、燃烧、转化和污染控制等方面实现煤炭产品清洁化，延长了煤炭上下游产业链，提高了煤炭利用效率，可以彻底治理煤炭在应用过程中所造成的污染。煤炭产品清洁化重点应放在：发展热电联产和集中供热；提高动力煤入洗比例；拓宽型煤应用市场；发展煤气、天然气；发展水煤浆技术。

（四）推广利用地源热泵能源

地源热泵能源技术具有可再生利用、运行费用低、占地面积小、节约水资源、有利环保等特点。

1. 地源热泵能源

地源热泵是利用地球表面浅层常温的土壤或地下水（通常小于150米深的土壤或地下水）作为冷、热源，进行能量转换的冬季供热、夏季制冷的空调系统，主要满足建筑物夏季制冷、冬季采暖需求，并可提供部分生活热水，是清洁、可再生能源的一种形式。该系统不消耗燃料便能达到供热和制冷的效果，运行费用比传统产品低60%以上，冬季供暖成本只有18元/平方米，具有独立计费、无人值守、运行维护费用低等特点。

地源热泵最早于1912年瑞士的一份专利文献中提出，它是一种利用地下浅层低温地热资源（常温土壤或地下水）来实现制冷、制热的高效节能热泵系统，地源热泵具有以下特点：

（1）地源热泵属于可再生能源。由于其可在冬夏两季交互地蓄存冷、热量，同时地球表面吸收并蓄存了47%的太阳能，此能量是人类每年利用能量总和的500倍之多，这种蓄存于地表浅层的近乎无限的能源是取之不尽用之不竭的可再生能源，符合能源可持续性发展的趋势和循环经济的要求。

（2）地源热泵的污染物排放很低。仅相当于空气源热泵的60%，是普通锅炉供暖系统的30%。虽然其也采用制冷剂，但是比常规空调装置减少了25%的充满量，是真正的环保型系统。

（3）地源热泵属经济高效的冷（热）源。其利用的地能或地表浅层地能的温度一年四季相对稳定，冬季比空气温度高，夏季比空气温度低，是很好的热源和冷源，这就使热泵机组运行更可靠、稳定，保证了系统的稳定性、高效性、经济性。

(4) 地源热泵可以一机多用。它可以用于供暖、空调、生活热水，适合于宾馆、商场、办公楼、学校、住宅，更适合于别墅，是一种极具发展潜力的中央空调冷、热源。

2. 地源热泵发展现状

目前，山西、山东、北京等地已纷纷推广应用地源热泵技术，但最有参考价值的还是相邻的辽宁省沈阳市的地源热泵技术。

从2005年起至今，沈阳市地源热泵技术应用项目已累计达到328项，地源热泵技术应用面积达1 840万平方米。沈阳市一个采暖期可以节约燃煤约60万吨，减少二氧化硫排放约0.8万吨，减少烟尘排放约0.5万吨。沈阳市人民医院采用地源热泵技术供暖面积达10万平方米，每年节省燃煤7 000余吨。除利用土壤和地下水作为热源外，城市污水也是十分可观的热力资源。沈阳仙女河污水处理厂日处理污水34万吨，利用处理后的污水冬季供热面积达260万平方米。

3. 地源热泵能源利用措施

地源热泵和污水利用热泵技术是黑龙江省实现节能减排，控制污染，发展低碳经济的最佳选择。特建议如下：

(1) 省政府责成有关部门尽快成立地源热泵技术专项推进办公室。

(2) 出台采用地源热泵技术的建设项目扶持政策。如北京市对采用浅层地下水的建设项目一次性补助35元/平方米，对采用深层地源热和再生水的一次性补助50元/平方米；

四、低碳能源发展例证分析——水能资源开发利用

2005年2月16日，全球100多个国家共同签署的《京都议

定书》正式生效，《京都议定书》设置了三个灵活机制，即清洁发展机制（CDM）、联合履约（JI）和排放贸易（ET）。清洁发展机制（Clean Development Mechanism，CDM）是《京都议定书》第十二条确定的一个基于市场的灵活机制。清洁发展机制的主要内容是指发达国家通过提供资金和技术的方式，与发展中国家开展项目级的合作，通过项目所实现的“经核证的减排量”，用于发达国家缔约方完成在议定书第三条下关于减少本国温室气体排放的承诺。它在为全球环境带来巨大正面影响的同时，还在全球范围内形成一个新的温室气体排放交易市场，CDM的实质是：承担降低全球温室气体排放的38个发达国家为完成《京都议定书》的温室气体减排承诺，以较低的成本，通过提供资金或技术，帮助发展中国家实施具有温室气体减排作用的项目，换取相应的温室气体减排权益，冲抵其本国的减排义务。

CDM为黑龙江省水能资源开发提供了良好的机遇。

（一）黑龙江省水能资源概况

据2003年全国水力资源复查和2004年黑龙江省农村水电复查结果，全省水能资源理论蕴藏量987.8万千瓦，可开发量为986.7万千瓦，可建水电站928座。其中可建大、中型水电站27座，总装机容量673.2万千瓦，占总可开发量的68.2%；可建农村水电站901座，总装机容量313.5万千瓦，占总可开发量的31.8%。水能资源可开发量居东北之首，相当于辽宁和吉林两省水能资源可开发量之和，发展潜力巨大。

截止2006年末，全省已建成水电站67座，总装机达到86.5万千瓦，开发率为8.8%。其中，农村水电装机23.06万千瓦，占农村水电资源的7.4%。8.8%的水能资源开发利用率低于全国24%和国际上发达国家60%的开发利用水平，水能资源开发利用缓慢。

（二）黑龙江省水能资源开发存在的问题

1. 长期以来注重发展火电，对水电开发认识不足

黑龙江省为国内煤炭资源丰富省份之一，建国前期重工业发达，用电负荷平稳，因煤炭资源优势和燃料造价较低的原因，一直侧重于发展火力发电，错过了国家投资开发水电的机会。造成了黑龙江省水火电比重相差悬殊，水电装机仅占6%，能源结构极不合理，而清洁宝贵的水能资源白白地流失没有发挥应有的效益。

2. 前期工作落后建设需求

全省分布有水电站的河流有755条，只有呼玛河、库尔滨河和海浪河编制过以水电开发为主的流域规划，其余都没有编制。全省830座未建的水电站中，属于规划以上精度的只有37座，其余均为规划及以下精度。前期工作不能适应水电开发建设的需求。

3. 客观自然地理条件因素造成工程指标较差

黑龙江省气温低、结冻期长达半年左右，冻土深度达1.7米，为确保工程安全，工程项目从设计到结构尺寸以及施工方法都与其他地区有所不同，再加上施工期短，费用高，使得工程造价明显偏高。而降雨量又偏小，全省年平均降雨量约为500毫米。这使得黑龙江省电站工程的经济技术指标相对于南方省份，单位千瓦投资达0.8万～2万元，单位电能投资达3～5元。

4. 电价偏低

电价是投资者能否按期回收投资，并获得合理的收益的关键。黑龙江省农村水电上网电价大多执行0.216元/千瓦时，远低于平均上网电价，严重制约水电的发展。

5. 缺少有利于加快水电建设的政策

黑龙江省水能资源大多集中在边远地区，经济相对比较落后，对水电建设缺少税收、电价、占地补偿等政策优惠，影响开

发水电的积极性。

（三）CDM 与水能资源发展机遇

1. 我国 CDM 重点发展领域

2005 年 10 月 12 日，由国家发改委、科技部、外交部、财政部共同签署的中国《清洁发展机制 CDM 项目运行管理办法》正式颁布生效，为中国企业开发 CDM 项目提供法律保障，也标志着中国 CDM 项目开发全面启动。根据国家发改委的有关文件精神，在中国开展清洁发展机制项目的重点领域，是以提高能源效率、开发利用新能源和可再生能源，以及回收利用甲烷和煤层气为主。中小水电（云、贵、川等地的为 1.5 万千瓦以下，其他地区的 15 万千瓦以下）、风力发电、太阳能发电、生物质发电、垃圾填埋和垃圾焚烧发电、煤层气发电、余压/余热发电等都可以开发成 CDM 项目。

黑龙江省可开发建设的 901 座水电站全部符合 CDM 项目要求。

2. 小水电已成为我国 CDM 发展重点

截至 2008 年 2 月 29 日，国家发改委批准的 CDM 项目总计 1 150个，其中仅小水电项目就达 600 个，占 52.2%，超过我国 CDM 项目的一半。其中小水电 CDM 项目发展最快的省份是云南和四川，分别为 150 个和 101 个，分别占我国小水电 CDM 项目的 25%和 16.8%。其次是湖南、甘肃和贵州，分别占 11%、8.5%和 7.2%。黑龙江省只有一个海林市的“双桥、板桥和龙头山小水电打捆项目”，仅占全国的 0.17%。

由此可见，就产业规模而言，小水电已经成为我国最大、发展最快的可再生能源利用领域。黑龙江省小水电 CDM 的发展潜力也是十分巨大的。

但是，《京都议定书》有效期截止到 2012 年，中国将要取代美国成为全球最大的温室气体排放国，2007 年 12 月 15 日结束的巴厘岛第十三届联合国气候大会制定了“巴厘岛路线图”，对发展中国家提出了更多要求。因此，可以利用CDM的时间已经不多，黑龙江省应在极其有限的时间内，抓住CDM为水利建设融资提供的宝贵机遇。

3. 解决小水电开发资金瓶颈问题

由于黑龙江省地处高寒地区，小水电项目的经济指标无法同南方省份相提并论，许多小水电项目，尽管有很多社会效益，但银行不愿贷款，投资者认为没有盈利也不愿投资，那么此项目就很难建成。但是，一个小水电的建成投产，可以在全球范围内减少温室气体的排放，可以产生额外的减排量。在CDM机制的作用下，就会有投资者投资建设。根据CDM项目要求的减少温室气体排放的额外性，项目开发需要符合中国可持续发展战略和政策，环境负面的影响越小越好，项目困难和障碍越大越有利于申报。

因此，历史上黑龙江省发展水能资源的瓶颈因素现在已经变成发展CDM项目的优势。

（四）CDM水能开发程序

1. CDM项目实施相关机构

CDM项目执行过程中，参与的主要机构包括：

（1）缔约方会议（COP）。是气候变化公约及《京都议定书》下所有问题的最高决策机构。缔约方会议由所有缔约方代表组成，每年召开一次会议。

（2）CDM执行理事会（EB）。负责监管CDM项目的实施，并对缔约方大会负责；维持CDM活动的注册登记，包括签发新产生的CERs，建立账户管理CERs。执行理会由10个专家组成。

（3）项目所在国政府。负责判断报批的CDM项目是否符合可持续发展需求，决定是否批准所报批的将在其境内实施的项目作为 CDM 项目。中国政府批准的主办机构是国家发展和改革委员会国家气候变化政策协调小组办公室。

(4) 经营实体（DOE）。是由执行理事会授权的独立组织，对申报的 CDM 项目进行审查（Validation）；核实项目产生的减排量，并签署减排信用文件证明，推荐签发 CERs（Verification/Certification）。

(5) 项目参与者。或指参与 CDM 项目活动的缔约方，或指经某缔约方批准并在其负责下参与 CDM 项目活动的私营和/或公共实体（如：项目业主等）。

2. CDM 项目活动周期

一个典型的清洁发展机制项目，其运行过程主要包括：

（1）项目业主寻找 CDM 合作方，即 CERs 的买家；

（2）项目参与方按照要求提出项目设计书；

（3）政府批准该项目 CDM 合作；

（4）在获得政府批准后，将批准文件和项目文件提交给项目经营实体进行审定；

（5）项目经营实体根据 CDM 的各项规则要求，对所申报的项目进行审定；

（6）当项目通过审定合格后，提交给 CDM 执行理事会批准注册；

（7）没有 3 名以上的 CDM 执行理事会成员反对，则在 8 周内批准注册；

（8）项目获得注册后，项目参与方应根据项目文件所提出的项目监测方案对项目实施情况进行监测；

（9）项目参与方应在项目执行一段时间后，邀请经营实体对项目所产生的温室气体减排量进行核查；

（10）经营实体根据项目监测报告，计算项目实际产生的温室气体减排抵消额形成核查报告，并提交给 CDM 执行理事会请求签发 CERs；

（11）如果没有 3 名以上的 CDM 执行理事会成员反对，应该在 15 天内批准签发该项目的 CERs；

（12）经营实体定期对项目进行核查，重复以上从项目实施到签发 CERs 的过程。

3. 项目业主的工作

（1）聘请专业的 CDM 咨询机构。由于 CDM 项目有其特定的技术要求，因此项目业主有必要聘请专业咨询机构进行技术文件的设计和制作。

由于此类咨询机构通常也具有项目全程咨询服务能力，减少业主 CDM 项目运作的成本风险。部分此类机构还可以为业主提供免费的前期服务，使得业主 CDM 运作的成本风险几乎可以降为零。

（2）文件准备。需要项目业主提供以下材料用于进行 CDM 项目的技术设计和相关文件制作：

①项目可行性研究报告或预可研报告，包括财务分析和技术分析；

②项目环境影响评价报告；

③政府主管机构对项目出具的公文；

④提供给 CERs 买家尽职调查材料；

⑤与项目管理有关的制度文件。

4. 组建工作组

由于 CDM 项目活动是一项综合性工作，因此，为了项目的顺利开展，通常情况下，需要业主组建一个由公司领导任组长，包括财务、金融、工程项目和 CDM 技术机构人员在内工作组。在此工作组中，技术咨询机构人员进行 CDM 项目设计，并提出相关需求，由组长组织公司内有关人员落实。

5. 签订 CERs 购买协议（ERPA）

项目业主需要和 CERs 购买方签订 CERs 购买协议（ERPA），由于此项工作中涉及大量的专业要求和外文翻译等事务，并且鉴于咨询技术机构通常与购买方具有较好的合作关系，因此，一般情况下，由技术咨询机构来协助业主完成。

6. **提请项目批准和注册**

项目业主需要将上述申请文件提交国家 CDM 管理机构和 CDM 执行理事会进行批准与注册。一般情况下，由技术咨询机构来协助业主完成。

（五）CDM 水能项目成本分析

小水电 CDM 开发成本可分成项目注册前和项目注册后。项目注册前，项目开发商一般会将项目识别、项目设计及 PDD 文件编写和买方寻找等工作委托第三方（中介）来完成，需支付一定费用。同时开发商还需支付项目审定和注册费（小规模项目 2 万美金左右）。项目注册后，开发商每年需支付核证费用（小规模项目 0.5 万美金左右）。按照我国《清洁发展机制项目运行管理办法》第二十四条规定鉴于温室气体减排量资源归中国政府所有，而由具体清洁发展机制项目产生的温室气体减排量归开发企业所有，因此，清洁发展机制项目因转让温室气体减排量所获得的收益归中国政府和实施项目的企业所有。对重点领域以及植树造林项目等类清洁发展机制项目，国家收取转让温室气体减排量转让额的 2%。

（六）CDM 水能项目风险分析

开发小水电 CDM 的风险主要来自政策风险、项目风险和 CDM 特有风险。

1. **项目风险**

项目风险指工程建设风险，如项目是否按期建成投产，资源能否按预期产生等。

2. **政策风险**

联合国气候变化框架公约第三次缔约国大会于 1997 年 12 月

在日本京都举行，会议通过了京都议定书。议定书为 38 个工业化国家规定了具有法律约束力的减、限排义务，即这 38 个工业化国家在 2008—2012 年的承诺期内，把它们的温室气体排放量从 1990 年排放水平平均大约降低 5.2%。2012 年后《京都议定书》是否继续生效，将直接影响 CDM 减排的有效期和带来的效益。其次，发达国家对气候变化态度和相应政策以及东道国政府态度和政策的改变都会给 CDM 执行带来政治和主权、履约不能等政策上的风险。

3. CDM 特有风险

如项目未能获批准，融资不成等。CDM 合格性即减排额不符合《京都议定书》的“额外性”和“保守性”，则存在着不被通过的风险。另外减排额售价过低，在报国家发改委的时候也可能得不到批准。项目运行阶段，还有监测或核实风险。

（七）黑龙江省 CDM 水能项目开发建议

省政府政府成立 CDM 专项推进领导小组，下设办公室专门协调、推进全省 CDM 项目开发。组织相关部门到云南、四川和甘肃等地对小水电 CDM 开发项目进行专题考察学习。责成省政府有关部门抓紧建立 CDM 开发储备项目库，做好每个项目的前期工作。

第十一章 黑龙江省水生态低碳经济发展对策

水生生态系统包括整个生态系统的有机碳主要来源于空气中的 CO_2。植物在生长过程中吸收 CO_2，形成光合产物并作为生物量固定贮存起来，而有机碳则包含在这部分生物量当中。水生植物作为水生生态系统的重要组成部分，其碳贮存能够消减大气日益增加的 CO_2，在稳定全球气候、减缓温室效应方面发挥了重要作用。同时，通过水生生态系统的食物链和营养级作用，储存在各类水生植物中的有机碳又不断向下一个营养级传递，最终通过水生生物产业将有机碳迁移出水体。在合适的技术干预手段和政策调节下，水体可以作为一个强大的碳汇库，源源不断，高效地发挥碳汇作用。

水生态低碳经济是低碳经济的重要组成部分，也成为黑龙江省低碳经济领域的一大特色。

一、水生态低碳经济产生和调控机制

(一) 水生态系统碳汇产业过程

水体中的碳循环比较复杂，浮游植物、浮游动物、鱼类、沉水植物、湖底沉积物、水动力条件乃至风场等因素都会对水体中的碳汇产生影响。

张发兵、胡维平等（2008）对水体碳循环进行了研究。水体中的碳主要以有机碳和无机碳两种形态存在。水体中的有机碳来源有两种途径：一为外来，一为自生。外来的有机碳主要为地表径流带入的有机碳，它包括：①陆生植物的碎屑以及其在陆地上降解形成的腐殖酸等溶解性有机物；②陆生植物碎屑由风作用从湖面的输入；③人类活动产生的含有机碳的废水；④湖泊沉积物的再悬浮和沉积物释放。自生有机碳途径主要为湖泊水体浮游植物、高等水生植物光合作用及细菌的光化学反应。

无机碳的来源途径也为外来和自生两种：外来途径包括：①陆生植物碎屑矿化形成的溶解和颗粒态无机碳随地表径流输入；②陆地碳酸盐风蚀、水解随地表径流输入；③大气中 CO_2 通过水—气界面向湖泊水体的扩散；④湖泊沉积物的再悬浮和沉积物释放。自生主要包括湖泊有机碳在浮游动物、鱼类及微生物作用下的矿化分解及湖泊底泥中有机碳在底栖动物、微生物作用下的矿化。

湖泊水体有机碳的输出主要为随出湖河道径流的输出、有机质在湖泊内矿化与降解、人类捕捞造成的输出。无机碳输出途径为径流输出、通过水气界面以气态 CO_2 的输出以及向深层土壤的渗漏（图 11-1）。

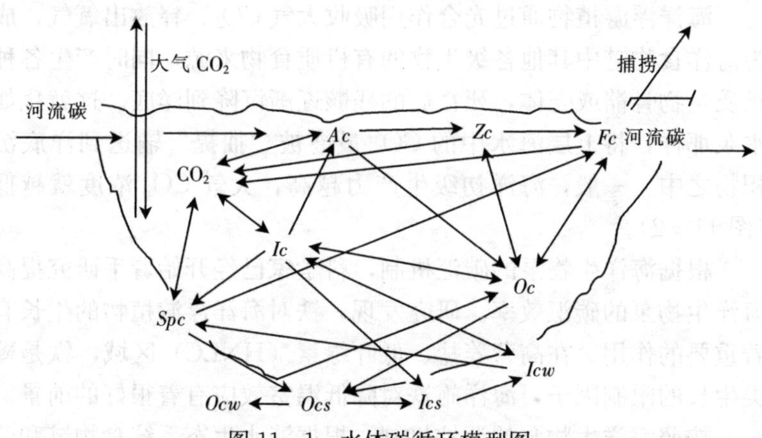

图 11-1　水体碳循环模型图

注：CO_2 表示水中游离态二氧化碳；*Ac* 表示藻态碳；*Zc* 表示浮游动物态碳；*Fc* 表示鱼类态碳；*Ic* 表示溶解性无机碳；*Oc* 表示溶解性有机碳；*Spc* 表示沉水植物态碳；*Ocw* 表示底泥间隙水中有机碳；*Icw* 表示底泥间隙水中无机碳；*Ocs* 表示底泥中有机碳；*Ics* 表示底泥中无机碳。

资料来源：张发兵，胡维平等。

水生生物碳汇产业过程：利用有机碳的碳汇形式，将具备经济价值的有机碳生物载体持续迁移出水体，并利用各种技术和管理手段促使有机碳生物载体群落的最大化。

（二）水生态系统低碳产业调控机制

大气二氧化碳在海水中的溶解吸收是通过海洋浮游植物的光合作用而进行的。海洋中的浮游动物又吞食浮游植物，食肉类的浮游动物吃食草类浮游动物。这些生命系统所产生的植物和动物碎屑沉降在海洋中，某些沉降物将分解并作为营养物回到海水中，但也有大约1％到达深海或海床在那里被沉积而不再进入碳循环，这称之为生物泵。海洋生物泵的净化效果是减少表层海水中的碳含量使得它可以从大气中获取更多的二氧化碳以恢复表层平衡。

海洋浮游植物通过光合作用吸收大气 CO_2、释放出氧气，成为海洋食物链中其他各级生物的有机质食物来源，同时产生各种钙质生物骨骼或壳体，死亡后的残骸逐渐沉降到洋底。这就犹如水泵那样，将上层海水中的 CO_2 最终被“抽提”输送到洋底沉积物之中。一般，海洋初级生产力越高，大气 CO_2 浓度就越低(图 11－2)。

根据海洋生物泵的碳汇机制，科学家已经开始着手研究提高海洋生物泵的碳汇效率。研究发现，铁对海洋浮游植物的生长有着重要的作用。在高营养盐、低叶绿素（HNLC）区域，铁是藻类生长的限制因子，海洋施铁对降低温室效应有着很好的前景。

按照海洋生物泵的调控机制，根据淡水生态系统食物链和营养级结构特点，可以遵照水生生物碳汇产业的要求，有目的地调控淡水生态系统的水域初级生产力，扩大水生生物碳汇产业规模，提高碳汇效率，增加经济效益。

调控水域水生生物碳汇产业规模可以采取以下措施：①提高浮游生物初级生产力；②根据具体水域浮游生物发生、变化规律，提高现存初级生产力利用率；③提高水生维管束植物初级生产力；④提高现存水生维管束植物利用率；⑤改良水生生物产业品种，提高水域资源利用率；⑥采取政策激励，法律法规保证，提高荒芜、闲置水域开发利用率，促进水生生物碳汇产业良性快速发展。

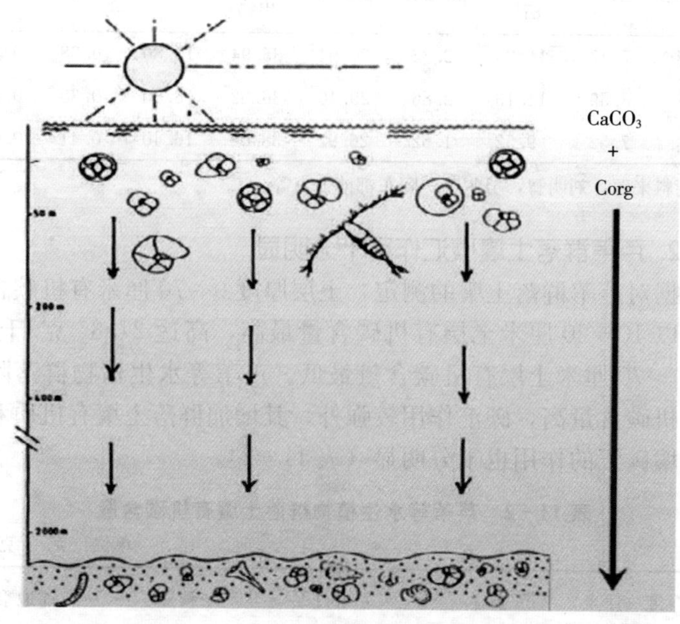

图 11－2　海洋水生态系统生物泵示意图

资料来源：http：//image. baidu. com/

二、水生生物碳汇效应

（一）水生植物——芦苇碳汇效应

1. 芦苇在不同生长时期均含有较多的碳水化合物

据测定，芦苇在抽穗、盛花和结实各个生长期的碳水化合物含量分别高达 80.43％、82.91％和 76.08％，整个生长周期吸纳的碳水化合物平均高达79.81%，其碳汇作用非常明显（表11-1）。

表11-1 芦苇不同生长期营养成分

单位：%

生育期	水分	粗蛋白质	粗脂肪	粗纤维	无氮浸出物	粗灰粉	钙	磷
抽穗	7.77	11.23	2.32	30.94	35.94	11.80	0.38	0.197
盛花	8.59	14.13	2.86	29.40	36.52	8.50	0.38	0.140
结实	7.52	9.52	1.62	26.92	38.02	16.40	0.41	0.094

资料来源：刘明智，努尔巴一阿布都沙力克等。

2. 芦苇群落土壤碳汇作用十分明显

据对芦苇群落土壤的测定，土层厚度0～70厘米有机碳含量中，以10～20厘米土层有机碳含量最高，高达27.85克/千克；以50～70厘米土层有机碳含量最低。芦苇等水生植物群落除自身有机碳含量高，碳汇作用较强外，其增加群落土壤有机质和增加土壤碳汇的作用也十分明显（表11-2）。

表11-2 芦苇等水生植物群落土壤有机碳含量

单位：克/千克

土层厚度（厘米）	芦苇	短叶茳芏	秋茄	铺地黍
0～10	20.02±0.13	22.48±0.17	26.92±0.07	16.32±0.14
10～20	27.85±0.16	31.42±0.22	33.44±0.41	30.22±0.44
20～30	19.14±0.07	22.99±0.14	28.95±0.32	26.70±0.13
30～50	15.97±0.12	20.24±0.18	17.66±0.15	16.45±0.08
50～70	15.88±0.06	16.50±0.04	18.81±0.19	17.10±0.11

资料来源：封磊，洪伟等。

3. 芦苇等水生植物生物体碳元素含量均较高

据对芦苇根、茎、叶各部分的测定，其有机碳含量分别为

31.96 克/千克、38.25 克/千克、32.34 克/千克，平均为 34.18 克/千克，折合 CO_2 碳汇作用为 125.33 克/千克（表 11－3）。

表 11－3　芦苇等水生植物不同部位有机碳含量

单位：克/千克

群落	根	枝	叶
芦苇	31.96±0.58	38.25±0.54	32.34±1.02
短叶茳芏	33.25±1.06		35.82±0.47
秋茄	30.78±0.39	42.15±0.67	33.40±0.66
铺地黍	30.13±0.84		34.06±0.65
香蒲	33.99±0.64		36.99±0.76

资料来源：封磊，洪伟等。

（二）水生动物——鱼类碳汇效应

1. 水产品价值

水产类包括各种海鱼、河鱼和其他各种水产动植物，如虾、蟹、蛤蜊、海参、海蜇和海带等。它们是蛋白质、无机盐和维生素的良好来源。尤其蛋白质含量丰富，比如 500 克大黄鱼中蛋白质含量约等于600 克鸡蛋或 3 500 克猪肉中的含量。鱼类蛋白质的利用率高达 85%～90%。鱼类的脂肪含量不高，一般在 5%以下。鱼类中维生素 B_1 的含量普遍较低，因为鱼肉中含有硫胺酶，能分解破坏维生素 B_1 所致。维生素 B_2、尼克酸、维生素 A 含量较多。

水产品中的鱼类可为大脑提供丰富的蛋白质、不饱和脂肪酸、钙、磷、维生素等，特别是不饱和脂肪酸 DHA，它是构成脑细胞、细胞神经突触及提高活力的重要物质，被称为“智商因子”，是陆地动物体内所缺乏的。DHA 的研究已近 30 年，全世界已发表3 000多篇关于DHA的学术论文。研究发现多不饱和脂肪酸即二十二碳六烯酸（Docosahexaenoic Acid）是构成人脑的主要物质基础。DHA主要存在于大脑的灰、白质部，在细胞的脂肪中占10%，在与学习、记忆有关的海马回中占25%之多，在视网膜中占40%～50%。脑细胞之间通过突触相连，形成网状组织，达到信息传递的目的。DHA虽然可以由必需脂肪酸、α-亚麻酸衍生而来，但速度较慢，尤其是婴幼儿，处于大脑发育的初期，直接从食物中获取DHA是最有效的方法。经研究调查表明：日本人智商高就与DHA的摄入有关，日本儿童智商每年比美国儿童提高4个百分点。对于中老年人来说，经常吃鱼摄入足量DHA，可以改善记忆能力，提高判断能力，在一定程度上延缓脑功能衰退，对防止老年性痴呆有良好的效果。

2. 水产品碳汇效应

关于鱼类的碳汇效应，卢振彬，戴泉水（2005）等人检测了闽南—台湾海域的52种经济鱼类的有机碳含量。

结果发现，海水中上层鱼类有机碳占鲜重的14.24%（表11-4），近底层鱼类有机碳占鲜重的13.69%（表11-5），底层鱼类有机碳占鲜重的13.54%（表11-6）。海洋新鲜鱼类平均有机碳含量为13.82%，折合CO_2碳汇为49.65%。

选取我国淡水水域最常见的底层鱼和上层鱼的代表种类，根据鱼体化合物组成，计算了鱼体有机碳含量。结果表明，淡水鱼有机碳占鲜重的14.06%，折合CO_2碳汇为51.54%，分别比海水鱼高出0.24个百分点和1.89个百分点。由于近年来自然水域河蟹养殖已经越来越普及，尤其是在高寒地区形成了一项颇具特色的新兴产业，经计算，河蟹CO_2碳汇也高达45.57%（表11-7）。

表 11-4　中上层鱼类有机碳含量

类群	种　　类	营养级	鲜样含碳率（%）
中上层鱼类	蓝圆鲹	2.7	12.896 9
	金色小沙丁鱼	2.1	9.905 1
	颌圆鲹	2.7	11.768 2
	竹荚鱼	2.7	14.062 3
	康氏小公鱼	2.2	16.840 0
	汉氏凌鳀	2.3	11.564 1
	赤鼻凌鳀	2.3	22.980 6
	蓝点马鲛	3.5	11.926 4
	鲐鱼	2.4	10.693 6
	黄鲫	2.1	13.221 1
	鳓鱼	2.1	14.540 5
	中颌凌鳀	2.2	20.539 0
	平均	2.441 7	14.244 8

资料来源：卢振彬，戴泉水等。

表 11-5　近底层鱼类有机碳含量

类群	种　　类	营养级	鲜样含碳率（%）
近底层鱼类	带鱼	3.7	18.078 6
	六指马鲅	2.3	8.557 7
	多鳞鱚	2.5	8.949 3
	丝背细鳞鲀	2.1	11.339 3
	刺鲳	2.5	15.551 5
	龙头鱼	3.5	4.805 8
	短棘银鲈	2.3	20.107 2
	四指马鲅	3.3	26.440 3
	大黄鱼	2.4	14.921 4
	条尾绯鲤	2.5	19.056 9
	白姑鱼	2.6	10.173 9
	叫姑鱼	2.5	10.910 1
	鹿斑鲾	2.4	9.863 3
	棕腹刺鲀	3.0	9.241 1
	铅点东方鲀	2.4	14.806 2
	鳗鲇	2.4	9.421 1
	细鳞鯻	2.8	20.522 9
	平均	2.658 8	13.691 0

资料来源：卢振彬，戴泉水等。

表 11-6 底层鱼类有机碳含量

类群	种　类	营养级	鲜样含碳率（%）
底层鱼类	花斑蛇鲻	3.4	10.814 8
	大鳞舌鳎	2.5	9.551 6
	鲬	3.0	8.101 1
	杂食豆齿鳗	2.9	13.939 2
	海鳗	3.4	13.138 8
	大头狗母鱼	3.2	12.565 5
	多齿蛇鲻	3.4	8.333 3
	斑鳍天竺鱼	2.4	8.260 6
	蛾眉条鳎	2.4	9.586 0
	红狼牙鰕虎鱼	2.7	12.468 2
	大鳍虫鳗	2.9	17.793 1
	焦氏舌鳎	2.3	9.239 8
	发光鲷	2.4	10.942 3
	二长棘鲷	2.4	29.554 3
	短尾大眼鲷	2.6	11.528 5
	尖嘴魟	3.0	9.570 0
	木叶鲽	2.1	13.099 3
	金线鱼	2.2	8.459 0
	六带拟鲈	2.6	18.497 7
	西伯里蛇鳗	2.8	21.549 1
	尖吻蛇鳗	3.1	27.680 5
	食蟹豆齿鳗	2.8	15.554 9
	斑鲆	2.7	11.101 4

资料来源：卢振彬，戴泉水等。

表 11-7　上层和底层淡水鱼类有机碳含量

单位：%

项目	蛋白质	脂肪	碳水化合物	含碳量	CO_2 碳汇
含碳量	52	76.7	58		
鲤鱼	17	9		15.743	57.72
鳙鱼	15.3	2.2	4.7	12.369	45.35
鱼类平均				14.06	51.54
河蟹	17.5	2.6	2.3	12.43	45.57

三、黑龙江省典型水生态低碳资源

黑龙江省位于中国的东北部，是中国位置最北、纬度最高的省份。它介于东经 121°11′～135°05′，北纬 43°26′～53°33′之间。北部和东部隔黑龙江、乌苏里江与俄罗斯相望，西部与内蒙古自治区毗邻，南部与吉林省接壤。全省土地面积 45.4 万平方千米，占中国总面积的 4.7%。

黑龙江属温带、寒带之间的大陆性季风气候。年平均气温在 -4～4℃。气温由南向北降低，南北相差 8℃。夏季气温高，降水多，光照时间长，适宜农作物生长。

全省境内江河湖泊众多，有黑龙江、乌苏里江、松花江、嫩江和绥芬河五大水系，现有湖泊、水库 6 000 余个，水面达 80 多万公顷。

丰富的水域资源和良好的光照条件为黑龙江省提供了很好的水生生物低碳产业基础，只要制定合适的综合配套政策，一定会为全省的低碳经济发展做出贡献，为减缓温室效应发挥应有的作用，同时在经济上实现产业良性循环，产生可观的经济效益。

（一）黑龙江省代表性水生植物低碳资源

1. 乌裕儿河湿地

乌裕儿河湿地位于黑龙江省齐齐哈尔市及富裕、林甸、泰康、泰来县境内，北纬 46°35′～47°43′，东经 123°46′～124°48′。区内湖泊星罗棋布，大小泡沼 228 个，以芦苇沼泽为主，面积为 121 750 公顷，其次为苔草沼泽，约 4 025 公顷，总面积约 125 775公顷。海拔高程 152～165 米。

乌裕儿河流域属松嫩平原一部分，它是在中生代断陷盆地的基础上发育为冲积、湖积平原。地表多为冲积的河湖相层及风砂土层。沼泽发育的地貌部位为低河漫滩及泡沼。

乌裕儿河下游地区属于温带半干旱气候。年平均气温 3.2℃，1 月平均气温－19.4℃，极端最低气温－39.5℃；7 月平均气温为 22.9℃，极端最高气温 39℃。年平均降水量 428 毫米。无霜期 131 天。≥10℃ 积温 2 600～3 000℃。年日照时数 2 700～3 000 小时，年辐射总量是 2 052～2 140 焦耳/平方厘米。年平均风速 2.5～4.2 米/秒，积雪持续到 4 月底。

沼泽植被以芦苇群落为主，芦苇为建群种，是分布于乌裕儿河下游面积最大的类型，株高 2～3 米，盖度 90%以上，常呈单优势群落。主要伴生植物有狭叶甜茅、菰、毛果苔草、驴蹄草、小狸藻、水车前、槐叶苹、球尾花、泽泻、水葱、合子草、东方蓼等。在芦苇沼泽中还有漂筏苔草群落，伴生植物有东北沼委陵菜、狭叶甜茅、睡菜、长喙提灯藓、扭枝泥炭藓等。草层高一般 30～40 厘米，盖度达 80%左右，土壤含盐量较低。芦苇沼泽中，还有一部分毛果苔草—乌拉苔草群落，其伴生种有走茎苔草、无脉苔草、灰脉苔草、牛毛针蔺、宽叶棉花莎草，在积水深处还有水木贼、小狸藻等。群落盖度达 80%以上。

另外在湖泡中还生长大量水生植物，如沉水植物金鱼藻、狸藻、黑藻、狐尾藻、梅花藻等。浮水植物有菱、睡莲、杏菜、槐叶苹等。挺水植物有宽叶香蒲、狭叶香蒲、菰、水葱、花蔺、雨久花等。该区的植物种类丰富，已记录的高等植物有 67 科 469 种。

在水道和泡沼还大量繁殖着浮游生物、水栖昆虫、软体动物，以及蛙类和鱼类。据调查，浮游植物有25科37属，以隐藻为主，主要种群有小环藻、衣藻等；浮游动物18科23属，以枝角类为主；鱼类有10科46种，以鲤科鱼为主，其中鲫鱼产量最高；两栖类有3科6种；爬行类有2科2种。沼泽湿地中的脊椎动物主要是鸟类，仅扎龙保护区内记录有17目45科236种，其中水禽130余种，特别是鹤类，这里是我国种类和数量分布最多也是世界鹤类最丰富的地区之一。

2. 七星河湿地

七星河湿地位于黑龙江省宝清县境内，为北纬46°05′～46°47′，东经132°01′～133°08′，面积有91 300公顷，其中芦苇沼泽50 750公顷，芦苇—小叶章沼泽40 550公顷。海拔高度为35～55米。

气候属中温带湿润气候区，年平均气温3.3℃，7月平均气温27.4℃，1月平均气温－24.3℃；极端最高温36.6℃，极端最低温－37.2℃。全年日照时数2 509小时，无霜期143天左右。≥10℃积温2 542℃。年平均降水量574毫米。年蒸发量610.2毫米。积雪平均深度33厘米。冻结厚度最大2.53米。

湿地植被以芦苇为优势植物，它的生长受七星河及挠力河水位和流量变化的影响，积水状况季节变化和年际变化大，时而面积扩大，时而面积缩小，干旱年份地表干枯，芦苇生长不好，产量不稳，水分适宜时，产量可达7 500千克/公顷，低者仅1 500千克/公顷左右。芦苇群落中伴生植物有小叶章、水蓼、漂筏苔草、毛果苔草、狸藻、小狸藻、狭叶泽芹、三瓣猪殃殃、狭叶黑三棱、驴蹄草、小白花地榆、狭叶香蒲、水葱、水木贼、大穗苔草、针蔺、灯芯草等。芦苇群落总盖度70%～80%，平均高度1.5～2米。芦苇是经济效益和生态效益较高的资源植物，也是造纸工业的重要原料。芦苇—小叶章沼泽群落伴生种和芦苇沼泽相似。芦苇、小叶章既是纤维植物，又是良好的牧草。小叶章含纤维40%左右，芦苇含纤维51%左右。

芦苇沼泽地栖息鸟类有50余种，鱼类主要有鲫鱼、鲤鱼、鲶鱼等。

3. 兴凯湖湿地

兴凯湖湿地位于黑龙江省密山市境内，北纬45°04′～45°13′，东经132°18′～133°04′，面积222 488公顷，主要为芦苇沼泽，还有狭叶甜茅—小叶章沼泽和狭叶甜茅沼泽。海拔高度为50～70米。

保护区约有高等植物423种，隶属85科。沼泽植被以芦苇群落为主，其伴生种有狭叶甜茅、球尾花、驴蹄草、毛水苏、狭叶香蒲、针蔺、狭叶泽芹、细叶毒芹、狭叶黑三棱、水葱、菰、狸藻、东北沼委陵菜、小叶章、毛果苔草、漂筏苔草等。群落盖度70%～80%，高2米左右，最高达3米，茎粗0.5～0.8厘米。小兴凯湖局部地段芦苇长势较好。

在芦苇群落中往往也有狭叶甜茅—小叶章群落和甜茅群落出现。芦苇是用途广泛的经济植物，既是维持生态平衡中的主要成分，又是经济收入中的主要资源。

据李文发等研究资料（1994）：兴凯湖自然保护区共有脊椎动物281种，鱼类有7目12科48种，以兴凯湖大白鱼驰名中外。

本处沼泽面积大，是三江平原地区三大芦苇产叶之一，既具有经济价值高的芦苇和小叶章资源又是珍贵湿地鸟类栖息、繁殖场所，还具有泥炭资源。已于1986年建立国家级自然保护区。

4. 嘟噜河湿地

嘟噜河湿地位于黑龙江省萝北县嘟噜河下游地区，北纬47°17′～47°23′，东经130°38′～131°07′。面积为10 500公顷，主要为芦苇沼泽，还有部分芦苇—小叶章—毛果苔草沼泽。海拔高度60米。

沼泽植物群落以芦苇为优势种，伴生植物有菰、小叶章、狭叶甜茅、宽叶香蒲、水蓼、毛果苔草、黑三棱、漂筏苔草、水木贼、驴蹄草、球尾花、燕子花、狸藻、小狸藻、睡莲、槐叶萍。该区芦苇资源是造纸工业的主要原料，也是三江平原三大芦苇产区之一。

5. 七棵树湿地

七棵树湿地位于黑龙江省龙江县七棵树境内，北纬47°27′～47°37′，东经123°20′～123°30′，海拔145米，面积3 550公顷，主要为芦苇—漂筏苔草沼泽和芦苇沼泽。

沼泽地位于大兴安岭东麓，嫩江平原西端，属于松嫩平原一部分。松嫩平原是断陷盆地，第四纪地层发育。地表物质为第三纪、第四纪沉积物。沼泽地发育在低洼地及泡沼周围。

本区气候属于大陆性季风气候。年平均气温2.8℃，最冷月（1月）平均气温－18.4℃，最热月（7月）平均气温23.9℃。年平均降水量433毫米。无霜期144天。

沼泽水源靠大气降水和地表径流补给，地表一般有积水，水分不稳定，旱年干涸，芦苇生长矮小，产量较低。

沼泽植物群落以芦苇和漂筏苔草为主要优势种，伴生植物有达香蒲、狭叶香蒲、水葱、毛果苔草、针蔺、泽泻、球尾花、水蓼、小狸藻、狭叶甜茅、杉叶藻、慈姑、驴蹄草、毛水苏、菰、睡菜、睡莲、东北沼委陵菜、水木贼、梅花藻、水车前等。

沼泽地的另外一个群落是纯芦苇沼泽，伴生植物有球尾花、小狸藻、狭叶甜茅、水木贼、燕子花、睡菜、针蔺、水葱、狭叶香蒲、宽叶香蒲、驴蹄草、泽泻、灯心草等。芦苇植株高150～200厘米，盖度70%以上。

芦苇沼泽的主要水鸟有50～70种，最常见的有丹顶鹤、白枕鹤，分别为我国一、二级保护鸟类。芦苇沼泽是这些鸟类栖息、繁殖、觅食的良好场所。沼泽地兽类主要是水獭和麝鼠。

6. 泰来湿地

泰来湿地分布在黑龙江省泰来县西南15公里，北纬46°20′～46°26′，东经123°08′～123°12′，面积2 625公顷，海拔高程 140 米，为芦苇沼泽和芦苇—苔草沼泽。

松嫩平原是松花江、嫩江冲积形成的平原，它是断陷盆地，第四纪地层发育。沼泽发育于低洼湿地。

泰来县属于半干旱半湿润大陆性季风气候区。年平均气温 4.0℃，最冷月（1 月）平均气温－17.5℃，极端最低温度－34.9℃；最热月（7 月）平均气温 23.3℃，极端最高气温 41.6℃。平均年降水量 376 毫米，降水多集中在 7、8 月份。无霜期 136 天。日照时数 2 917 小时，是黑龙江省光热资源最丰富的县份之一。

水分来源主要靠大气降水和地表径流。地表一般常年积水，水化学类型为碳酸钠或重碳酸钠型。在常年积水的苇塘里，一般盐分不高，适于芦苇生长。偶尔断水干涸，表土盐分增加，严重时芦苇不能生长，变成盐碱荒滩，所以，水对芦苇的生长是绝对的重要。

土壤为盐化沼泽土和腐殖质沼泽土。

沼泽植物群落以芦苇为优势种，伴生植物有水葱、香蒲、菰、水蓼、针蔺、狭叶黑三棱、水木贼、狭叶泽芹、杉叶藻、驴蹄草等，群落盖度 70%～80%，草层高 150 厘米左右。为早春放牧地，主要为造纸工业提供原料。在芦苇群落中有小片芦苇—苔草群落分布。

芦苇沼泽地中的鸟类共有 70 余种，珍禽水鸟主要有鹤类、鹭类和雁鸭类。沼泽中的兽类主要是水獭和麝鼠等经济价值较大的动物。

（二）黑龙江省代表性水生动物低碳资源

1. 泥河水库水产品低碳产业

（1）基本概况。泥河水库地处黑龙江省呼兰县、兰西县和绥化地区交界处，行政区归兰西县，由黑龙江省水利厅直属领导。该水库位于松花江支流呼兰河二级支流泥河的下游，兴建于

1958年，1975年竣工。库区集水面积1 515平方千米，水面面积40平方千米；总库容1亿立方米，兴利库容7 500万立方米，死库容1 050万立方米，最大水面面积3 993公顷，消落区2 600公顷；最小水面面积1 373公顷，消落区1 400公顷；可养鱼水面2 667公顷，灌溉土地面积5 333公顷。

(2) 鱼类种群组成。据1998、1999年的调查结果，泥河水库共有鱼类21种，其中包括水库土著鱼类14种和人工投放的鱼类7种，分别隶属于4目8科21属，其中七鳃鳗目有1科1属1种、鲤形目有3科16属16种、鲶形目有2科2属2种、鲈形目有2科2属2种。以鲤科鱼类为最多，有12种，占总数的57.1%；其次为鳅科鱼类，有3种，占总数的14.3%；七鳃鳗科、胭脂鱼科、鲶科、鲿科、塘鳢科、鳢科各1种，各占总数的4.8%。

(3) 鱼类区系组成。上第三纪区系复合体 这一区系类群的鱼类形成于第三纪早期，在北半球北温带地区，并在第四纪冰川期后残留下来。泥河水库的鱼类中黑龙江鳑鲏、泥鳅、鲤鱼、银鲫、麦穗鱼和鲶鱼属于这一区系类群。

北方平原区系复合体。这一区系类群的鱼类形成于北半球北部亚寒带的平原区，泥河水库中亚寒带山区的种类，泥河水库中的北方条鳅属于这一区系类群。

北方山区区系复合体。这是形成于北半球亚寒带山区的种类，泥河水库中的北方条鳅属于这一区系类群。

江河平原区系复合体。这是一群在第三纪形成于中国东部平原地区的鱼类，多是一些适于开阔水域的中上层鱼类。泥河水库中的青鱼、草鱼、团头鲂和蛇鮈属于这一区系类群。

亚热带平原区系复合体。这一区系类群的鱼类形成于南岭以南的亚热带地区，多为适于高温和耐缺氧的种类。泥河水库的鱼类中黄颡鱼、葛氏鲈塘鳢和乌鳢属于这一区系类群。

(4) 资源状况。鱼类生长迅速，1998年6—9月测定鳙鱼的生长速度为每月体重增长 0.5 千克。1999 年浮游植物平均生物量为 330.06 毫克/升，其中蓝藻占 61.5%，绿藻占 25.5%。测定泥河水库白鲢的渔产潜力为 1 701 000 千克。底栖动物 4 大类 26 种。其中软体动物 14 种，摇蚊幼虫 6 种，寡毛类 5 种，甲壳类 1 种。底栖动物的年平均密度为 621.9 个/平方米，生物量年平均为 37.226 克/平方米。

(5) 渔业生产概况。泥河水库始建于 1958 年，水域面积 40 平方公里，横跨绥化、兰西和呼兰一市两县的 5 个乡镇 20 余个村屯。1958 年修建水库前，泥河流域沿岸村民就在泥河中捕捞各种野生鱼类。修建水库后，水库管理部门一直未对水产经营权实施有效管理，沿库村屯数百只渔船，几千人常年在水库捕鱼。20 世纪 80 年代后，逐渐实行捕鱼收费许可制度，但每年仅收渔业资源费 8 万元。至 1996 年渔业资源破坏殆尽，原有 38 种鱼类仅剩下几种经济价值不大的小杂鱼。1996 年末实施水库封库养鱼工程，开始了水域渔业资源有效利用。

(6) 渔业资源利用。封库养鱼后，水库管理部门连续足量投放鲢、鳙、异育银鲫鱼苗、鱼种，并加大渔政管理力度，渔业资源开始逐渐恢复。历经两年，水库渔业单产由 5 千克/亩一跃增加到 30 千克/亩。为充分利用水库丰富的渔业资源条件，1999 年开始大规模养殖河蟹，年产河蟹 5 万千克。

(7) 碳汇效应。经计算，泥河水库鱼类和河蟹每年实现 CO_2 碳汇 1 000 吨左右。

2. 龙头桥水库水产品碳汇产业

(1) 基本概况。龙头桥水库建于 1998 年 4 月，2002 年 10 月投入使用。地理坐标为东经 132°00′，北纬 46°2′。水库位于宝清县西南部，距县城 50 公里，密宝公路西侧，是挠力河上游的第一个大型水利枢纽工程。河水自西南向东北流入库区，水库控制流域面积1 730平方千米，总库容 6.15 亿立方米。兴利库容 3.25 亿立方米，相应平均水深 10.2 米，养鱼面积 3 200 公顷。

底质为草甸土、腐殖土等。龙头桥水库处于我国北方地区寒温带大陆性气候带，全年无霜期 140 天，年平均气温 3.3℃，日照时数 2 488 小时，有效积温 2 600℃，年平均降雨量 548 毫米。11 月上旬开始冰冻，冰厚 0.7～1 米，4 月上旬解冻。

该水库四周群山环抱，林木茂盛，植被保持良好，汇入水库的 4 条河流的水质无污染。水库水体除上游一带稍混浊，透明度在 40～60 厘米外，其余水体水质清澈，透明度在 80～110 厘米之间，水量充沛。该水库是一座以防洪、灌溉为主，兼顾发电、养鱼、旅游等的大（Ⅱ）型水利枢纽工程。

(2) 水化学状况。pH 相对稳定，测定值在 7.3～7.8 之间；碱度平均测定值为 47.4 毫克/升，10 月份最高，为 70.3 毫克/升，其他季节变化不大；总硬度测定值在 36.9～77.3 毫克/升之间，平均测定值为 51.2 毫克/升，10 月份最高，为 77.3 毫克/升，其他季节变化不大。COD 测定值在 7.09～18.48 毫克/升之间，平均测定值为 17.97 毫克/升，10 月份最低，为 7.09 毫克/升。营养盐类：硝酸盐氮测定值在 0.16～0.51 毫克/升之间，平均测定值为 0.29 毫克/升，5 月份最高，为 0.51 毫克/升。亚硝酸盐氮测定值在 0.002～0.019 毫克/升之间，平均测定值为 0.011 毫克/升，12 月份最低，为 0.002 毫克/升，5 月份值最高，为 0.019 毫克/升。氨氮测定值在 0.34～0.57 毫克/升之间，平均测定值为 0.49 毫克/升，各季节数值变化不大。磷酸盐测定值在 0.054～0.380 毫克/升之间，平均测定值为 0.181 毫克/升，12 月份最高，为 0.380 毫克/升。总磷测定值在 0.048～0.351 毫克/升之间，平均测定值为 0.155 毫克/升，12 月份最高，为 0.351 毫克/升，此数值偏高，超过标准要求 0.2 毫克/升。硅酸盐测定值在 2.36～12.1 毫克/升之间，平均测定值为 8.91 毫克/升，各季节间变化不大。主要离子：氯化物测定值在 3.03～11.1 毫克/升之间，平均测定值为 5.59 毫克/升，5 月份最高，为 11.1 毫克/升，其他季节数值相近变化不大。污染物：COD

在7.09～18.48毫克/升之间，平均测定值为17.97毫克/升，在要求限量20毫克/升之内。铜测定值在0.000 6～0.007 0毫克/升之间，平均测定值为0.002 8毫克/升，低于要求限量值。铅测定结果表明，测定值在0.003 2～0.005 7毫克/升之间，平均测定值为0.002 3毫克/升，低于要求限量值0.05毫克/升。

(3) 浮游生物状况。浮游植物8门77种，其中绿藻门33种，占42.9%；硅藻门15种，占19.4%；蓝藻门13种，占16.9%；裸藻门5种，占6.5%；甲藻门3种，占3.9%；金藻门3种，占3.9%；隐藻门3种，占3.9%；黄藻门2种，占2.6%。浮游植物平均数量是593.43万个/升，平均生物量为7.350 7毫克/升，以绿藻门、硅藻门、裸藻门占优势。其中绿藻平均生物量为2.323 8毫克/升，占31.6%，优势种为桑葚藻、盘星藻；硅藻平均生物量为1.866 0毫克/升，占25.4%，优势种为颗粒直链硅藻和小环藻；裸藻平均生物量为1.450 3毫克/升，占19.7%，优势种为囊裸藻；隐藻平均生物量为0.943 9毫克/升，占12.8%，优势种为隐藻；甲藻平均生物量为0.416 6毫克/升，占5.7%；蓝藻平均生物量0.199 7毫克/升，占2.7%，优势种为微囊藻、束丝藻和束球藻；金藻和黄藻平均生物量最低，分别为0.135 9毫克/升和0.014 5毫克/升，各占1.8%和0.2%。

浮游动物共28种，其中轮虫最多，有17种，占60.7%；次之为原生动物4种，占14.3%；桡足类4种，占14.3%；枝角类3种，占10.7%。浮游动物平均数量为491.71个/升，平均生物量为1.642 3毫克/升，以枝角类、轮虫、桡足类为优势。其中原生动物平均生物量为0.020 4毫克/升，占总量的1.2%，优势种为砂壳虫；轮虫平均生物量为0.547 4毫克/升，占总量的33.3%，优势种为前节晶囊轮虫；枝角类平均生物量为0.575 6毫克/升，占总量的35%，优势种为象鼻蚤、僧帽蚤；桡足类平均生物量为0.498 8毫克/升，占总量的30.4%，生物量优势种为剑水蚤、哲水蚤。

(4) 渔产潜力计算。按能量转化效率估算：鱼产力（Y）=现存生物量（B）×系数（P/B）×被鱼类直接利用率（μ）÷饵料系数（K）。据何志辉（1983）：P/B系数浮游植物取50，浮游动物取20；浮游植物利用率取20%，浮游动物取50%；饵料系数浮游植物取30，浮游动物取10。浮游植物B为750.84千克/公顷，浮游动物B为167.75千克/公顷，则鲢、鳙鱼产力分别为：

YB=B·P/B·μ/K=750.84×50×0.2/30=250.25千克/公顷

YA=B·P/B·μ/K=167.75×20×0.5/10=167.75千克/公顷

此外，由于腐屑和细菌及外源有机物对鲢、鳙鱼有一定的饵料价值，其提供的鱼产力约为浮游生物的30%～50%（陈少莲，1982），根据龙头桥水库的实际情况，取40%，则此部分鱼产力为167.21千克/公顷，故龙头桥水库的鲢、鳙生产力585.24千克/公顷。

(5) 渔业生产概况。作为高寒地区水库渔业高产高效典型实验区，龙头桥水库2001年末截流蓄水后，在2002年4月末就开始投放鲢、鳙、鲤等鱼苗、鱼种。由于采取科学管理和优化养殖技术，水库2003年夏季就开始产生效益，至2005年末试验期结束，渔业单产水平已经达到1 200千克/公顷，是全省大型水库平均单产水平的7倍。

(6) 碳汇效应。经计算，龙头桥水库水产品碳汇产业，每年实现CO_2碳汇2 000吨左右。

四、黑龙江省水生态低碳产业发展模式

(一) 湖泊型生物低碳产业发展模式——以兴凯湖为例

1. 兴凯湖水域现状

大兴凯湖总面积为4 380平方公里（我国境内为1 080平方

公里)，最大深度 10 米，平均深度 3.5 米，正常蓄水 153.3 亿立方米，最大蓄水 225 亿立方米。

2006 年和 2007 年，我们连续两年进行了兴凯湖的渔业资源调查和水化学监测，结果表明，兴凯湖鱼类品种已由 65 种减少为 43 种，鱼产量每年只有 2 000 吨左右，其中 60%～70%为经济价值极低的小杂鱼，享誉中外的兴凯湖大白鱼产量已不足 5%。

兴凯湖大白鱼因其肉质白嫩、品味极佳，是四大淡水名鱼之一，享誉国内外。更因其特有的生态习性，早已进化为世界上独有的鱼类种群。在 20 世纪 80 年代，它在渔获物中的产量占到 80%，现在这一珍稀物种已濒临灭绝。

更为严重的是，小兴凯湖已经出现严重富营养化带，大兴凯湖水体已经出现中度富营养化趋势，如不采取有效措施，它很快就像江苏省太湖一样重度富营养化，引起蓝藻的爆发，水质被藻毒素污染。因其为界湖，将会造成很大的国际影响。

2. 兴凯湖碳汇产业发展模式

根据兴凯湖渔业资源已被破坏殆尽，水质中度富营养化的现状，以及俄罗斯拥有 72%的水域资源，中国拥有 28%的水域资源的实际情况，结合循环经济理念和碳汇经济要求，提出利用生物碳汇产业控制兴凯湖富营养化并实现渔业资源可持续利用的模式。

利用经典的生物操纵理论，选择一个生物物种有效控制水体富营养化污染。首先，该品种能利用生物链效应固碳并消除水体富营养化污染物；其次，该品种可充分利用俄罗斯境内 72%水域中的生态资源；再次，该品种在充分利用俄罗斯水域饵料资源后，能自动回归中国境内；最后，该生物品种能在中国境内产生较高的经济价值，实现自我良性经济循环。

经反复论证研究，我们认为太湖大银鱼完全可以担当此重任，这是由兴凯湖中俄双方水域不同的生态环境和大银鱼自身生态习性决定的。

兴凯湖中方水域相对较深，底质基本上是沙滩和沙砾构成，而俄方水域相对较浅，基本以淤泥底质为主，水生植物也比较茂盛，饵料生物比较丰富。

大银鱼是一年生小型经济名贵鱼类，在分类学上属鲑形目、银鱼科，经济价值较高，适合大水体移植增殖。大银鱼也称面条鱼，俗称“水中白金”，是银鱼科中个体最大的一种，一般规格为12厘米左右，最大个体可达21厘米，体细长，无色透明，无鳞片和骨刺，其肉嫩味美，营养丰富，具有一种特殊的黄瓜清香，在国内外市场深受欢迎。大银鱼幼鱼以浮游动物为食，大银鱼成鱼以小杂鱼和小虾为饵料生物。一年生的大银鱼在秋季性成熟后需要到中国的沙砾底质的水域繁衍后代。兴凯湖72%的俄方水域恰恰具备大银鱼生长所需要的大量饵料生物，28%的中方水域也恰好是其长大成鱼后，必须回归的天然产卵场。通过水生生态系统食物链的转化，大银鱼又实现了固碳作用（图11-3）。

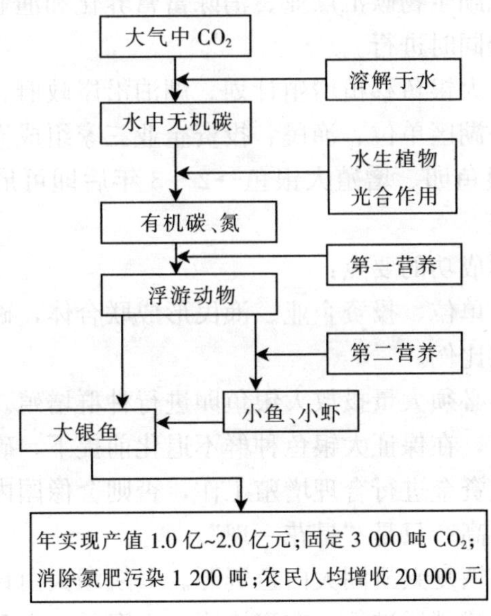

图11-3　兴凯湖碳汇产业发展模式

目前国内移植大银鱼的水域单产至少为37.5千克/公顷以上，我们按将来兴凯湖最保守产量为15千克/公顷计算，销售价格按1.5万～3.0万元/吨计算（一般为3万元以上），则每年可实现经济效益1.0亿～2.0亿元左右，固定二氧化碳3 000吨，消除造成富营养化的氮肥1 200余吨。

兴凯湖湖区现有渔民1 000人左右，仅大银鱼一项渔民人均年可增收20 000余元。大银鱼移植增殖的重要意义还在于：可以使兴凯湖大白鱼的珍稀物种资源也得到全面恢复。目前，湖区1 000余渔民赖以生存的主要是经济价值极低的小杂鱼和数量极为稀少的大白鱼。移植增殖大银鱼后，渔民完全以大银鱼为捕捞对象，不再捕捞大白鱼也可有较高经济收入。同时，大银鱼捕捞是采用专用的网具，不会伤害大白鱼等鱼类。

3. 兴凯湖碳汇产业实施步骤

实施兴凯湖生物碳汇产业、消除富营养化和渔业资源保护计划可以分两步同时进行。

第一步：大银鱼移植增殖计划。湖泊沿岸政府、管理单位联合招商引资→湖区单位、渔民、投资企业三家组成渔业联合体→企业投放大银鱼卵、增殖大银鱼→2～3年后即可形成大银鱼生物碳汇产业链。

保证计划成功的要点：

（1）湖区单位、投资企业、渔民形成联合体，确定各方合理经济效益分成比例。

（2）每年必须大量投放大银鱼卵进行种群增殖。该项工作应在专家指导下，在保证大银鱼种群不退化前提下，确定投资企业负责每年筹集资金进行合理增殖工作，否则会像国内很多水域一样，大银鱼的高产只是“昙花一现”。

第二步：恢复兴凯湖大白鱼资源。兴凯湖大白鱼和大银鱼增养殖可以同步或稍后进行。在实施第一方案后，由政府建立兴凯湖大白鱼放流站（黑龙江省已建立两处大马哈鱼放流站），每年投放大白鱼苗种，同时全湖禁捕大白鱼3～5年，濒临绝迹的兴凯湖大白鱼资源可以很快恢复。

（二）水库型生物低碳产业发展模式综述

水库建成于各个年代，功能各异，自然生态条件千差万别，水体初级生产力差别极大；水库跨越不同气候带，增养殖技术不能千篇一律。水库是人工水体，水域生态系统自然演替规律复杂，不同时期采取的增养殖技术完全不同。水库低碳产业的发展，必须根据自然生态系统结构及其演替规律的不同，因地制宜，制定每个水库最佳的低碳产业发展模式，达到最大生物碳汇效率，实现最好的经济效益。

课题研究了高寒地区水库四种生物碳汇产业发展模式，在提高渔业资源利用效率的同时，取得了较好的经济效益，发挥了最佳的生物碳汇潜力。

1. 新兴建水库生物低碳产业发展模式

新兴建水库的渔业资源变动规律具有十分重要的特征，完全不同于正常开展渔业利用的水面，因而其鱼类增养殖技术不能照搬已有的技术规程。水体开始蓄水形成一定水域面积后，大量的农作物、草地和森林等植被不断淹没水中，随着时间推移，这些有机质不断腐烂释放出各种营养盐，为浮游生物和底栖生物大量繁殖创造了极为有利的条件。新生水体鱼类饵料生物的高峰期可以持续3～5年时间。经研究，该类型水域主要采取三种技术模式实现渔业的持续、稳定高产。

（1）足量投放上层和底层养殖鱼类夏花苗种。传统的水库渔业增养殖理论认为，水库中狗鱼、鳜鱼、鲌鱼、马口鱼、鲶鱼、乌鳢和葛氏鲈塘鳢等凶猛鱼类比较多，应该尽可能加大增养殖鱼类投放苗种的规格，提高增养殖鱼类的成活率，以增加商品鱼的回捕率，保证一定的经济效益。但是，新蓄水的水体完全没有凶猛鱼类或凶猛鱼类极少，在1～2年时间内，根本无法形成对养殖鱼类的种群压力。此时大水面增养殖鱼类的主体技术路线应该是一次性放满、放足主要增养殖鱼类上层和底层夏花品种，这样既保证了增养殖鱼类对渔业饵料资源的充分利用，又有效降低了苗种的投资成本，大幅度提高经济效益。在龙头桥水库试验时，共投放夏花苗种 3 000 万尾，其中花白鲢夏花 2 000 万尾（200 元/万尾），鲤鱼夏花 1 000 万尾（300 元/万尾），平均放养 1 000 尾/亩。因鱼类密度较高，花白鲢夏花生长至 500～1 000 克即开始起捕，三年共捕捞 500 余万尾，回捕率达到 25%，实现产值 900 万元，投入产出比高达 1∶22.5（年均 1∶7.5）。鲤鱼夏花生长至 100 克即开始起捕，一年共捕捞 450 万尾，回捕率高达 45%，实现产值 135 万元，投入产出比为 1∶4.5。

可见，采取适时足量投放上层和底层增养殖鱼类夏花苗种的技术路线，可以极大地提高高寒地区大水面渔业资源利用率和经济效益，其年渔业经济利润率分别达到 650%和 350%。

（2）大量投放大规格花白鲢秋片鱼种。新蓄水的大水面水体空旷，鱼载力十分巨大，尽管足量投放增养殖鱼类夏花苗种，在 1～2 年时间内水体鱼载力仍然有很大的潜力。此时，还应注重投放大规格花白鲢鱼种的技术路线，新生大水面水体渔业生态环境极佳，大规格鱼种生长十分迅速，一周年内即可见效益。龙头桥水库花白鲢秋片鱼种投放规格为 10 尾/千克，投放量为 75 千克/公顷，第二年秋季即达到商品鱼规格，平均为重 1.25～1.5 千克/尾，一年的增重倍数即达到 13.75。

（3）适量投放底层鱼类亲鱼。新生大水面水体的水位在1～3 年内逐渐上涨，淹没许多植被，为产黏性卵的鱼类提供了丰富的饵料和十分适宜的产卵场所，可以适量投放鲤、鲫鱼等产黏性卵的鱼类，这样可以使鲤鲫鱼大量增殖，提高底栖生物饵料资源利用率。龙头桥水库共投放 2～3 千克/尾的鲤亲鱼 5 000千克，有效保证了底栖鱼类的资源量和对底栖饵料生物的利用率。

2. 开发利用 5 年以上水库生物低碳产业发展模式

已开展鱼类增养殖多年的大水面，水体逐渐由富营养型向贫营养型转变，浮游生物量也大幅度下降，凶猛性鱼类和食浮游动物性小型野杂鱼类均形成比较庞大的种群数量，对花白鲢的生存空间和饵料资源均构成较大威胁。此时应该投放大规格花白鲢秋片或春片鱼种，以提高成活率和对饵料资源的竞争力。为弥补高寒地区鱼类生长期短以及鱼类生长缓慢的不足，可以采取施肥技术。施肥方法是将碳酸氢铵和过磷酸钙按 1：0.8 的比例混合，用水溶化后泼洒，每亩每次用量：碳酸氢铵不超过 6 千克，过磷酸钙不超过 8 千克。当水库水温达到 18℃时即可投施，25～30℃为最适施肥水温，两次施肥的间隔时间 10～15 天。施肥应选择天气晴朗、光照好、风浪小的上午进行。在东湖隔离的试验水面结果表明，投放规格 10 尾/千克的春片，投放量 75 千克/公顷时，当年即可达到 1.0 千克/尾的商品规格。

3. 浅水或鱼类无法越冬水库生物低碳产业发展模式

黑龙江省有 40 万公顷大水面水面鱼类增养殖比较困难，丰富的渔业资源不能得到充分开发利用。该类水域普遍底质淤泥较厚，水生植物丛生，底栖动物分布密度较高，水质肥沃，冬季冰厚 0.9～1.2 米，冰下溶氧低，一般小于 3～4 毫克/升，常规的青、草、鲢、鳙鱼等鱼类品种和名特优鱼类品种无法越冬。针对该类型水体，研究了高寒地区大水面河蟹生态养殖技术和异育银鲫增养殖技术。我们进行了一次极端试验，在安达市选择面积 200 公顷，冰厚 1.1 米，冰下水深只有 20～30 厘米，3 月下旬冰下水温只有 3℃的水域放养 1 200 千克扣蟹，秋季试验结果非常理想，回捕率高到 30%。在泥河水库连续两年投放计 1.0 万千克异育银鲫秋片苗种，规格为 300 尾/千克，结果连续 5 年实现异育银鲫高产稳产，共捕捞银鲫商品鱼 200 万千克，实现产值 1 000 万元。

4. 沙砾底质水库生物低碳产业发展模式

沙砾底质大水面水域大多水质较瘦，有机质含量较少。这种类型大水面水域资源的开发利用技术主要进行大银鱼的移植和增殖，龙江县瓮泉水库、安达市红旗泡水库、宾县二龙山水库均获成功。红旗泡水库面积 2 000 公顷，2004 年、2005 年、2006 年共产大银鱼 150 余吨，按现在价格 30 元/千克计算，共实现产值 450 万元；翁泉水库面积 800 公顷，年产大银鱼 60 吨，年均实现产值 180 万元；二龙山水库面积也是 800 公顷，2005 年共产大银鱼 25 吨，实现产值 75 万元。

五、黑龙江省水生态低碳经济发展对策

（一）水生植物低碳产业发展对策——以芦苇为例

1. 芦苇低碳产业主要问题

（1）有法不依，保护不力。黑龙江省是全国最早推出湿地保护地方法规的省份。2003 年 6 月 20 日，黑龙江省第十届人民代表大会常务委员会第三次会议通过《黑龙江省湿地保护条例》，《条例》自 2003 年 8 月 1 日起施行。湿地保护法规的施行，对促进黑龙江省各级各类湿地保护工作具有重要意义。截至 2008 年末，黑龙江省已经建立国家级和省级湿地自然保护区 42 处，保护面积达到 330 万公顷。

但是，湿地仍被侵占、被开发利用的现象并没有消失，有些地方反而越演越烈。突出的表现是很多湿地仍在开垦耕地，已经开垦的耕地并没有退耕还湿，局部或地方经济利益仍然高于湿地保护的整体利益。很多城郊的湿地大量被用于房地产开发或旅游区建设。这些现象反映了各级政府并没有认真执行湿地保护法规，湿地保护规划也是一纸空文，有法不依，执法不力的问题还比较普遍。

（2）湿地萎缩，生态功能减弱。由于湿地开发利用尚未完全禁止，部分湿地已开始退化甚至丧失。旱灾、水灾经常交替发生，湿地蓄水能力下降。后果是湿地面源污染程度逐渐加重、动植物种类减少、湿地自净能力降低，湿地生态服务功能减弱或消失。芦苇生长质量和产量直线下降，群落面积迅速消退，碳汇功能消失。

(3) 径流减少，干旱缺水。即便是未被侵占的湿地，其功能也在逐渐减弱，主要原因在于径流减少，干旱缺水。由于近年来大规模的农田基本建设，蓄水工程不断增加，地下水抽取量越来越大，导致湿地原有的天然径流迅速减少或消失，湿地生态用水和芦苇用水完全被挤占，湿地面临灭顶之灾。水量不足降低了芦苇生长密度和植株高度，芦苇质量下降不仅影响芦苇的经济价值同时对芦苇湿地的生态服务功能产生严重威胁。

(4) 养分不足，产量下降。芦苇在生长过程中合成蛋白质、纤维素、糖类、淀粉等有机化合物时，需要土壤提供大量的养分。多年滋生芦苇的土壤，肥力下降，需要适时补充各种养分。在未遭到人为干扰的自然生态环境中，芦苇湿地的养分是依靠天然径流持续补充的，依靠天然径流带来的营养物质，湿地芦苇群落才能维持长盛不衰。人为切断芦苇湿地天然径流后，断绝了芦苇营养物质的补充渠道，导致芦苇产量急剧下降。

(5) 污染加剧，水质恶化。随着工农业生产和城镇化的迅速发展，化肥、农药等化学产品的过量使用，城镇居民生活污水和工业废水、废渣、废气的排放，对芦苇湿地自然生态系统产生极大地破坏，芦苇湿地健康状况不容乐观，芦苇湿地保护工作任重道远。

(6) 资金短缺，基础薄弱。必要的资金是芦苇湿地生态系统保护的前提。基础设施建设、湿地调查、湿地监测、污水处理、湿地科研等都需要专门的资金来支撑。由于所需资金不足，致使芦苇湿地保护基础设施不能满足需要，芦苇湿地保护和管理技术水平比较落后，许多芦苇保护计划和行动方案难以实施，必要的芦苇湿地专项基础研究难以维系，特别是对芦苇湿地功能、价值及生物多样性等尚缺乏系统、深入的研究。

(7) 保护意识薄弱，认识有待提高。社会公众对芦苇湿地的生态价值和经济价值认识不高，参与不够。我国有关芦苇湿地保护的宣传教育还处于滞后状态，普及广度、力度和深度都不够，导致人们对芦苇湿地保护的新兴事业长期忽视。在各级各类湿地发展规划和保护计划中，关于公众参与保护的事项很少或空白，这是芦苇湿地保护与可持续发展中亟待解决的问题。

2. 芦苇湿地碳汇产业发展政策

(1) 提高公众芦苇湿地保护意识。通过各种媒体，采取多种渠道，开展形式多样的宣传手段，广泛宣传保护芦苇湿地的重要意义，提高全社会的芦苇湿地保护意识。从各种科学的角度和方法，增加人们对芦苇湿地的了解和认识，树立保护芦苇湿地就是保护人类的意识。特别要加大宣传芦苇碳汇产业的力度，使芦苇湿地保护成为广大人民群众的自觉行为，形成全社会支持芦苇湿地保护的良好氛围。

(2) 芦苇湿地保护纳入水资源统一规划。把芦苇湿地保护工作纳入流域和区域水资源统一规划，在兴建农田水利工程时，一并考虑芦苇湿地的灌排需要。根据芦苇品种的生长需求，为芦苇湿地设计科学的灌溉制度。根据各流域径流情况，充分发挥流域内芦苇湿地的分滞洪区作用，削减洪峰，发挥湿地蓄水功能，防止湿地萎缩，遏制湿地生态系统退化。

(3) 建立健全芦苇湿地依法保护制度。严格执行国家和地方性湿地保护法规和规章，明确职责权限、管理程序和行为准则，建立主管部门组织协调与基层部门分工合作的管理机制，进一步完善芦苇湿地保护管理体系建设，建立健全省、市、县各级芦苇湿地保护管理机构和芦苇湿地资源监测网络体系。维护湿地生态系统的稳定性和湿地资源的再造机能，走以内涵发展为主的道路，控制湿地开发规模，遏制掠夺性开发，使芦苇湿地碳汇产业实现可持续发展。

(4) 积极引进各级各类人才。湿地保护和管理涉及多个学科。目前基层保护和管理机构编制不足，人才短缺，层次不高。无法对湿地从各学科、多角度研究其演替规律，对湿地产生、变化和发展趋势预测不足，导致不能科学保护和开发管理湿地。应吸引一批懂技术、会管理、素质高、能干事、留得住的人才从事这项工作。

(5) 扩大湿地保护与管理合作交流。湿地都有自身的特殊性和自然发展规律，但更多是共性的发展规律。要充分研究和学习国内外湿地保护和管理的先进成果，扩大对外合作与交流，争取国际、国内合作项目，更快更好地促进湿地的保护和管理。

(6) 以先进科技手段促进湿地管理和保护。利用3S技术手段，建立黑龙江省实时湿地地理信息系统。省湿地行政主管部门应利用遥感、地理信息系统和全球定位系统，对全省湿地属性进行编码，建立全省湿地数据库。在地理信息系统平台下集成形成全省湿地地理信息系统。利用3S强大的空间分析功能，对全省湿地进行时空分析，建立黑龙江省湿地预测模型和指标模型，根据湿地实时信息，渐次修正和完善预定模型，以正确指导全省湿地的可持续开发利用，发挥湿地的生态、经济和社会功能。

(7) 充分发挥湿地环境修复功能。目前湿地在环境治理和保护中的功能越来越重要，它在处理工业、生活和养殖污水、废水方面发挥着越来越重要的作用。尤其是芦苇湿地，处理污水是低成本，易运行，高效率的工艺方法，具有投资省，运转费用低，处理效果好的特点。在彻底解决环保问题的同时，实现污水资源化利用，为发展苇浆生产提供原料，为低碳经济做出贡献。

(8) 完善湿地生态效益补偿制度。湿地生态效益补偿就是承认湿地的生态服务功能，2009年中央1号文件已经要求尽快启动湿地生态效益补偿制度。但目前我国正要启动的湿地生态效益补偿制度还不尽完善，补偿的主体还仅仅局限于政府，在一定程度上还不能形成全社会关注和保护湿地的制度，在实际操作中很容易演变成各级政府单纯的跑项目、要投资行为，背离了湿地生态效益补偿的初衷。除政府出资进行湿地生态效益补偿外，凡是侵占、利用和破坏湿地的单位和个人，必须恢复或建设相同功能的湿地，而不仅仅是形式上的经济补偿和旅游景点建设。

（二）水产品低碳产业发展对策——以水库为例

1. 黑龙江省水库低碳产品的突出特色

（1）水库低碳产品是纯天然有机食品。水库主要是作为饮用水水源地、灌溉和发电用水，水质清新，没有任何污染，天然饵料十分丰富。水库养鱼既不需要投喂任何饲料，也不用添加药物、生长素、添加剂、化肥，产品所有生产环节没有任何污染。水库生产的鱼类均为天然有机水产品，味道格外鲜美，受到消费者的普遍欢迎，而且售价较高。

（2）水库低碳渔业是节地、节水、节能、节粮、低成本、高效益的生态渔业。水利渔业充分利用现有水利工程建设形成的水面养鱼，无需另外重新占用耕地开挖池塘养鱼，无需耗费水资源和煤、电等能源，也不需要投入任何饲料，这对我国人多地少、水资源和能源紧缺的现实具有重要意义。

（3）水库低碳经济可以扩大就业门路。水库修建后淹没大量耕地，水利渔业可以安置众多移民就业，如黑龙江省泥河水库开展高产、高效渔业项目以来，在鱼种生产、渔政管理、商品鱼捕捞、鱼类销售等方面最多时增加就业 500 余人。

（4）水库低碳产业能净化水质、消除水体污染。水体富营养化污染问题一直是世界性难题。水体富营养化是指在人类活动的影响下，生物所需的氮、磷等营养物质大量进入水库、湖泊、河口、海湾等缓流水体，引起水质恶化，造成污染的现象。美国、日本、澳大利亚、印度、加拿大、芬兰等 10 多个国家，都曾报道了其湖泊、水库中有毒水华的形成，并分离出了有毒藻株。水体富营养化、藻类污染及其毒素污染现象已经成为全球范围内日益严峻的环境与公共卫生问题。水利渔业的主体养殖鱼类——鲢、鳙鱼属典型滤食浮游生物的鱼类，中科院水生生物研究所用放射性同位素追踪实验表明，鲢、鳙鱼对蓝藻的消化率为30%～40%。据推算，鲢、鳙鱼每长肉1千克，就有50千克的蓝藻等浮游植物被消耗掉。放养鲢、鳙鱼就是利用藻类吸收水体中的氮、磷和鲢、鳙鱼摄食藻类这一食物链转换关系，从而达到遏制蓝藻、消除水体富营养化的目的。2007年5月29日起，太湖蓝藻集中暴发而导致无锡部分地区自来水发臭，无法饮用，主要原因就是太湖渔业生态环境遭到严重破坏造成的。

密云水库是首都北京的重要水源地，1988年以前富营养化较为突出，通过水利渔业技术每年从水库中清除7 000余吨藻类和水中垃圾，有效保证了首都饮用水安全。经调查，2005年，黑龙江省龙头桥水库通过发展水利渔业共清除藻类12.5万吨。

(5) 水库低碳产业对保障粮食安全具有重要意义。20世纪90年代初，美国学者就提出“谁来养活中国人”的问题，中国以占世界7%的耕地养活了占世界22%的人口，不能不说是一个奇迹。黑龙江省近26.67万公顷水利渔业水面是淹没同等面积土地的代价换来的，如不能发挥应有的作用，将对粮食安全构成威胁。水利渔业在保障粮食安全方面具有三方面的作用：一是减少占用耕地开挖池塘养鱼；二是节省用于鱼饲料的粮食；三是保证人口食物的质量安全。

(6) 水库低碳产业是黑龙江省发展低碳经济的重要组成部分。从1750年开始，全球二氧化碳、甲烷以及氧化亚氮的含量一直以惊人的速度增加，发展低碳经济，减缓温室效应，已经是全球的共识。水生生态系统的有机碳主要来源于空气中的CO_2。植物在生长过程中吸收CO_2，形成光合产物并作为生物量固定贮存起来，而有机碳则包含在这部分生物量当中。水生植物作为水生生态系统的重要组成部分，其碳贮存能够消减大气日益增加的

CO_2，在稳定全球气候、减缓温室效应方面发挥了重要作用。经分析，藻类一般具有较高的含碳量，如水华鱼腥藻、栅藻和小球藻的含碳量分别达到68.76%、51.28%和46.38%，故藻类的碳汇效应十分明显。水利渔业可以利用浮游生物实现碳汇作用，直接减少大气中温室气体含量。通过水生生态系统的食物链和营养级作用，储存在各类水生植物中的有机碳又不断向下一个营养级传递，最终通过水生生物产业将有机碳迁移出水体。在合适的技术干预手段和政策调节下，各类水库可以作为一个强大的碳汇库，源源不断，高效地发挥碳汇作用。

经调查，泥河水库鱼类和河蟹每年实现 CO_2 碳汇 1 000 吨左右。龙头桥水库渔业碳汇产业每年实现 CO_2 碳汇 2 000 吨左右。

如果全省水库渔业单产达到全省平均水平，则每年可以实现 CO_2 碳汇 60 000 吨。

2. 黑龙江省水库低碳产业存在的主要问题

(1) 全省水库平均单产水平较低。 据 2006 年的统计数据，全省 24 座大型水库鱼类平均单产只有 11 千克/亩，84 座中型水库鱼类平均单产只有 9.3 千克/亩，596 座小型水库鱼类平均单产只有 8 千克/亩。水利渔业面积已占全省养殖面积的 52%，但总产只有全省的 6%，发展潜力十分巨大。

水利渔业巨大的渔业资源潜力已经被近几年的发展实践证明。在以异育银鲫为主体的大型平原型泥河水库经过 7 年试验表明，单产水平一直保持在 25～30 千克，是全省大型水库平均单产水平的 3 倍；在以鲢、鳙鱼为主体的大型丘陵型龙头桥水库连续三年的试验表明，单产水平一直保持在 60～80 千克，是全省大型水库平均单产水平的 10 倍；在密山市多品种混养的小Ⅱ型的庆康水库连续三年的试验表明，单产水平达到 250 千克/亩，是全省小型水库平均单产的 30 倍。

可见黑龙江省水利渔业的渔业资源潜力是十分巨大的，如果技术和管理措施得当，完全可以到达全国平均水平。

（2）管理机构和人才缺失，科研、技术推广和资源开发利用乏力。水产部门虽然管理全省不到50%的水域面积，但省、市、县均有健全的管理机构和水产技术推广部门，管理和技术人员达到1 000余人。

1979年水利渔业归口水利部门管理后，省、市、县各级水利部门相继成立了水利渔业管理机构。但在2000年机构改革时，除省里保留外，市、县全部撤销了水利渔业管理机构。

水利渔业完全不同于池塘养鱼，具有独特的客观规律，涉及防汛、抗旱、灌溉、航运、发电、供水、工程维护、资源增殖等很多方面，就是单纯的渔业技术方面，与池塘养鱼也不尽相同。

黑龙江省水利系统在20世纪八、九十年代拥有水利渔业专业技术人员50余名，专业技术人才队伍初具规模。正是因为拥有这样一支队伍，才有了当初水利渔业的高速发展。但近年来从上到下水利渔业管理机构的缺失，导致水利渔业管理人员和技术人才几乎全部改行从事其他职业，人才流失状况触目惊心。目前全省水利系统专职从事水利渔业技术的人才数量为零，兼职的只有4人，这同管理指导近26.67万公顷的养殖水面的现状极不相称！目前，水利渔业的宏观指导、政策研究、新技术引进和推广、科研攻关几乎全部缺失。如2006年竣工，拥有520公顷水面的寒葱沟水库，由于缺乏经验和技术，水利渔业的有效开发利用迟迟不能起步。铁力市已经竣工的4座水库，只有1座水库及时进行了水利渔业开发利用。因技术缺乏，尚志市三股流水库养殖的鱼类大量死亡。水利渔业行业管理机构不健全和人才严重短缺，是导致水利渔业资源不能充分开发利用的直接原因。

（3）渔业资源底数不清，缺乏科学分类指导。黑龙江省只是在接管水库渔业后，于1979—1980年进行过一次全省水利渔业资源分析调查工作，该次资源调查为水利渔业快速发展奠定了科学的基础。此后因无资金和专管机构，加上人才匮乏，一直没有开展这项工作，首次的渔业资源调查数据已经使用了近30年。

目前水利建设日新月异，自然、社会环境都发生了翻天覆地的变化，急需对水利系统渔业资源进行科学分类指导，如供水型水库、灌溉型水库、发电型水库、生态调节型水库、航电枢纽型水库；平原型水库、丘陵型水库、山谷型水库；贫营养型水库、富营养型水库、高碱度水库、冷水型水库等等，均需要不同的管理模式和技术开发要求。只有这样，才能有效解决水利渔业同水质保护、灌溉、发电、航运和生态调节的矛盾，同时实现水面渔业资源的可持续开发利用。

(4) 立法严重滞后，水利渔政执法空缺。早在 1980 年国务院就把水库渔业职能划归水利部门管理，水产行政主管部门不再行使水利渔业的生产管理权利（除将省水产局划归省水利厅的吉林、四川、陕西、新疆和山西等五省外）。但是到目前为止，我国没有任何一条法律和法规，哪怕是一纸首长令来保护水利渔业的合法利益。

水利渔业具有特殊性，涉及灌溉、发电、供水、航运和环保等诸多方面的矛盾，所以以保护渔业水体为主的《中华人民共和国渔业法》对水利渔业的监督管理只字未提。《中华人民共和国水法》第三章“水资源开发利用”也没有把水利渔业开发利用内容列入。

水利渔业立法上的空白，导致渔业资源的巨大浪费，或者无法取得养殖许可证，或者无法建立渔政执法机构，已经严重损害和阻碍了渔业生产力的发展。如泥河水库，因地跨三市县，渔政管理无序，导致丰富的渔业资源一直荒废了 38 年。1997 年通过加强渔政管理，开展封库养鱼活动后，年产值最高达到 430 余万元。渔业资源十分丰富的向阳山水库，原本是重要的渔业生产基地，因无渔政管理机构，私捕滥捞、竭泽而渔现象十分严重，导致目前水库渔业资源基本枯竭。

目前因渔政管理缺失导致资源荒废，只是以捕捞小型野杂鱼为主，比较典型的水库有：水面 6.67 万公顷（黑龙江省水域）

的尼尔基水库、水面 2 万公顷的南引水库、水面 0.73 万公顷的东升水库、水面 0.67 万公顷的莲花水库、水面 1 200 公顷的双阳河水库、水面 206.67 公顷的上游水库等等，其中有的水利渔业资源已经荒废了 30 年。据调查，全省设立渔政管理专业机构的水库寥寥无几。

即使省渔业行政主管部门授权建立渔政管理机构的农垦系统，因管理体制和运行机制不顺，水利渔业资源保护仍然不到位。农垦系统的渔政归畜牧部门兼管，而水利渔业的管理权归属水务部门，部门协调程度不够，如何在禁渔期进行渔业生产，没有形成科学的捕养循环方式，造成渔业资源保护十分不力。

(5) 渔业设施老化陈旧，年久失修。水库养鱼必须配备基本的鱼苗池和鱼种池，以保证连年足量向水库中投放鱼种。但在调查的 302 座水库中，具备鱼苗鱼种池的不足 1/3，而且基本上使用了近 30 年，老化淤积十分严重，急需清淤扩建，更新改造。如桦南县向阳山水库拥有水面面积 1 500 公顷，坝下鱼种池面积 33.33 公顷，但都是 80 年代计划经济时期修建的，年久破损，老化严重，只有少数鱼池勉强经营，绝大部分鱼池及鱼苗培育基地都改种水稻。

(6) 基础设施建设空白，渔业生产先天不足。国发［1980］153 号文件指出："从现在起，所有新建、在建和除险的水利工程，都应随主体工程的兴建、加固，把管理和综合经营所需的基本设施一气呵成，否则不予审批和验收"。1994 年发布的中华人民共和国行业标准《水库渔业设施配套规范》中也规定"本《规范》规定的水库渔业设施是水库渔业生产必须的最基本设施，因此其所需投资应列入水库工程总概算中"。1997 年水利部再次下发了《关于加快发展水利渔业的通知》（水管［1997］30 号），要求"广泛开辟资金渠道，加大资金投入力度"，"要从水利基本建设经费和技改经费中切出一定比例用于渔业配套设施和商品鱼基地建设"。但实际情况是，设计和审批部门没有按照国家文件和规定进行规划和设计，专项资金也没有列入概算，即使极少数列入概算的资金也被挤占挪用，使水库渔业的发展先天不足。

经调查，近十年来竣工的大中型水库都没有进行水利渔业基础设施配套建设。

(7) 管理和生产船只监管空白，安全生产无保障。据统计，全省水库渔业生产和旅游作业船舶为 5 000 只左右，全部是“四无”船只。即，无船只制造许可、无驾驶船只许可、无渔业生产作业许可、无安全质量检验许可。一些生产单位和渔民只是凭借经验随意建造渔业和旅游船只，导致水库船舶行业存在极大的安全隐患，多次发生重大人身伤亡事故。随着黑龙江省千亿斤粮食产能工程的推进和两大平原农业综合开发试验区的建设，几年内，一大批大中型水库将陆续开工建设。水库船舶行业监督管理失控所暴露出的安全隐患将越发严重，如不适时监管，势必影响社会的和谐稳定。

(8) 珍稀品种濒临灭绝，鱼类基因库急需挽救。黑龙江省地处高寒地区，演化出了一些独特的珍稀鱼类品种。水利工程拦截江河形成宽阔、稳定的水面后，为这些鱼类提供了良好的索饵、洄游和繁殖场所，种群数量不断扩大。但由于水库渔业执法的缺位，没有任何保护措施，导致这些珍惜鱼类品种急剧减少或灭绝，丧失了宝贵的鱼类基因库。如龙凤山水库、双凤水库的银鲫，库尔滨水库的黑斑狗鱼，龙头桥水库的红肚鲫鱼等等。

(9) 经营管理急需规范，国有资产急需监管。由于水利渔业管理机构缺失，行业管理失控，缺乏有效监督，水利渔业的经营管理很不规范，导致资源破坏殆尽，国有资产流失十分严重。很多水库渔业经营管理和收益脱离了水利部门。主要表现为：缺乏技术，管理不力，鱼产量和效益很低，浪费了资源；渔业承包不规范，缺乏公开公平，短期行为严重，职工群众有意见；放养捕捞缺乏科学性，“竭泽而渔”的现象时有发生，对资源造成了破坏；管理部门指导监督不力，出现了“全包”现象；经营户不申领养殖使用证，承包经营缺乏法律依据；缺乏科学养殖，造成了水质污染。

黑龙江省许多面积和资源相同的水库承包费竟然相差十几倍，完全脱离了主管部门的监督管理，短期行为严重，竭泽而渔现象十分普遍。水库是国家花费巨资修建的，水库渔业资源也是国有资产的重要组成部分，缺乏有效监督管理，没有任何法律、法规和政策约束的经营方式导致国有资产的巨大浪费和流失，该领域成为国有资产监管的盲区。

3. 黑龙江省水库低碳产业发展模式

黑龙江省水利渔业应该从完整的产业体系战略上布局，既要有超前性，又必须构成有机统一的整体，这样才能实现既定目标，顺利打造100亿元的新兴产业。

具体步骤是：水利渔业的第一产业模式和第三产业模式优先发展，以此带动水利渔业第二产业的强劲发展。

(1) 第一产业的三种发展模式。包括：自然生态养殖模式、集约化养殖模式、集约—生态立体化养殖模式。

第一种：生态养殖模式。生态养殖模式是利用水库天然的水生态系统食物链生产有机鱼类产品。目前黑龙江省水库该种养殖模式的平均单产水平为197.25千克/公顷，平均年总产19302吨。目前，消费市场对生态养殖模式的鱼类产品仍有巨大需求。据2007年初对全省鱼类批发市场的统计，辽宁、天津和江苏等外省市每天运进黑龙江省的商品鱼数量为20万千克左右，全年运入7 000多万千克，是目前全省水利渔业平均年总产量的3倍多。只要将自然生态养殖模式的平均单产提升到全省平均单产水平的50%（2008年全省养殖平均单产1 080千克/公顷），则年可实现产值8亿元（24.6万公顷×540千克/公顷×6.0元/千克）。

第二种：集约化养殖模式。集约化养殖模式是利用网箱养殖和水库坝下流水集约化养殖的方式。

黑龙江省地处高寒地区，具备养殖冷水鱼得天独厚的优势，全国养殖冷水鱼的人才基本都是从这里流出的，全国冷水鱼养殖和繁殖技术也都发源于此。目前，我国冷水性鱼类（鲑、鳟、鲟）养殖年产量约3.4万吨（其中鲑鳟鱼1.5万吨，鲟鱼1.9万吨），需求量为10万吨以上，但黑龙江省年产冷水鱼只占全国的0.02%左右。专家预计，我国每年对冷水鱼的需求量还将以35%～40%的速度增长。

鲑、鳟、鲟等冷水性鱼类是国际主流养殖和贸易水产品，有广阔的国际市场空间。目前，鲟鱼的国内市场平均价格40～50元/千克，世界鲟鱼的养殖年产量仅为2.1万吨，国际市场需求量为20万吨以上。

鲟鱼子酱初级产品价格现在达到600欧元/千克。国际市场对鱼子酱的需求量也很大，仅欧盟年需求量就达500余吨。目前，国际濒危动植物管理委员会每年给中国黑龙江的鲟鱼子酱的出口配额为4.0吨，但我们黑龙江自然生产鲟鱼子酱的能力为零（全国人工养殖的鲟鱼子酱年出口近5吨）。

我们应该学习海南省的“一条热带鱼工程”。海南省地处热带，近几年重点发展一种热带鱼——罗非鱼。仅这一条鱼就实现年产值28亿元。黑龙江省地处高寒地区，也应该重点发展“一条冷水鱼工程”。

黑龙江省水利系统拥有全国乃至世界最大的冷水鱼类养殖资源，应重点发展冷水鱼类深加工产业。更为可喜的是还可以发展鱼子酱加工产业，这也是黑龙江省独有的资源优势。

黑龙江省绝大多数的大中型水库都可以开展冷水鱼集约化网箱养殖和工厂化坝下流水养殖。坝下流水养鱼可以开展三种方式：①冷水鱼商品鱼养殖；②冷水鱼苗种生产；③鱼子酱原料生产。

全省700余座水库中只要分别有1/7的水库发展上述养殖模式，则年可实现产值13亿元。

建设100个中等规模的坝下流水鲟鱼商品鱼养殖基地，年可实现产值3亿元。

建设100个10亩养殖规模的水库鲟鱼网箱养殖基地，年可实现产值5亿元。

建设100个鲟鱼苗种供应基地，年可实现产值5亿元。

建设鱼子酱生产基地，按目前国际市场配额（养殖的鲟鱼子酱出口不在此配额之内），年实现产值240万欧元，深加工后可实现产值500万欧元。

第三种：集约—生态立体化养殖模式。集约—生态立体化养殖模式主要是根据循环经济理念，以集约化养殖带动和提升自然生态养殖产量的模式。根据渔业资源调查数据分析结果，在库区合理布置网箱集约化养殖，在坝上库区流域内合理布局工厂化流水集约养殖，利用集约化养殖集中排放的氮、磷等营养物质，增加水库水体生态系统食物链的总量，实现废物利用，同时促进自然生态养殖鱼类的高产和稳产。

(2) 第二产业发展模式：水产品加工。水利渔业的第二产业是指对渔业产品的深加工。只有大力发展水产品流通加工，才能促进一产、激活二产、带动三产，全面提高水利渔业的综合经济效益，推进黑龙江省现代水利渔业的可持续发展。

目前发达国家水产品的加工比例为70%，中国加工比例为20%，其中淡水鱼加工比例只有5%。我国水产品深加工企业主要集中在东部沿海各省，2006年出口额42.9亿美元。山东省已成为全国最大的水产品加工基地，水产品精深加工比重达到60%以上，主要从事鳕鱼、鲑鱼等鱼类的来料加工，年产值350亿元。广东省水产品深加工主要是利用本地鱼类进行加工，年产值已达300多亿元。大连市2008年鱼类加工也达到100亿元。

黑龙江省正在建设“哈牡绥东对俄贸易加工区”、“哈大齐工业走廊”、“绥芬河综合保税区”，将来除学习广东省加工自产冷水性鱼类外，还应该发挥距离日本海、北太平洋较近的地缘优势，学习山东省进行鳕鱼、鲑鱼等冷水鱼来料加工的模式，在贸易加工区、工业走廊和保税区内大力发展水产品加工业，只要达到山东省的1/5，年产值就能达到70多亿元，达到1/3，就可实现100多亿元。

(3) 第三产业发展模式：服务业。水利渔业的第三产业是结合水利风景区建设、冰雪旅游特色、钓鱼活动、观光休闲活动和特色餐饮等为特色的一条龙体系。

4. 黑龙江省水库低碳产业发展对策

(1) 统一思想，提高认识。根据人口增长和需求分析，中国工程院水产学院士提出："到2020年我国水产品养殖产量要在现有基础上增加1 000万吨"。面对土地、水资源极度短缺的现实，开发现有的水利渔业资源是最好的途径。

目前，水利渔业还不被人们了解，各级领导也没有认识到它的重要性。应该看到，随着农田水利基本建设的快速发展，水利渔业已经不是可有可无的弱小产业，水利渔业资源已经占黑龙江省水产养殖业的半壁江山，随着重点水利工程建设的推进，水利渔业很快就变成水产养殖业的主体。只要领导重视、措施得当、政策对路，它完全可以快速成长为超百亿元产值的新兴产业。

(2) 理顺水产养殖监督管理机构，强化政府管理职能。目前我国水产养殖管理体制可以分为三种类型。

第一种类型：单独设立水产（渔业）行政主管部门。沿海省市或河流、湖泊较多的省份一般属此种类型，如千湖之省湖北省。

第二种类型：水产业务归属农业行政主管部门。内陆渔业养殖水面资源较少，以群众池塘养殖和江河自然捕捞为主的省份一般属此种类型。

第三种类型：水产业务归属水行政主管部门。内陆养殖水面资源以湖泊或水库为主体的省市一般属此种类型。如吉林、四川、陕西、新疆和山西等省区已经将水产养殖资源和行业管理归属水行政部门统一管理。主要原因是水库养殖具有特殊性，水库一般是以防洪、灌溉、发电、供水、航运和环保为主体功能，兼顾水产养殖，需协调和解决诸多方面的矛盾。

黑龙江省水产养殖业管理体制属第二种类型，而水产养殖资源则分属多个部门管理，还存在大量渔业资源荒芜和利用不够的情况。为充分开发利用水产养殖资源，成功打造上百亿元的新兴产业，应该把水产养殖业归属一个部门管理，以便统一规划、步调一致，齐心协力发展水产养殖业。

（3）统筹安排，步调一致，把水利渔业列入黑龙江省水产养殖业发展统一规划。水利渔业资源已占全省水产养殖业的半壁江山，随着农田水利基本建设的快速发展，很快会成为水产养殖业的主体，能否将水利渔业提上应有的议事日程，直接关系到全省水产养殖业的成败，可谓举足轻重。

一直以来，水利渔业没有列入全省水产养殖业发展的总体规划，国家对水利渔业的投入也一直是空白。导致占全省已养殖水面52%的水利渔业，渔业总产量只有全省的6%，造成渔业资源的巨大浪费。

水利渔业规划在指导思想上要突出以下几个重点：

第一，以科学发展观的基本要求为统领，全面贯彻落实科学发展观。水利渔业规划要体现全面协调可持续的原则，正确处理好水资源环境保护和发展水利渔业的关系，在保护环境中发展水利渔业生产，在水利渔业生产中促进环境保护。加强水域环境保护和渔业资源合理利用，使生态环境保护、渔业发展和水资源利用有机统一，和谐发展。以市场需求为导向，以质量和效益为中心，进一步健全宏观管理体系，完善技术保障、积极调整产业结构和养殖品种结构，从而推动水利渔业的可持续发展。

第二，明确发展目标，根据区域和水体类型确定发展模式和总体规模，优化总体布局。根据山谷型、丘陵型和平原湖泊型水库，大型、中型和小型水库，灌溉型、发电型和供水型水库等等不同自然生态环境的特点，确定全省水利渔业的生态养殖模式、集约化养殖模式、集约生态立体综合化养殖模式的合理布局，并根据集约化养殖模式的分布情况，确定水产品加工转化行业的合理布局和总体规模。逐步建立水利渔业上下游一体化经营的模式。要坚持产业化的发展路子，积极开发主导产品，培育龙头企业，建立产供销、渔工贸一体化的渔业产业化经营体制。

第三，以科学发展观的根本方法为原则，统筹兼顾水利工程与水利渔业的需求，完善水利渔业基础配套设施。根据国发［1980］153号文件和中华人民共和国行业标准《水库渔业设施配套规范》的要求，对已建水利工程没有渔业配套设施的，要完善渔业配套设施；对新建水利工程的渔业配套设施要列入工程总概算中。

第四，从总体上提升水利渔业的品牌效应。从构建水利渔业百亿元产业的高度，从原料、生产、技术、市场、品牌等诸方面入手，分析研究高寒地区水利渔业产业的特点、合理的产业规模、制约产业发展的因素，提出具体发展措施。黑龙江省水利渔业提供的产品全部是有机食品或AA级绿色食品，要从战略上营造出水利渔业的品牌效应，得到国内、国际市场的认可，不断提高市场占有率。

（4）加快水利渔业立法，保障水利渔业持续健康发展。鉴于水利渔业涉及防洪、灌溉、发电、供水、航运和环保等诸多方面的矛盾，不完全等同于池塘、湖泊、江河等养殖方式，涉及更为复杂的管理和技术问题，应尽快颁布《黑龙江省水利渔业管理条例》，在保证水利工程发挥主体功能效益的同时，促进水利渔业的快速发展。《条例》主要规范以下几方面内容：

第一，明确水利渔业管理主体。根据国发［1980］153号文件精神，从法律上明确水利部门为水利渔业的管理主体，消除水利渔业主管部门的法律空白。

第二，明确划分水库水面的渔业类型。水库规划的功能各不相同，分别涉及供水、发电、灌溉、航运、生态保护等方面，生产实践中还可能改变，有的以养鱼为主；有的兼顾养鱼；有的没有规划养鱼，但可以养鱼；有的需要养鱼消除污染等等。要根据功能规划和实际用途从法律上把水库划分为不同渔业类型，以便分门别类进行管理。

第三，根据不同渔业类型取得不同渔业许可。以养殖为主的水面办理养殖许可证，作为合法权益的保证；以捕捞自然鱼为主的水面办理捕捞许可证，作为生产许可，捕捞限额由水利渔业管理部门根据各水域的资源状况逐年下达。

第四，确定养鱼最低水位。《渔业法》第二十三条仅仅规定“用于渔业并兼有调蓄、灌溉等功能的水体，有关主管部门应当确定渔业生产所需的最低水位线”。但是，实践中基本没有《渔业法》规定的这种情况，一般都是以防洪、供水、灌溉和发电为主，兼顾养鱼的情况。所以，在保障水库安全调度运用的前提下，有必要选择死水位以上的合理水位作为养鱼最低水位，并要求列入水库初步设计中。

第五，确定水利渔业执法部门。《渔业法》第六条规定“县级以上地方人民政府渔业行政主管部门主管本行政区域内的渔业工作”。由于水库管理主体是水利工程管理单位，水利渔业的组织、生产和管理都依托于水库管理部门，仅仅根据《渔业法》的规定，水库渔政执法很难执行到位，全省目前组建渔政管理机构的水库只有几个。首先，水利渔业具有特殊性，涉及防汛、抗旱、水库调度、航运、供水、发电、灌溉等多方面的矛盾，现有渔业法律法规没有涵盖水利渔业的行业特点，执法中很难处罚准确，达到有效保护渔业资源和打击、教育的目的。其次，人员调遣难度也很大。所以，水利渔业行政执法应在省农委的监督管理下，具体授权水利渔业主管部门行使。

第六，依法对水库生产、管理和旅游船只进行安全监管。目前黑龙江省水库各类船只仍然处于没有任何监督管理的状态。需要监管的主要问题是：无船只制造许可；无任何船舶证书；驾驶人员没有经过必要的培训；船只安全性全部未经检验；渔业生产船只擅自载客旅游。

鉴于全省水库各类船只数量庞大，存在较大安全隐患，急需消除目前的监管空白，加强水库船只的监督管理。

第七，根据营养类型和渔产潜力确定渔业资源市场价格。为合理保护水库渔业资源，杜绝国有资产流失，要根据水库渔业生产潜力合理确定发包和出售价格，并经过专门机构向社会公开招标，实现水利渔业的可持续发展。

(5) 实施科技兴渔，以科技促进水利渔业生产力发展。黑龙江省地处高寒地区，水域生态环境十分特殊，水产养殖中有许多难题需要攻克。应充分发挥中国水产科学院黑龙江所、东北林业大学水生生物学科等科研院所的优势，针对高寒地区水利渔业发展中存在的问题开展科技攻关和提供技术支撑。应加大科技投入力度，以先进的科学技术促进水利渔业生产力的发展。

科技攻关和新技术推广力争在以下几方面实现突破：第一，高寒地区水利渔业生态养殖模式高产稳产技术攻关和推广；第二，高寒地区水利渔业名特优品种养殖技术攻关和推广；第三，高寒地区水利渔业集约—生态立体化养殖高产模式攻关和推广；第四，高寒地区水库坝下流水集约化高产养殖模式攻关和推广；第五，低成本、无污染、安全有效的水库渔业渔政管理新技术攻关研究；第六，研究开发高寒地区水利渔业低碳经济方法学。目前国际碳汇市场交易十分踊跃，项目主要集中于森林碳汇和水电、风电等新能源项目方面。申报国际碳汇项目的难点主要在于方法学问题。比较而言，森林碳汇项目申请难度最大，因为每一个森林碳汇项目都需要开发一套新的方法学，并且需要联合国的注册批准，只有注册方法学之后才能申请碳汇项目。相反，水电、风电等方面的碳汇项目，方法学一旦开发注册成功，就完全适用于同类项目。

迄今为止，还没有水生生物碳汇的方法学可以借鉴，需要政府有关部门组织科研人员，结合高寒地区淡水生态系统实际研究开发淡水水生生物碳汇方法学，开发成功后及时向联合国申报。

（6）制定综合配套政策，促进水利渔业快速发展。第一，借鉴外省成功经验，制定黑龙江省扶持水产养殖发展政策。对海南、广东、广西等地扶持罗非鱼养殖的政策，对山东等沿海省市扶持水产品加工的政策等进行全面调研，结合黑龙江省实际情况，制定扶持水利渔业养殖和水产品加工的综合配套政策。

第二，建立水利渔业生态养殖补偿制度。全省水库渔业面积近 26.67 万公顷，达到全省平均单产水平后，每年可减少温室气体 6 万余吨，同时可从水体中消除大量的氮和磷，相当于每年从水体中消除碳酸氢铵 5 万吨，过磷酸钙 1.5 万吨。水库水生生物碳汇产业在发挥缓解温室效应作用的同时，还能发挥水体的生态修复作用，防治水体富营养化，产生综合生态效益。

应在水资源使用费、营业税和所得税、水面资源费、苗种补贴和油料补贴等方面制定扶持水库渔业发展的政策，制定水库渔业生态养殖的经济效益补偿制度。

第三，引导水利渔业行业积极参与低碳经济，不断提升国际竞争力。碳汇交易市场是新兴的国际交易市场，国内碳汇交易市场正处于起步阶段。要引导水利渔业企业积极参与到国际国内碳汇交易市场中来，学习从碳汇交易市场融资，解决发展中的资金瓶颈问题；从碳汇交易市场获取先进的水利渔业发展技术。抓住全球碳汇交易市场蓬勃发展的机遇，增强黑龙江省水利渔业的整体竞争能力。

参 考 文 献

吕宪国，等 . 2004. 生态系统保护与管理［M］. 北京：化学工业出版社 .

为何我国暴发罕见雪灾［N/OL］. 2008 - 02 - 02. http：//www. chinafeedonline. com/china/info/news/show _ news _ detail. jsp? id=313652.

杨学祥，杨冬红 . 正在逼近的地震灾害：全球强震周期和中国地震周期［J/OL］. 2008 年 6 月 2 日 . http：//www. sciencenet. cn/bbs/showpost. aspx? id=20056.

杨学祥，杨冬红 . 2004—2018 年：全球进入特大地震频发期［J/OL］. 2008 - 05 - 10. http：//www. sciencenet. cn/bbs/showpost. aspx? id=20056.

寻全球气候变暖背后的原因［N/OL］.［2008 - 06 - 05］. http：//tech. enorth. com. cn/system/2008/06/05/003360704. shtml.

美国外交官称缅甸死亡人数已超过 10 万人［N/OL］. 2008 - 05 - 08. http：//news. ifeng. com/world/other/200805/0508 _ 1396 _ 528445. shtml.

美国洪水肆虐可能抬高国际粮价［N/OL］. 2008 - 06 - 19. http：//intl. ce. cn/gjzx/bm/200806/19/t20080619 _ 15881109. shtml.

李泽椿 . 我国的气象灾害及科学防灾减灾［N/OL］. 2008 - 04 - 23. http：//images. google. cn/imgres? imgurl=http：//www. cma. gov. cn/.

姜冬梅，张孟衡，陆根法 . 2007. 应对气候变化［M］. 北京：中国环境科学出版社：13 - 15.

温室气体甲烷浓度急剧上升［N/OL］. 2001 - 09 - 17. http：//www. enorth. com. cn.

无雪的冬天—从气候变化到环境伦理［N］. 科学时报 . 2007 - 03 - 09.

王艳秋，高煜中，等 . 2007. 气候变暖对黑龙江省主要农作物的影响［J］. 气候变化研究进展（6）.

舒立福，王明玉 . 气候变化背景下的黑龙江省季大面积群发森林火灾［R/OL］. http：//www. bc. cityu. edu. hk/research/fire/report/day2/report/B09. pdf.

刘丹，陈祥伟 . 气候变化对黑龙江省森林主要树种天然分布的影响［J/OL］.

http：//www. paper. edu. cn/download _ doctor _ paper. php？ serial _ number＝DBfu01-110.

黑龙江．冬天少雪雨季干旱极端气候事件仍将发生［N］．黑龙江日报. 2008-01-15.

方修琦，盛静芬．从黑龙江省水稻种植面积的时空变化看人类对气候变化影响的适应［J/OL］．2007-02-08. http：//www. lrn. cn/expert/expertpaper/200702/t20070228 _ 35723 _ 1. htm.

国世友，邹立，吴琼．2003. 近百年黑龙江省气候变化特征［J］．黑龙江气象（4）.

谢永刚．2002. "十五"期间黑龙江省自然灾害的特点及减灾对策［J］．自然灾害学报（4）.

林云华．2007. 国际气候合作与排放权交易制度研究［M］．北京：中国经济出版社：60-63.

徐再荣．2003. 从科学到政治：全球变暖问题的历史演变［J］．史学月刊（4）.

骆继宾．回忆气候变化框架公约的谈判和签署［N/OL］．2006-12-25 http：//www. cma. gov. cn/tqybl/qhbh/morepic/t20061225 _ 173284. phtml.

杨帆．生态经济学与中国人口环境．［EB/OL］．2007-05-28. http：//vip. bokee. com/20080216475912. html.

国际电力网．南非希望每座燃煤电厂都有碳俘获装置［N/OL］．2008-08-04.

叶翠．2008. 浮游生物使大西洋变成了碳吸收槽［J］．环球科学．2008-07-29.

新华网．增加海水铁含量有助于缓解温室效应［N/OL］．2002-08-01.

岳国锋，王金霞，等．2003. 藻类无机碳营养的研究进展［J］．海洋科学（5）.

于洪贤，黄璞祎．2008. 湿地碳汇功能探讨：以泥炭地和芦苇湿地为例［J］. 生态环境，17（5）.

严国安，刘永定．2001. 水生生态系统的碳循环及对大气 CO_2 的汇［J］．生态学报，21（5）.

刘再华，Wolfgang，等．2007. 一种由全球水循环产生的可能重要的 CO_2 汇［J］．科学通报（20）.

方精云，郭兆迪．2007. 寻找失去的陆地碳汇［J］．自然杂志，29（1）.

方精云，郭兆迪，等．2007. 1981—2000 年中国陆地植被碳汇的估算［J］．中国科学，37（6）.

金琳，李玉娥，等.2008. 中国农田管理土壤碳汇估算［J］. 中国农业科学（3）.

李友华.2008. 关于发展中国碳汇经济的几个问题［J］. 学术交流（3）.

白彦壮，张保银.2006. 基于复杂系统理论的循环经济研究［J］. 中国农机化（3）.

彭攀，丁丹.2006. 循环经济的系统分析［J］. 系统科学学报（4）.

郭辉东，邓润平.2007. 发展循环经济与水资源配置［G］. 中国水利经济研究会论文集.

吴晓青. 减排工作已有突破性进展. 发展循环经济是必然选择［N］. 中国经济网.2009－10－17. http：//www.ce.cn/cysc/newmain/jdpd/zjxw/200910/17/t20091017_19780629.shtml.

韩玉堂. 国外发展循环经济的实践和启示［N/OL］. http：//hi.baidu.com/%BA%AB%D3%F1%CC%C3/blog/item/41067feb6364c335b80e2ded.html.

广西壮族自治区林业局.2006. 世界银行贷款《广西综合林业发展和保护项目》生物碳基金人工造林子项目工作汇报［R］.2006－02－10.

沈阳市林业局.2005. 清洁发展机制（CDM）在植树造林中的应用试验［R］.2005－06－20.

内蒙古自治区林业厅.2005 我国第一个碳汇国际合作造林项目落户敖汉［J］. 内蒙古林业（8）.

国家林业局. 赤峰敖汉防治荒漠化青年造林项目“以灌木为辅助的退化土地造林再造林方法学”获CDM执行理事会批准［EB/OL］. 国家林业局网站. http：//www.forestry.gov.cn/sub/FstArticle.aspx？id＝fszs.64.

中华人民共和国国家发展和改革委员会，中华人民共和国科学技术部，中华人民共和国外交部联合发布第10号令.《清洁发展机制项目运行管理暂行办法》［EB/OL］. http：//www.csid.com.cn/NewsInfo.asp？NewsId＝1650.

国家林业局. 国家林业局关于开展林业碳汇工作若干指导意见的通知［EB/OL］. http：//www.fcarbonsinks.gov.cn/News/NewsView.aspx？ID＝125.

中国绿色碳基金. 国际碳补偿市场发展情况［EB/OL］. http：//www.cgf.org.cn/zt_lst/detail5.asp.

邓海峰.2009. 发展碳汇交易. 改善气候体系［J］. 生命世界［2］.

天津排放权交易所. 天津排放权交易所简介［EB/OL］. http：//www.chinatcx.com.cn/templet/default/index_intr.jsp.

上海能源环境交易所．上海能源环境交易所简介［EB/OL］. http://www.cneeex.com/aboutus/jigoujianjie.html.

北京环境交易所．北京环境交易所简介［EB/OL］. http://www.cbeex.com.cn/article/gywm/jgjj/.

岳瑞芳．中国碳中和联盟在京成立［N/OL］. 2010－01－08. http://news.xinhuanet.com/politics/2010－01/08/content_12778034.htm.

美国：推进农业土壤碳汇法案［N/OL］. 2008－03－26. http://www.hiseed.com/viewnews－2118.html.

赵杰．2010. 专家认为：内蒙古应注重发挥草原碳汇功能［N］．中国经济时报．2010－01－11. http://www.chinanews.com.cn/ny/news/2010/01－11/2064651.shtml.

钱炜．2009. 先利用在储存．中国式的碳捕集之路［N］．科技日报．2009－10－19.

武曙红，张小全．2007. CDM林业碳汇项目的非持久性风险分析［J］．林业科学，43（8）.

我国碳交易难进主场沦为廉价减排工具［N/OL］. http://gov.finance.sina.com.cn/chanquan/2009－09－11/80338.html.

国外碳交易经验借鉴．http://cdm.ccchina.gov.cn/web/NewsInfo.asp? NewsId＝4172；California Climate Action Rgestry. Climate Action Rserve；https://thereservel.apx.com/myModule/rpt/myrpt.asp? r＝111.

陈叙图，李怒云，等．2009. 美国林业碳汇市场现状及发展趋势［J］．林业经济（7）.

彭奕，朱强．国际温室气体排放交易机制的理论和实证［N/OL］．中华环保宣传网．2010－01－06. http://www.zhhbw.com/news_view.asp? id＝45471.

伊凡，等．2007. 最新中国林业碳汇管理政策及应对策略工作手册［M］．北京：中国科学技术出版社．

曹吉祥，李德尚，等．1997. 10种淡水常见浮游藻类营养组成的研究［J］．中山大学学报，36（2）.

陈泮勤，黄耀，于贵瑞．2004. 地球系统碳循环［M］．北京：科学出版社：277.

于丹，于洪贤，等．1998. 红旗泡水库水生植物群落结构与功能的研究［J］. 水生生物学报（1）.

魏鹏．2003. 公平水库与星湖浮游生物生态学与富营养状况的比较研究［D］．暨南大学硕士学位论文：1－31.

姜作发，夏重志，董崇智，等．1996. 蛤蟆通水库浮游生物的研究［J］．水产学杂志，9（2）：36－43.

黄蕾，翟建平，王传瑜，等．2005.4 种水生植物在冬季脱氮除磷效果的试验研究［J］．农业环境科学学报，24（2）：366－370.

葛宝明，鲍毅新，郑祥．2005. 灵昆岛围垦滩涂潮沟大型底栖动物群落生态学研究［J］．生态学报，25（25）：446－453.

刘建康．1999. 高级水生生物学［M］．北京：科学出版社：1－31.

赖廷和，邱绍芳．2005. 北海近岸水域浮游植物群落结构及数量周年变化特征［J］．海洋通报，24（5）：27－32.

何志辉．淡水生态学［M］．北京：中国农业出版社．2000：131－149.

文贵，李纯厚，林钦，贾晓平，杨美兰，张汉华．2005. GIS 支持下考洲洋养殖水域浮游植物数量的时空分布及其营养盐的相关性研究［J］．生态学杂志：24（5）：513－517.

刘东艳，孙军，钱树本．2002. 胶州湾浮游植物研究Ⅱ环境因子对浮游植物群落结构变化的影响［J］．青岛海洋大学学报，32（5）：415－421.

韦蔓新，黎广钊，何本茂，梁文．2005. 涠洲岛珊瑚礁生态系中浮游动植物与环境因子关系的初步探讨［J］．海洋湖沼通报（2）：34－39.

张运林，秦伯强，陈伟民，高光，陈宇炜．2004. 太湖梅梁湾浮游植物叶绿素 α 和初级生产力［J］．应用生态学报，15（11）：2127－2131.

杜桂森，王建厅，张为华，等．2004. 官厅水库水体营养状况分析［J］．湖泊科学，16（3）：277－281.

张孝羲．2002. 昆虫生态及预测预报［M］．北京：中国农业出版社：9－12.

王霞，吕宪国，张学林，张竹青．2004. 松花湖富营养化现状及其影响因素分析［J］．湿地科学，2（4）：273－275.

李小平．2002. 美国湖泊富营养化的研究和治理［J］．自然杂志，24（2）：63－68.

崔毅，陈碧鹃，马绍赛．2000. 乳山湾浮游植物与环境因子相关关系研究［J］．应用生态学报，11（6）：935－938.

甘居利，林钦，李纯厚，黄洪辉，贾晓平．2002. 考洲洋海水营养盐分布与浮游植物的关系［J］．湛江海洋大学学报，22（6）：32－37.

赵孟绪，雷腊梅，韩博平．2005. 亚热带水库浮游植物群落季节变化及其影响因素分析．以汤溪水库为例［J］．热带亚热带植物学报，13（5）：386－392.

刘冬启．2001. 观道河水库周丛生物群落结构和渔产潜力的研究［D］．华中农业大学硕士学位论文：20－23.

邬红娟，郭生练．2001. 水库浮游植物群落与环境多因子分析［J］．武汉大学学报，34（1）：18－21.

张发兵，胡维平，等．2008. 太湖湖泊水体碳循环模型研究［J］．水科学进展，19（2）．

田文达．2007. 芦苇湿地与环境［J］．现代农业科技（23）．

刘明智，努尔巴衣·阿布都沙力克，等．2005. 新疆野生植物资源—芦苇多用化研究［J］．农业科学研究，26（1）．

刘海军．2009. 洞庭湖湿地芦苇保护和开发利用的思考［J］．中国纸业通讯（7）．

李文利．王英，等．2008. 新疆博斯腾湖的芦苇资源及其利用［J］．新疆畜牧业（增刊）．

王明成．2007. 保护芦苇湿地自然资源实现生态可持续发展［J］．黑龙江水产（3）．

卢振彬，戴泉水，等．2005. 闽南—台湾浅滩海域鱼类资源产量［J］．热带海洋学报，24（1）．

中国科学院东北地理与农业生态研究所．中国沼泽湿地数据库［DB］．

方涵．2009. 低碳经济概述及其在中国的发展［J］．经济视角（3）．

姚良军，孙成永．2007. 意大利的低碳经济发展政策［J］．中国科技产业（11）．

郭印，王敏洁．2009. 国际低碳经济发展现状及趋势［J］．生态经济（11）．

雷彩艳．2009. 美国奥巴马政府的低碳经济对中国的启示［J］．新西部（22）．

黄海．2009. 发达国家发展低碳经济政策的导向及启示［J］．环境经济（11）．

徐冬青．2009. 发达国家发展低碳经济的做法与经验借鉴［J］．世界经济与政治论坛（6）．

曾纪发．2009. 发展低碳经济是我国必然选择［N］．中国信息报，2009－08－31.

奥克斯伯格．2005. 向低碳经济转型［N］．上海证券报，2005－07－07.

曹凤中．2009. 推进低碳城市建设是可持续发展的必然选择［J］．经济参考（49）．

柴方营.2008.低碳经济与黑龙江省经济发展的机遇[J].经济研究导刊(12).
张坤民.2008.低碳世界中的中国：地位、挑战与战略[J].中国人口·资源与环境(3).
庄贵阳.2007.中国：以低碳经济应对气候变化挑战[J].环境经济杂志(1).
庄贵阳.2005.中国经济低碳发展的途径与潜力分析[J].太平洋学报(11).
谢军安，郝东恒，谢雯.2008.我国发展低碳经济的思路与对策[J].当代经济管理(12).
邢继俊，赵刚.2007.中国要大力发展低碳经济[J].中国科技论坛(10)：87-92.
李晓兵.1999.国际土地利用—土地覆盖变化的环境影响研究[J].地球科学进展，14(4)：395-400.
龚道溢，王绍武.1999.1998年：中国近一个世纪以来最暖的一年[J].气象(8).
6月份以来黑龙江省自然灾害情况.2007-06-06.http：//www.hlj.gov.cn/zwgk/ljdt/tjdt/200707/t20070709_52022.htm.
谢永刚.2002."十五"期间黑龙江省自然灾害的特点及减灾对策[J].自然灾害学报(4).
张芳.2008.黑龙江省农业土地自然资源及其可持续利用问题研究[J].中国科技信息(8).
徐小力，李新.2008.勃利农业"绿色"循环变废为宝[N].黑龙江日报，2008-08-10.
陈念祖.2006.发展农村循环经济稻草成"金"牛粪变宝[N].人民日报，2006-04-30.
CCTV《经济信息联播》碳排放大商机：鸡粪发电引来海外巨额资金.2008-06-15.
王平，黄耀，张稳.2009.1955—2005年中国稻田甲烷排放估算[J].气候变化研究进展(5).
梁爱珍，张晓平，等.2008.东北黑土有机碳的分布及其损失量研究[J].土壤通报(3).
周胜.2006.小水电案例分析[Z/OL].清华大学气候变化研究所.
《联合国气候变化框架公约》京都议定书[R/OL].1998.
政府间气候变化专门委员会.《气候变化2007综合报告》[R/OL].2007.
关兴江.2008.黑龙江林业的现状及发展[J].黑龙江造纸(2).

崔友君，等．2004．黑龙江省地方林业森林经营现状、问题与对策［J］．防护林科技（7）．

焦燕，胡海清．2005．黑龙江省森林植被碳储量及其动态变化［J］．应用生态学报（12）．

于雷，李亚江，等．2007．黑龙江省国有林区森林碳汇的研究［J］．防护林科技（4）．

郗婷婷，李顺龙．2006．黑龙江省森林碳汇潜力分析［J］．林业经济问题（6）．

陈根长．2005．林业的历史性转变与碳交换机制的建立［J］．林业经济问题（25）．

刘轶新．2009．刍议黑龙江省森林培育的重要性［J］．防护林科技（5）．

王诚民．2007．体育冰雪旅游资源探析［J］．商场现代化（3）．

孙晓谦．2006．在黑龙江两岸共建中俄名牌旅游景区可行性分析［J］．西伯利亚研究（5）．

黑龙江省交通厅计划统计处．交通概况．2008-03-31．

刘丽亚．2010．走低碳交通之路．促城市可持续发展［J］．综合运输（1）．

交通部能源管理办公室．交通对气候变化影响的背景材料．2008-6-12．

王军．2008．欧盟交通运输政策对中国的启示［J］．安徽电子信息职业技术学院学报（4）．

陆化普．2009．城市绿色交通的实现途径［J］．城市交通（6）．

李中正．2007．便捷的香港公共交通［J］．上海经济（9）．

荆宝洁．2009．房地产魔方拉动相关产业链．21世纪经济报道．2009-8-20．

戚萍，韩翠英．2009．黑龙江省建筑业六十年成绩斐然［J］．统计与咨询（5）．

赵伟，王杜春．2009．黑龙江省房地产业可持续发展的思考［J］．商业经济（1）．

李友华．2009．中国低碳经济发展对策研究［J］．哈尔滨商业大学学报（6）．

李友华．2010．低碳经济发展评价指标体系初探［J］．哈尔滨商业大学学报（6）．

李友华．2010．基于政府主导的低碳经济发展策略［J］．行政理论（4）．

李友华．2010．建设低碳型社会主义新农村——基于推广应用低碳技术［J］．农业经济与管理（3）．

喻燕，卢新海．2010．低碳房地产发展困境与对策［J］．房地产开发（3）．

韦恒，柴方营，李友华.2010.黑龙江省低碳经济发展战略研究［J］.商业研究（8）.

韦恒，柴方营.2011.低碳经济与农业可持续发展对策研究［J］.哈尔滨商业大学学报（1）.

柴方营，冯国军.2008.CDM与黑龙江省水能资源的开发利用［J］.经济研究导刊（16）.

于洪贤，等.2006.黑龙江省水资源现状与可持续利用对策研究［J］.东北农业大学学报（3）.

于洪贤，李友华.2010.生物碳汇产业控制兴凯湖富营养化污染研究.经济研究导刊（2）.

郎黎明，等.2009.龙头桥水库浮游生物与水质状况调查分析［J］.黑龙江水产（1）.

田洁莉，等.2008.龙头桥水库浮游生物状况调查［J］.黑龙江水产（4）.

于洪贤，柴方营，等.2001.黑龙江省泥河水库鱼类区系组成和种群分布［J］.国土与自然资源研究（2）.

于洪贤.2001.泥河水库底栖动物群落的研究［J］.水利渔业（5）.

IPCC. 2007. Summary for Policymakers of Climate Change［R/OL］.

Bjork M. Weil A. Semesi S. et al. 1997. Photosynthetic utiliza-lion of inorganic carbon by seagrass from Zanzibar. East Africa. Mar Biol：129，363－366.

Beer S. Rehnnberg J. 1997. The acquisition of inorganic carbonby the seagrass I. ostera ntarima. Aquatic Bot：56，277－283.

John-McKay M E..Colman B. 1997. Variation in the occurrenceof external carbonic anhydrase among strains of the marinediatom Phaeodactylum tricoruutum（Bacillariophyceae）：J Phycol. 33，988－990.

Mercado J M. Uordillo F J L. Figueroa F L. et al. 1998. External carbonic anhydrase and affinity of inorganic carbon inintertidal macroalgae. J Exp. Mar Biol Eco：221，209－220.

Nimer NA. Iglesias-Rodriguez M D. Merrett M J. 1997. Bicarbonate utilization by marine phytoplankton species. J Phy-col：33，625－631.

Stumm W. Morgan J J. 1981. An introduction emphasizingchemical equilibrium in natural waters. 2nd Edn. NewYork. Wiley.

Larkum A W D. Roberts G. Kuo J. et al. 1989. Uaseous movement in seagrasses. 7n. I _ arkum A W D. McComb A J. Shepherd S A (Editors) . The Biology of Seagrasses. [S. 1] . Elsevier: 686 - 722.

Skirrow G. 1975. The dissolved gases carbon dioxide. In. Riley J P. Skirrow G (Eds.) . Chemical Oceanography. London: Academic Press: 1 - 92.

FRANZEN L G. 1992. The earth afford to lose the wetlands in the battle against the increasing greenhouse effect international peat societyproceedings of international peat congress [J] . Uppsala: 1 - 18.

SCHELLHASE H U. MACISAAC E A. SMITH H. 1999. Carbon budget estimates for reservoirs on the Columbia River in British Columbia [J] . The Environmental Professional: 48 - 57.

MacArthur. H. 1955. Fluctuations of Animal Populations and a Measure of Community Stability. Ecology: 36, 533 - 536.

Sournia. A. 1978. Phytoplankton manual. Monographs on Oceanographic Methodology (6) . Pairs: UESCO: 251 -260.

Devaux J. 1980. Structure of Phytoplanktonic Populations in Three Lakes of Massif Central: Ecological Successions and Diversity. Acta Oecolo Gen, 1 (1): 11 - 26.

Ambard. C. 1981. Devaux. J. Structure and Energetic Orientation of a Lacustrine Phytoplanktonic Community (Lake Pavin. France) . Acta Oecolo Gen. (2): 101 - 115.

Aleyal. L. 1992. Dvaux. J. The Concept of Seasonal Succession Theory Applied to Phytoplankton through the Coupling Use of Diversify Index and Rank-Frequencies Diagrams in a Eutrophic Ecosystem. Interview Research Gesamt Hydrohiol: 77, 579 - 591.

Valentin. L. 1991. Macedo. E. . Tenenbaumdr. et al. The Specific Diversity Indices for Analyzing Phytoplankton Succession: Application to. the Caho Frio (RJ. Brazil) Upwelling Ecosystem. Neritica. (6): 1 - 2.

Karydis. M. 1996. Tsirtsis. G. Ecological Indices: a Biometric: Approach for Assessing Eutrophication Levels in the Marine Environment. Science Total Environment: 186, 209 - 219.

Shanin. S. 1996. Mikhajlovskij. E. Species Diversity and Seasonal Succession of Phytoplankton in the White Sea. Oceanologica: 36, 407 - 412.

Tinnberg. L. 1979. Phytoplankton Diversity in Lake Norrviken 1961—1975. Holarctic Ecology，2（3）：150－159.

Kempton. R. Taylor. L. 1976. Models and Statistic for Species Diversity. Narure：262，818－820.

Kempton. R. 1978. Taylor. L. The Q-statistic and the Diversity of Floras. Nature：262，252－253.

Tavers. M. 1971. Diversity Microplancton Du Glofe De Marseille en 1964. Marine Biology.（8）：308－343.

Heip. C. Engls. P. Comparing Species Diversity and Evenness indices. Janournal.

Lehman. W. 2000. The Influence of Climate on Phytoplankton Community Biomass in San Francisco Bay Estuary. Limnol Oceanogr，45（3）：580－590.

Nalewajko. C.. Murphy. P. 2001. Effects of Temperature and Availability of Nitrogen and Phosphorus on the Abundance of Anabaena and Microcystis in Lake Biwa. Japan：an Experimental Approach. Limnology.（2）：45－48.

Robarts. D.. Zohary. T. 1987. Temperature Effects on Photosynthetic Capacity. Respiration. and Growth Rates of Bloom-forming Cyano-bacteria. Marine Freshwater Research.（21）：391－399.

Denman K L. Brasseur G. Chidthaisong A. etal. 2007. Couplings Between Changes in the Climate System and Biogeochemistry [M] // IPCC. Climate Change 2007：The Physical Science Basis. Contribution of Working Group I to the Fourth Assessment Report of the Intergovernmental Panel on Climate Change. Cambridge. UK and New York. USA：Cambridge University Press.

Gurbuz. H.. Kivrak. E. 2002. Use of Epilithic Diatoms to Evaluate Water Quality in the Karasu River of Turkey. Environmental Biology，23（3）：239－246.

Rajendra Pachaur. 2004. Les puits de carbone forestier：un impact important pour le siècle ávenir. Foret De France.（3）.

CHEN Bing. Kang Jian. 2010. Low carbon architecture in the UK：Research and development from an integrated perspective world architecture.（2）.

PAUSTIAN K. COLE C V. SAUERBECK D. et al. 1998. CO_2 mitigation by agriculture：an overview [J]. Climatic Change，40（1）：135－162.